10737

ESSAIS

DE MICHEL

DE MONTAIGNE

PUBLICATIONS

DE LA SOCIÉTÉ

DES BIBLIOPHILES

DE GUYENNE.

BORDEAUX. — IMP. G. GOUNOUILHOU.

ESSAIS

DE MICHEL

DE MONTAIGNE

TEXTE ORIGINAL DE 1580

AVEC LES VARIANTES DES ÉDITIONS DE 1582 ET 1587

PUBLIÉ PAR

R. DEZEIMERIS & H. BARCKHAUSEN

TOME PREMIER

BORDEAUX

FÉRET ET FILS

LIBRAIRES-ÉDITEURS DE LA SOCIÉTÉ DES BIBLIOPHILES
DE GUYENNE

15, cours de l'Intendance, 15

1870

AVERTISSEMENT.

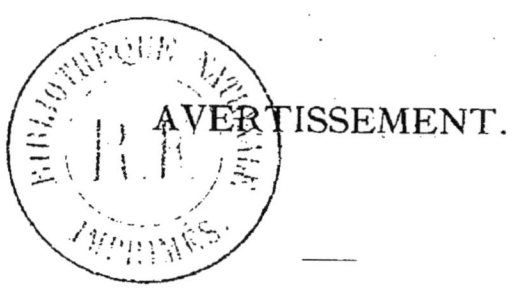

Si, pour se procurer à tout prix certains livres rares, les bibliophiles montrent, de nos jours, une ardeur que l'on a pu parfois qualifier de manie, leur passion est de tout point justifiable lorsqu'elle s'adresse aux éditions primitives de nos grands écrivains : en assurant la conservation de quelques volumes précieux, elle aura utilement servi la cause des lettres.

Souvent, en effet, ces volumes, dédaignés jadis, offrent la leçon véritable, prise directement sur le manuscrit de l'auteur, et viciée plus tard à son insu; souvent même ils fournissent, comme cela arrive pour Ronsard, une rédaction plus heureuse que les corrections postérieures; et, lors même qu'ils ne donnent qu'un texte encore imparfait, ils permettent de constater les premiers tâtonnements, ou même les premières faiblesses du génie qui s'essaye, et secondent ainsi, de la manière la plus efficace, cette critique littéraire précise et vivante, qui ne se contente pas d'apprécier comme des abstractions les œuvres de l'esprit, mais s'attache, pour les mieux comprendre, à bien connaître les hommes qui les ont produites.

Ce que nous croyons vrai d'une façon générale semble l'être tout particulièrement à l'égard de Montaigne. En effet, de tous les chefs-d'œuvre de la littérature française, il n'en est pas un seul qui ait été modifié aussi profondément que les Essais, par des remaniements successifs; et c'est là ce qui a déterminé la Société des Bibliophiles de Guyenne à en rééditer le texte original, que jusqu'ici les hommes de lettres ne pouvaient pas se procurer toujours, même en le payant au poids de l'or (¹).

On sait que Montaigne dirigea lui-même trois éditions de son livre (²). La première parut en 1580, chez Simon Millanges, le célèbre imprimeur de Bordeaux; la deuxième sortit des mêmes presses en 1582; la dernière enfin, « augmentée d'un troisiesme livre et de six cens additions aux deux premiers », fut publiée à Paris en 1588, chez Abel L'Angelier (³).

(¹) Voici les prix de quelques adjudications :
Pour la première édition : Ventes Nodier, 527 fr.; Bertin, 515 fr.; Solar, 515 et 645 fr.; Potier, 1,650 fr. L'exemplaire adjugé pour 18 fr. à la vente d'Hangard a été poussé jusqu'à 2,060 fr. à la vente Radziwill.
Pour la seconde édition : Ventes Giraud, 205 fr.; Solar, 220 fr.; Chedeau, 100 fr.
L'édition de 1587 a été vendue 120 fr. à la vente Solar, et 460 fr. à la vente Potier.
(²) Sans compter l'impression de Paris, 1587, laquelle n'est qu'une reproduction de celle de 1582.
(³) L'édition de 1588 porte sur son frontispice la mention de cinquième édition, et M. Sainte-Beuve, dans un passage qu'on lira plus loin, la désigne ainsi. Il n'est pas certain, cependant,

On sait encore qu'un ou deux exemplaires de cette édition de 1588, chargés d'additions manuscrites, servirent à publier, après la mort de l'auteur, l'édition de 1595, qui est devenue le texte vulgaire.

Les Essais ont donc passé par quatre états différents, se groupant deux par deux, et fournissant, en 1580 et 1582, la forme primitive, puis, en 1588 et 1595, la forme définitive de l'ouvrage.

L'étude de ces transformations est des plus utiles

que cette mention soit exacte. L'édition de 1582 est qualifiée de *seconde* sur son frontispice; sur celle de Paris, 1587, l'éditeur a évité d'inscrire un numéro d'ordre; et l'on n'en connaît pas d'autre avant celle 1588, qui devient ainsi la quatrième. Si une édition, actuellement inconnue, a existé, elle doit avoir été imprimée par Millanges postérieurement à 1582. Cet imprimeur, ayant obtenu un privilége de huit ans pour toutes ses publications, nul autre que lui ne pouvait éditer les *Essais* avant la fin de 1587. Or, l'édition de Paris, 1587, est une reproduction pure et simple de celle de 1582; il faudrait donc admettre que l'édition intermédiaire fut aussi une réimpression de celle de 1582, sans quoi l'éditeur de 1587 n'aurait pas négligé de choisir, pour le publier à Paris, le texte dernier et plus complet. D'un autre côté, il n'est guère admissible qu'une édition ait pu paraître entre celle de 1587 et celle de 1588; mais, si elle existait, ce ne serait encore qu'une réimpression, car Montaigne, qui était prêt alors à publier son livre refondu et augmenté d'un troisième livre, n'aurait pu songer à le faire imprimer, cinq ou six mois auparavant, dans un état relativement incomplet. Il ne serait pas impossible que quelque libraire de Lyon ou d'ailleurs eût profité de l'expiration du privilége de Millanges pour projeter ou entreprendre, comme Richer à Paris, une réimpression des *Essais* de 1582; peut-être cette réimpression a-t-elle été faite; peut-être, sans qu'elle l'ait été, Montaigne a-t-il cru à son existence, car, sur l'exemplaire de la Bibliothèque de Bordeaux, destiné à devenir une édition nouvelle, il a écrit de sa main : *sixième* édition, maintenant ainsi la qualification de cinquième appliquée à celle de 1588; mais, en tout cas, on le voit, l'édition inconnue ne serait jamais qu'une réimpression, comme celle de 1587, et le volume de 1588, qui est la quatrième ou peut-être la cinquième impression, resterait, en réalité, la troisième édition retouchée.

pour la connaissance approfondie et la juste appréciation de l'auteur. Elle procure, en effet, au critique des termes précieux de comparaison, et lui donne le moyen de suivre, pour ainsi dire, an par an et pas à pas, l'homme et l'écrivain dans les vicissitudes de sa vie et le développement parallèle de sa pensée; elle permet enfin d'observer Montaigne comme Montaigne aimait à s'observer lui-même, témoin ce passage du dernier chapitre du second livre :

« Ce fagotage de tant de diuerses pieces se fait
» en céte condition que ie n'y metʒ la main que lors
» qu'vne trop lâche oʒsiueté me presse, et non ailleurs
» que cheʒ moi. Ainsin il s'est basti a diuerses poses
» et interualles, comme les occasions me detiennent
» ailleurs par fois plusieurs mois. Au demeurant ie
» ne corrige point mes premieres imaginations par
» les secondes, (ouy bien, a l'auanture, quelque mot,
» mais pour diuersifier, non pour oster) (¹). *Ie veus*
» representer le progreʒ de mes humeurs, et qu'on
» voye châque piece en sa naissance. Ie voudrois
» auoir commencé plus tost, et prendrois plaisir a
» reconnoitre le trein de mes mutations. »

Mais les premières éditions des Essais *n'ont pas pour unique mérite de montrer les nuances ou les fluctuations de la pensée du moraliste, elles peuvent servir encore à faire mieux saisir cette pensée même,*

(¹) Cette parenthèse est tirée de l'exemplaire de Bordeaux. C'est sur cet exemplaire, en effet, qu'apparaissent les nombreuses corrections de menu détail. Quant à ce soin de *diversifier,* il montre chez Montaigne une préoccupation de la forme plus grande qu'il ne veut bien le dire. Le mot *nul,* par exemple, se rencontre plusieurs centaines de fois dans les premières éditions ; Montaigne n'a peut-être pas omis une seule fois de le remplacer par le mot *aucun.*

à faire mieux comprendre l'œuvre, car leur texte
laisse ressortir plus nettement l'objet de chaque
chapitre, en le dégageant des digressions nombreuses
ajoutées par l'auteur dans ses révisions dernières.

Un critique illustre et justement regretté, qui avait
bien voulu nous encourager à entreprendre la présente publication, M. Sainte-Beuve, disait dans son
beau livre sur Port-Royal (¹) :

« L'impression d'ensemble ressort encore mieux
» quand on recourt aux plus anciennes éditions des
» Essais, à la première de toutes (1580), qui n'a que
» deux livres, et même à celle de 1588 (la cinquième),
» qui a les trois livres, plus six cents additions aux
» deux premiers. Ces éditions, et surtout celle de
» 1580, font un effet tout autre que celui auquel nos
» Montaigne d'après Coste nous ont accoutumés. On
» y surprend mieux le dessein primitif, comme dans
» les premières impressions de La Bruyère et de
» La Rochefoucauld. Le père Niceron (après Coste)
» a très bien remarqué que le texte de Montaigne est
» plus suivi dans ces éditions de début que plus tard,
» à partir de la cinquième, parce que ce texte, qui ne
» contenait d'abord que des raisonnements clairs et
» précis, a été coupé et interrompu par les différentes
» additions que l'auteur y a faites par-ci, par-là, en
» différents temps. Cela est évident dès les premiers
» chapitres, en comparant, et même à simple vue
» d'œil : moins de citations, pas une note, peu ou pas
» d'indications de nom pour les auteurs cités; des
» extraits bien moins chargés de ses lectures; des
» chapitres extrêmement coupés pour la plupart;

(¹) *Port-Royal*, 3ᵐᵉ édition, t. II, p. 413, note 1.

» *enfin on sent aussitôt le gentilhomme amateur dont*
» *la plume court, et le premier jet d'une fantaisie*
» *qui s'est ensuite bien des fois repliée sur elle-même,*
» *et qu'à leur tour les éditeurs, depuis Mademoiselle*
» *de Gournay, ont jalonnée et comme numérotée à*
» *chaque pas. Mais on pourrait montrer que, pour*
» *son compte, dans ses éditions dernières, Montaigne*
» *a introduit à la fois du désordre* (¹), *et aussi, je*
» *crois, du système.* »

*Cette assertion d'un maître, si nettement formulée,
suffirait à démontrer l'utilité d'une réimpression du
texte de* 1580. *Insister davantage sur ce point serait
superflu. Il ne nous reste donc qu'à exposer brièvement la méthode suivie par nous pour faciliter l'usage
du livre aux divers points de vue sous lesquels on
peut l'envisager.*

*L'objet principal de cette publication étant d'offrir
les* Essais *dans leur forme primitive, notre premier
soin a été de reproduire lettre pour lettre, avec une
scrupuleuse exactitude* (²), *l'édition originale, dont
l'orthographe simple et naturelle, malgré quelques
bizarreries, reflets curieux de la prononciation gas-*

(¹) A l'appui de l'assertion de M. Sainte-Beuve, on pourrait
citer de nombreux passages. Qu'il nous suffise d'appeler l'attention du lecteur sur l'addition introduite dans le texte primitif à
la place indiquée par notre édition, tome I, page 275, ligne 18.
Cet exemple, pris au hasard, montrera combien l'agencement
même des phrases a été parfois disloqué par ces intercalations.

(²) Nous devons signaler ici, pour être absolument exacts, les
quelques cas où nous nous sommes écartés de notre original.
Dans la première édition, le privilége se trouve entre la préface
de Montaigne et le chapitre Iᵉʳ. — Au chapitre Iᵉʳ, ces mots :
CHAP. I, sont placés après le sommaire. — La même édition donne
tantôt CHAPITRE, tantôt CHAP., tantôt CHA., tantôt CH. Nous avons
rétabli partout le mot entier. — Aux chapitres VIII et XIV, on

conne, a une authenticité relative, et par conséquent
un intérêt réel ([1]). *Il faut remarquer, en effet, que cette*
édition, imprimée sur le manuscrit même de l'auteur,
et à une époque où les typographes n'avaient pas
de traditions précises, reproduit assez fidèlement
l'orthographe de Montaigne, et peut servir ainsi à
établir celle d'une édition critique ([2]). *Nous avons*
cru seulement devoir corriger quelques fautes d'im-
pression évidentes; nous l'avons fait toujours avec
une circonspection extrême et en nous guidant sur

lit : HVICTISIESME, QVATORISIESME (cette terminaison est la fin du mot TROISIESME transportée en bloc d'une feuille à l'autre). Il était inutile de reproduire ces erreurs.

Dans la première et dans la seconde édition, le titre courant est : ESSAIS DE M. DE MONTA.; dans la troisième : ESSAIS DE M. DE MONT. Nous avons rétabli le nom entier, selon le vœu de Montaigne, formulé dans son avis autographe à l'imprimeur (exemplaire de Bordeaux).

Dans l'édition de 1580, le premier livre occupe tout le premier volume, lequel est imprimé en plus gros caractère que le second. Pour faire deux volumes égaux, nous avons coupé en deux le second livre; cela a nécessité, au chapitre XI de ce livre, un titre de départ qui n'est pas dans l'original.

Dans un très petit nombre de cas et pour des citations poétiques en langues étrangères, nous avons rétabli, mais entre crochets, des mots omis dont l'absence rompait la mesure.

([1]) L'édition de 1580 marque ordinairement d'un accent aigu les mots en é, les désinences féminines en ée, et les deuxième personnes du pluriel terminées par un s au lieu d'un ʒ; quelquefois, cependant, cet accent est omis. Comme ces omissions pouvaient, en quelques cas, faire naître des doutes de lecture, nous les avons corrigées en rétablissant l'accent, que la deuxième édition et celle de 1587 nous fournissaient d'ailleurs.

Les éditions anciennes mettent un accent aigu sur certains a : « láche »; faute de cet accent, qui ne se trouvait point dans le caractère employé, nous l'avons remplacé par l'accent circonflexe, qu'il représente exactement.

([2]) Cette observation, applicable surtout à l'édition *princeps*, est vraie aussi, jusqu'à un certain point, en ce qui concerne les additions introduites dans les éditions de 1582 et 1588. Les

les impressions de 1582, 1587, 1588, publiées du vivant de l'auteur. Quant à la ponctuation ancienne, généralement vicieuse, elle a dû être rectifiée. Mais, partout où il pouvait y avoir le moindre doute, nous avons maintenu, soit dans le texte, soit en note, la leçon ou la ponctuation de l'original.

A ce texte princeps fidèlement reproduit, nous avons cru devoir ajouter diverses indications de nature à en rendre l'étude plus commode et plus intéressante.

Ainsi que cela a été rappelé plus haut, Montaigne, deux ans après la publication de son ouvrage, le faisait mettre de nouveau sous presse, encore à Bordeaux, avec des corrections et un certain nombre d'additions. Ce premier progrès de l'immortel chef-d'œuvre était curieux à constater; aussi avons-nous mentionné soigneusement en note les additions et changements de l'édition de 1582. On trouvera, de plus, les variantes de l'édition imprimée à Paris en

imprimeurs, qui semblent n'avoir éprouvé aucun scrupule pour modifier l'orthographe des textes imprimés qu'ils avaient à reproduire, ont, par nonchalance peut-être, copié avec plus d'exactitude les additions que l'auteur avait ajoutées de sa main. On peut s'en convaincre en lisant, par exemple, dans la deuxième édition, le long passage refondu à la fin du dernier chapitre de l'ouvrage; on verra reparaître, dans ce passage nouveau, les formes orthographiques de la première édition, que la deuxième n'avait jamais adoptées en la transcrivant, et qu'elle emprunte directement, à cet endroit, aux lignes autographes de l'auteur. Il résulte de tout ceci que, dans une édition définitive complète, il faudrait, pour se rapprocher le plus possible de l'orthographe de Montaigne, adopter, pour chaque passage, celle fournie par l'édition où ce passage figure pour la première fois. Il va sans dire que, pour tout ce qui se trouve manuscrit dans l'exemplaire de Bordeaux, c'est cet exemplaire, et non l'édition de 1595, exécutée sur une copie, qui devrait fournir l'orthographe.

1587, *édition qui semble avoir passé jusqu'ici pour originale, mais qui n'est, en réalité, qu'une simple reproduction du texte de 1582, avec une ponctuation meilleure, mais aussi avec quelques inexactitudes* (1).

Notre édition renferme ainsi et réunit tout ce qu'ont de particulier les trois impressions connues faites avant que le livre eût été développé et transformé, en 1588.

Mais, s'il était utile de signaler les modifications de détail apportées par l'auteur à sa première pensée, et de montrer les limites de celles-ci au début, il n'importait pas moins, selon nous, de fournir un moyen facile de vérifier en quoi ont consisté les développements introduits plus tard par l'auteur dans son œuvre primitive, et de marquer la place de ces intercalations authentiques. C'est ce que nous avons fait avec une attention minutieuse. Partout où le texte vulgaire présente une addition, nous avons placé un astérisque (*), *en sorte que le lecteur muni de notre publication pourra, à l'aide de n'importe quelle édition courante, se rendre compte de ce que Montaigne a ajouté à ses premiers Essais, et distinguer aisément l'idée primitive des développements ajoutés plus tard, développements si considérables que, plus d'une fois, ils font oublier d'où l'auteur est parti, et empêchent de comprendre, dès l'abord, où il veut arriver.*

Enfin, il était également nécessaire de signaler les passages du premier texte, qui ont disparu dans

---

(1) Qu'il nous suffise de signaler, à la page 391 de ladite édition, ligne 7, la répétition vicieuse d'un membre de phrase, et, à la page 389, le titre : DES SENATEVRS, pour DES SENTEVRS.

la refonte finale, passages d'autant plus intéressants qu'ils sont assez souvent relatifs à des faits personnels. Nous avons eu soin d'en donner, dans les notes, l'indication précise. Quant aux simples modifications de style introduites dans l'ancienne rédaction postérieurement à 1587, il ne pouvait entrer dans notre plan de les indiquer toutes, car la présente publication n'a point pour objet de remplacer le texte vulgaire. Cependant, lorsque ces modifications ont paru toucher, même légèrement, à la pensée, leur existence a été mentionnée, afin de rendre aisée à chacun l'appréciation des nuances qui peuvent servir à une étude approfondie de l'œuvre.

Notre édition fournit donc, en résumé, les deux états primitifs des Essais, et elle permet de constater les additions et les suppressions postérieures. Peutêtre publierons nous plus tard le texte définitif, selon la méthode exposée par l'un de nous dans un travail spécial, c'est à dire en distinguant le texte de 1588 des additions ultérieures, imprimées seulement après la mort de Montaigne, et en relevant, hors du texte, les annotations de l'auteur encore inédites et conservées sur le précieux exemplaire de la ville de Bordeaux. Ces deux éditions rapprochées l'une de l'autre offriront alors tous les états successifs du livre, et nous ne craignons pas de dire qu'elles serviront à pénétrer plus avant dans la connaissance de l'homme et du penseur.

Qu'il nous soit permis, en finissant, de remercier les municipalités de Nantes et de Montpellier, qui, sur la demande faite gracieusement par M. le Maire de Bordeaux, au nom de la Société des Bibliophiles de Guyenne, ont bien voulu mettre à notre disposi-

tion les exemplaires qu'elles possèdent des éditions de 1580 et 1587.

Qu'il nous soit permis surtout de placer ici un témoignage d'affectueuse gratitude envers notre excellent ami, M. J. Hoüel, professeur à la Faculté des Sciences de Bordeaux. Bien qu'absorbé par des travaux d'un autre genre, il s'est spontanément offert à partager avec nous, d'un bout à l'autre, la tâche ingrate de la collation des textes, et sa collaboration, en rendant le labeur plus doux, aura puissamment contribué à rendre aussi le livre plus exact, et, par conséquent, plus utile.

NOTE BIBLIOGRAPHIQUE.

Voici les titres des trois premières éditions des *Essais :*

Édition de 1580; 2 vol. in-8º.

Premier volume :

ESSAIS / DE MESSIRE / MICHEL SEI-
GNEVR / DE MONTAIGNE, / CHEVALIER
DE L'ORDRE / du Roy, & Gentil-homme ordi-/
naire de sa Chambre. / LIVRE PREMIER / &
second. / * / A BOVRDEAVS. / Par S. Millanges
Imprimeur ordinaire du Roy. / M.D.LXXX./
— / AVEC PRIVILÉGE DV ROY.

(Sur le titre, à la place que nous avons marquée d'un astérisque,
se trouve un fleuron d'ornement.)

4 feuillets liminaires contenant : le titre, l'avis au lecteur, la
table des chapitres, le privilége daté du « 9. iour de May 1579 »,
les errata. La pagination du texte est très fautive; la dernière
page est cotée 496. Les pages sont, en général, de 21 lignes; il y
a environ 32 lettres à la ligne.

Second volume :

ESSAIS / DE MESSIRE / MICHEL SEI-
GNEVR DE / MONTAIGNE CHEVA-
LIER / de l'ordre du Roy, & gentil-homme/
ordinaire de sa Chambre. / LIVRE SECOND. /*/
A BOVRDEAVS. / Par S. Millanges Imprimeur
ordinaire du Roy. / M.D.LXXX. / — / AVEC
PRIVILEGE DV ROY.

(Sur le titre, à la place que nous avons marquée d'un astérisque, se trouve la marque de Millanges, telle qu'elle a été repro-

duite dans le *Manuel du libraire* de M. J. C. Brunet, t. I, col. 537, éd. de 1860.)

2 feuillets liminaires, contenant le titre et la table; dernière page cotée 650, au recto; plus 2 pages d'errata. Les pages sont, en général, de 25 lignes; il y a environ 35 lettres à la ligne.

Édition de 1582; 1 vol. in-8°:

ESSAIS / DE MESSIRE / MICHEL, SEI-GNEVR / DE MONTAIGNE, / CHEVALIER DE L'ORDRE / du Roy, & Gentil-homme or- / dinaire de sa Chambre, / Maire & Gouuer-neur / de Bourdeaus. / — / EDITION SECONDE, / reueuë & augmentée. / * / A BOVRDEAVS. / Par S. Millanges Imprimeur ordinaire du Roy. / M.D.LXXXII. / — / Auec priuilege du Roy.

(Sur le titre, à la place que nous avons marquée d'un astérisque, se trouve le fleuron déjà employé sur le titre du 1er vol. de l'édition de 1580.)

4 feuillets liminaires contenant le titre, l'avis au lecteur, la table des chapitres et les errata; 806 pages de texte; plus, à la fin, le privilége du Roy, du 9 mai 1579.

Édition de 1587; 1 vol. in-12 :

ESSAIS DE / MESSIRE / MICHEL, SEI-GNEVR / DE MONTAIGNE, / CHEVALIER DE L'OR- / dre du Roy, & Gentil-hom- / me ordinaire de sa Cham- / bre, Maire & Gouuer- / neur de Bour- / deaus. / Reueus & augmentez. / * / A PARIS, / chez IEAN RICHER, ruë sainct / Iean de Latran, a l'Arbre Verdoyant. / — / M.D.LXXXVII.

(Sur le titre, à la place que nous avons marquée d'un astérisque, se trouve un fleuron d'ornement.)

4 feuillets liminaires, contenant le titre, l'avis au lecteur et la table; 1075 pages de texte (pas d'errata ni de privilége).

EXPLICATION DES SIGNES.

—

A = Édition de 1580.
B = Édition de 1582.
C = Édition de 1587.
Vulg. = Éditions vulgaires, particulièrement celles qu'ont données M. V. Le Clerc et M. Ch. Louandre.
aj. = ajoute *ou* ajoutent.
supp. = supprime *ou* suppriment.

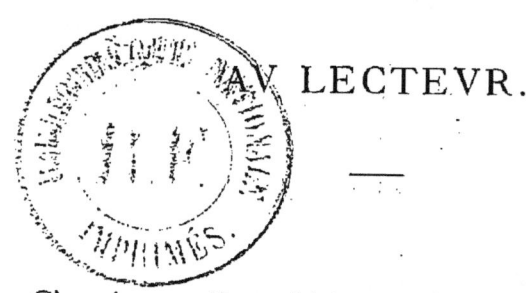

AV LECTEVR.

———

C'est icy vn liure de bonne foy, lecteur. Il t'auertit des l'antrée que ie ne m'y suis proposé nulle fin que domestique et priuée; ie n'y ay eu nulle consideration de ton seruice, ny de ma gloire : mes forces ne sont pas capables d'vn tel dessein. Ie l'ay voué a la commodité particuliere de mes parens et amis : a ce que, m'ayans perdu (ce qu'ils ont a faire bien tost), ilz y puissent retrouuer aucuns traitz de mes conditions et humeurs, et que, par ce moien, ils nourrissent plus entiere et plus vifue la cognoissance qu'ils ont eu de moy. Si c'eust esté pour rechercher la faueur du monde, ie me fusse paré de beautés empruntées, ou me fusse tendu et bandé en ma meilleure démarche [1]. Ie veus qu'on m'y voye en ma façon simple, naturelle et ordinaire, sans

[1] *Vulg. supp. : « ou me fusse... démarche ».*

I.

estude et artifice : car c'est moy que ie peins. Mes defauts s'y liront au vif, mes imperfections et ma forme naïfue autant que la reuerance publique me l'a permis. Que si i'eusse esté parmy ces nations qu'on dict viure encore sous la douce liberté des premieres lois de nature, ie t'asseure que ie m'y fusse tres-volontiers peint tout entier et tout nud. Ainsi, lecteur, ie suis moy-mesmes la matiere de mon liure : ce n'est pas raison que tu emploies ton loisir en vn subiect si friuole et si vain. A Dieu donq. De Montaigne, ce premier de Mars [1], 1580.

---

[1] *Vulg.* : « ce 12 Iuin ».

ESSAIS

DE MICHEL

DE MONTAIGNE

—

LIVRE PREMIER.

—

CHAPITRE I.

PAR DIVERS MOYENS ON ARRIVE A PAREILLE FIN.

La plus commune façon d'amollir les cœurs de ceus
qu'on a offensez, lors qu'ayant [1] vengeance en main,
ils nous tiennent a leur mercy, c'est de les émouuoir
a commiseration et a pitié : toutes-fois la brauerie, la
constance et la resolution, moyens tous contraires, ont
quelque fois serui a ce mesme effet.

Edouart, Prince de Gales, celuy qui regenta si long
temps nostre Guienne, personnage duquel les conditions et la fortune ont beaucoup de notables parties de
grandeur, ayant esté bien fort offencé par les Limosins,
et prenant leur ville par force, ne peut estre arresté par
les cris du peuple et des femmes et enfans abandonnez
a la boucherie, luy criant mercy et se iettant a ses
pieds, iusques a ce que, passant tousiours outre dans la
ville, il aperceut trois gentilshommes François, qui,

---

[1] *BC* : « la vengeance ».

d'vne hardiesse incroyable, soutenoient seuls l'effort
de son armée victorieuse. La consideration et le respect d'vne si notable vertu reboucha premierement la
pointe de sa cholere, et commença par ces trois a faire
misericorde a tous les autres habitans de la ville.

. Scanderbech, Prince de l'Epire, suiuant vn soldat
des siens pour le tuer, et ce soldat ayant essaié par toute
espece d'humilité et de supplication de l'apaiser, se
resolut a toute extremité de l'atandre l'espée au poing :
ceste sienne resolution arresta sus bout la furie de son
maistre, qui, pour luy auoir veu prandre vn si honorable parti, le receut en grace. Cest exemple poura
souffrir autre interpretation de ceus qui n'auront leu
la monstrueuse force et vaillance de ce prince la.

L'Empereur Conrad troisiesme, ayant assiegé Guel-
phe, Duc de Bauieres, ne voulut condescendre a nulles
plus douces conditions, quelques viles et lasches satis-
factions qu'on luy offrit, que de permettre seulement
aus gentils-femmes qui estoient assiegées auec le Duc
de sortir, leur honneur sauue, a pied, auec ce qu'elles
pourroient emporter sur elles. Elles, d'vn cœur
magnanime, s'auiserent de charger sur leurs espaules
leurs maris, leurs enfans et le Duc mesme. L'Empereur
print si grand plaisir a veoir la gentilesse de leur
courage qu'il en pleura d'aise, et amortit toute cete
aigreur d'inimitié mortelle et capitale qu'il auoit portée
contre ce Duc ; et des lors en auant le traita humaine-
mant luy et les siens *.

Or ces exemples me semblent plus a propos, d'autant
qu'on voit ces ames, assaillies et essayées par ces deus
moyens, en soustenir l'vn sans s'esbranler, et flechir
sous l'autre. Il se peut dire que de se laisser aller a
la compassion et a la pitié c'est l'effect de la facilité.

debonaireté et molesse (d'ou il auient que les natures
plus foibles, comme celle des femmes, des enfans et
du vulguaire y sont plus suietes), mais, ayant eu a
desdeing les larmes et les pleurs, de se randre a la
seule reuerence et respect de la sainte image de la
vertu, que c'est l'effect d'vne ame forte et imployable,
ayant en affection et en honneur vne vertu viue, masle
et obstinée. Toutesfois, es ames moins genereuses, l'es-
tonnemant et l'admiration peuuent faire naistre vn
pareil effect : tesmoin le peuple Thebein, lequel, ayant
mis en iustice d'accusation capitale ses capitaines, pour
auoir continué leur charge outre le temps qui leur
auoit esté prescript et preordonné, absolut a toutes peines Pelopidas, qui plioit sous le faix de telles obiections
et n'employoit a se garentir que requestes et supplica-
tions ; et au contraire Epaminondas, qui vint a racon-
ter magnifiquemant les choses par luy faites, et a les
reprocher au peuple d'une façon fiere et asseurée, il
n'eust pas le cœur de prandre seulemant les balotes en
main , et se despartit l'assemblée louant grandement
la hautesse du courage de ce personnage*.

Certes c'est vn subiect merueilleusemant vain,
diuers, et ondoyant que l'homme. Il est malaisé d'y
fonder et establir nul iugemant constant et uniforme.
Voila Pompeius qui pardona a toute la ville des
Mamertins, contre laquelle il estoit fort animé, en
consideration de la vertu et magnanimité du citoyen
Zenon, qui se chargeoit seul de la faute publique, et
ne requeroit autre grace que d'en porter seul la peine ;
et l'hoste de Sylla, ayant vsé, en la ville de Peruse, de
semblable vertu, n'y gaigna rien, ny pour soy, ny pour
autruy*.

CHAPITRE SECOND.

DE LA TRISTESSE.

* Le conte dit que Psammenitus, Roy d'Egypte, ayant esté déffait et pris par Cambises, Roy de Perse, voyant passer deuant luy sa fille prisonniere, habillée en seruante, qu'on enuoyoit puiser de l'eau, tous ses amis pleurans et lamentans autour de luy, se tint coy sans mot dire, les yeux fichez en terre ; et voyant encore tantost qu'on menoit son fils a la mort, se maintint en cete mesme contenance ; mais qu'ayant apperceu vn de ses domestiques conduit entre les captifz, il se mit a batre sa teste et mener vn deuil extreme.

Cecy se pourroit apparier a ce qu'on vid dernierement d'vn Prince des nostres, qui, aiant ouy a Trante, ou il estoit, nouuelles de la mort de son frere aisné, mais vn frere en qui consistoit l'appuy et l'honneur de toute sa maison, et, bien tost apres, d'vn puisné, sa seconde esperance, et aiant soustenu ces deus charges d'vne constance exemplaire, comme, quelques iours apres, vn de ses gens vint a mourir, il se laissa emporter a ce dernier accidant, et, quittant sa resolution, s'abandonna au deuil et aus regrets, en maniere qu'aucuns en prindrent argument qu'il n'auoit esté touché au vif que de ceste derniere secousse. Mais, a la verité, ce fut qu'estant d'ailleurs plein et comble de tristesse, la moindre surcharge brisa les barrieres de la patience. Il s'en pourroit (dis-ie) autant iuger de nostre histoire, n'estoit qu'elle adiouste que Cambisés s'enquerant a Psammenitus pourquoy, ne s'estant esmeu au malheur de son fils et de sa fille, il portoit si impatiemment celuy d'vn de ses amis : « C'est, respondit il, que ce seul dernier desplaisir se peut signifier par larmes, les deus premiers surpassans de bien loin tout moyen de se pouuoir exprimer. »

A l'auenture reuiendroit a ce propos l'inuention de cet ancien peintre, lequel, ayant a represanter au sacrifice de Iphigenia le deuil des assistans, selon les degrez de l'interest que chacun apportoit a la mort de cete belle fille innocente, aiant espuisé les derniers efforts de son art, quand se vint au pere de la fille, il le peignit le visage couuert, comme si nulle contenance ne pouuoit representer ce degré de deuil. Voila pourquoy les poetes feignent cete miserable mere Niobé, aiant perdu premierement sept fis, et puis de suite autant de filles, surchargée de pertes, auoir esté en fin transmuée en rochier,

> *Diriguisse malis,*

pour exprimer cete morne, muete et sourde stupidité qui nous transit, lors que les accidens nous accablent surpassans nostre portée. De vrai, l'effort d'vn desplaisir, pour estre extreme, doit estonner toute l'ame, et luy empescher la liberté de ses actions, comme il nous aduient, à la chaude alarme d'vne bien mauuaise nouuelle, de nous sentir saisis, transis, et comme perclus de touts mouuemans, de façon que l'ame se relaschant apres aux larmes et aus plaintes, semble se desprandre, se desmeler et se mettre plus au large et a son aise *.

> *Chi può dir com' egli arde, è in picciol fuoco,*

disent les amoureus qui veulent representer vne pas-

sion insupportable. Ce que exprime naifuement le diuin
pœme[1] :

> *Misero quod omnes*
> *Eripit sensus mihi. Nam simul te,*
> *Lesbia, aspexi, nihil est super mi*
> *Quod loquar amens.*
> *Lingua sed torpet, tenuis sub artus*
> *Flamma dimanat, sonitu suopte*
> *Tinniunt aures, gemina teguntur*
> *Lumina nocte.*

* Et de la se peut engendrer par fois la defaillance
fortuite qui surprent les amoureus si hors de saison,
et cete glace qui les saisit par la force d'vne ardeur
extreme*. Toutes passions qui se laissent gouster et
digerer ne sont que mediocres,

> *Curæ leues loquuntur, ingentes stupent.*

* Outre la femme Romaine qui mourut surprinse
d'aise de voir son fils reuenu de la route de Cannes,
Sophocles et Denis le Tyran, qui trespasserent d'aise,
et Talua, qui mourut en Corsegue, lisant les nouueles
des honneurs que le Senat de Rome luy auoit decernés,
nous tenons en nostre siecle que Pape Leon dixiesme
ayant esté aduerti de la prinse de Milan, qu'il auoit
extrememant souhaité[2], entra en tel excez de ioie, que
la fieure l'en print, et en mourut. Et, pour vn plus
notable tesmoignage de l'imbecilité naturelle, il a esté
remarqué par les antiens que Diodorus le dialecticien
mourut sur le champ, espris d'vne extreme passion de
honte, pour, en son escole et en public, ne se pouuoir
desueloper d'vn argument qu'on luy auoit faict*.

---

[1] *Vulg. supp. :* « Ce que... pœme ».
[2] *BC :* « souhaitée ».

CHAPITRE TROISIESME.

NOS AFFECTIONS S'EMPORTENT AV DE LA DE NOVS.

* Bertrand du Glesquin mourut au siege du chasteau de Rancon, pres du Puy, en Auuergne. Les assiegés, s'estant rendus apres, furent obligez de porter les clefs de la place sur le corps du trespassé. Berthelemi d'Aluiane, General de l'armée des Venitiens, estant mort au seruice de leurs guerres, en la Bresse, et son corps ayant a estre [1] raporté a Venise par le Veronois, terre ennemye, la pluspart de ceus de l'armée estoient d'aduis qu'on demandat sauf conduit pour le passage, a ceux de Verone; mais Theodore Triuolce y contredit, et choisit plustost de le passer par viue force, au hazard du combat, n'estant conuenable, disoit il, que celuy qui, en sa vie, n'auoit iamais eu peur de ses ennemis, estant mort, fit demonstration de les craindre*.

Ces traits se pourroient trouuer estranges, s'il n'estoit receu de tout temps, non seulement d'estendre le soing que nous auons de nous au dela cete vie, mais encore de croire que bien souuent les faueurs celestes nous accompaignent au tombeau, et continuent a nos reliques. Dequoy il y a tant d'examples anciens, laissant a part les nostres, qu'il n'est besoing que i'en fournisse. Edouard premier, Roy d'Angleterre, ayant essaié aus longues guerres d'entre luy et Robert, Roy d'Escosse, combien la presence donnoit d'auantage a ses affaires, rapportant tousiours la victoire de ce qu'il

---

[1] *Vulg. :* « ayant esté », *ce qui est une erreur évidente.*

entreprenoit en personne, mourant, obligea son fils,
par solennel serment, a ce qu'estant trespassé, il fit
boulir son corps, pour desprandre sa chair d'auec les
os, laquelle il fit enterrer, et, quant aus os, qu'il les
reseruast pour les porter auec lui et en son armée,
toutes les fois qu'il luy aduiendroit d'auoir guerre contre
les Escossois : comme si la destinée auoit fatalement
ataché la victoire a ses membres*. Les premiers ne
reseruent au tombeau que la reputation acquise par
leurs actions passées; mais cetuy cy y veut encore
trainer la puissance d'agir.

Le fait du Capiteine Baiard est de meilleure
composition, lequel, se sentant blessé a mort d'vne
harquebusade dans le corps, conseillé de se retirer de
la meslée, respondit qu'il ne commenceroit point sur
sa fin a tourner le dos a l'ennemy : et ayant combatu
autant qu'il eut de force, se sentant defaillir et eschaper
du cheual, commanda a son maistre d'hostel de le coucher au pied d'vn arbre : mais que ce fut en façon qu'il
mourut le visage tourné vers l'ennemy, comme il fit.

Il me faut adiouster cet ¹ exemple, aussi remerqua-
ble pour cete consideration que nul des precedens.
L'Empereur Maximilien, bisayeul du Roy Philippes
qui est a present, estoit Prince garny de tout plein de
grandes qualités, et, entre autres, d'vne beauté de corps
singuliere. Mais, parmy ses humeurs, il auoit cete cy,
bien contraire a celle des Princes qui, pour despescher
les plus importants affaires, font leur throsne de leur
chaire percée : c'est qu'il n'eut iamais valet de chambre
si priué a qui il permit de le veoir en sa garderobe :
il se desroboit et cachoit pour tumber de l'eau, aussi

---

¹ *BC :* « autre exemple ».

religieux qu'vne fille a ne descouurir, ny a medecin, ny
a qui que ce fut, les parties qu'on a accoustumé de tenir
cachées* : et iusques a telle superstition, qu'il ordonna,
par parolles expresses de son testament, qu'on luy
attachat des calessons, quand il seroit mort. Il deuoit
adiouster, par codicille, que celuy qui les luy monteroit
eut les yeux bandés*.

CHAPITRE QVATRIESME.

COMME L'AME DESCHARGE SES PASSIONS SVR DES OBIETZ FAVX QVAND LES VRAIS LVY DEFAILLENT.

Vn gentil homme des nostres, merueilleusement
subiect a la goute, estant pressé par les medecins de
laisser [1] l'vsage des viandes salées, auoit accoustumé
de respondre [2] plaisamment que, sur les effors et
tourmens du mal, il vouloit auoir a qui s'en prendre,
et que s'escriant et maudissant tantost le ceruelat,
tantost la langue de beuf et le iambon, il s'en sentoit
d'autant allegé. Mais, en bon esciant, comme, le bras
estant haussé pour frapper, il nous deut, si le coup ne
rencontre et qu'il aille au vent ; aussi que, pour rendre
vne veüe plaisante, il ne faut pas qu'elle soit perdue
et escartée dans le vague de l'air, ains qu'elle aye bute
pour la soustenir a raisonnable distance* ; de mesme,
il semble que l'ame esbranlée et esmeue se perde en
soy mesme, si on ne luy donne prinse, et faut tousiours
luy fournir d'obiect ou elle s'abutte et agisse. Plutarque
dit, a propos de ceux qui s'affectionnent aus guenons

[1] BC : « du tout l'vsage ».
[2] BC : « fort plaisamment ».

et petis chiens, que la partie amoureuse qui est en
nous, a faute de prise legitime, plustost que de demeurer
en vain, s'en forge ainsi vne faulce et friuole. Et nous
voyons que l'ame en ses passions se pipe plustost
elle mesme, se dressant vn faux subiect et fantastique,
voire contre sa propre creance, que de n'agir contre
quelque chose*.

Quelles causes n'inuentons nous des mal'heurs qui
nous aduiennent? a quoy ne nous prenons nous, a tort
ou droit, pour auoir ou nous escrimer? Ce ne sont pas
ces tresses blondes que tu deschires, ny la blancheur de
cette poitrine que, despite, tu bas si cruellement, qui
ont perdu d'vn mal'heureux plomb ce frere bien aymé :
prens t'en ailleurs*.

Qui n'a veu macher et engloutir les cartes, se gorger
d'vne bale de dets, pour auoir ou se venger de la perte
de son argent? Xerxes foita la mer et escriuit vn cartel
de deffi au mont Athos ; et Cyrus amusa toute vne
armée plusieurs iours a se venger de la riuiere de
Gyndus, pour la peur qu'il auoit eu en la passant; et
Caligula ruina vne tres-belle maison, pour le plaisir
que sa mere y auoit receu*.

Augustus Cesar, ayant esté battu de la tempeste sur
mer, se print a deffier le Dieu Neptunus, et, en la
pompe des ieus Circenses, fit oster son image du reng
ou elle estoit parmy les autres Dieux, pour se venger
de luy. En quoy il est encore moins excusable que les
precedens, et moins qu'il ne fut depuis, lors qu'ayant
perdu vne bataille sous Quintilius Varus, en Allemaigne, il alloit, de colere et de desespoir, choquant sa teste
contre la muraille, en s'escriant: « Varus, rens moy mes
soldats »; car ceux la surpassent toute follie, d'autant
que l'impieté y est ioincte, qui s'en adressent a Dieu

mesmes a belles iniures [1], ou [2] la fortune, comme si elle auoit des oreilles suiectes a nostre batterie*. Or, comme dit cet antien poete, ches Plutarque :

Point ne se faut couroucer aus affaires :
Il ne leur chaut de toutes nos coleres*.

CHAPITRE CINQVIESME.

SI LE CHEF D'VNE PLACE ASSIEGÉE DOIT SORTIR POVR PARLEMENTER.

Lucius Marcius, Legat des Romains en la guerre contre Perseus, Roy de Macedoine, voulant gaigner le temps qu'il lui falloit encore a metre en point son armée, sema des entregets d'accord, desquels le Roy endormi accorda trefue pour quelques iours, fournissant par ce moyen son ennemy d'oportunité et loisir pour s'armer : d'ou le Roy encourut sa dernier [3] ruine. Si est ce que le Senat Romain, a qui le seul aduantaige de la vertu sembloit moyen iuste pour acquerir la victoire, trouua ceste praticque laide et des-honneste, n'ayant encores ouy sonner a ses oreilles ceste belle sentence [4] :

Dolus an virtus, quis in hoste requirat ?

* Quand a nous, moings superstitieux, qui tenons celuy auoir l'honneur de la guerre qui en a le profit,

---

[1] *Vulg. supp.* : « a belles iniures ».
[2] *BC* : « a la fortune ».
[3] *BC* : « derniere ».
[4] *Le passage précédent, depuis* « le Senat Romain » *jusqu'à* « ceste belle sentence », *est complètement modifié dans le texte vulgaire.*

et qui, apres Lysander, disons que, ou la peau du lyon
ne peut suffire, qu'il y faut coudre vng lopin de celle
du renard, les plus ordinaires occasions de surprinse
se tirent de ceste praticque; et n'est heure, disons nous,
ou vn chef doiue auoir plus l'œil au guet que celle des
parlemens et traités d'accord. Et, pour ceste cause, c'est
vne reigle en la bouche de tous les hommes de guerre de
nostre temps, qu'il ne faut iamais que le gouuerneur en
vne place assiegée sorte luy mesmes pour parlementer.
Du temps de nos peres, cela fut reproché aus seigneurs
de Montmord et de l'Assigni, deffandans Mouson contre le Conte de Nansaut. Mais aussi, à ce conte, celuy
la seroit excusable, qui sortiroit en tellé façon, que la
surté et l'aduantaige demeurat de son costé, comme fit,
en la ville de Regge, le Conte Guy de Rangon (s'il en
faut croire monsieur du Bellay, car Guichardin dit que
ce fut luy mesmes) lors que le seigneur de l'Escut s'en
approcha pour parlementer; car il abandonna de si
peu son fort, que, vn trouble s'estant esmeu pandant
ce parlement, non seulement monsieur de l'Escut et
sa trouppe, qui estoit approchée auec luy, se trouua la
plus foible, de façon que Alexandre Triuulce y fut tué,
mais luy mesmes fust contrainct, pour le plus seur, de
suiure le Conte, et se getter, sur sa foy, a l'abri des
coups, dans la ville*.

Si est ce que encores en y a il, qui se sont tres bien
trouués de sortir sur la parolle de l'assaillant: tesmoing
Henri de Vaux, Cheualier Champenois, lequel, estant
assiegé dans le chasteau de Commercy par les Anglois,
et Berthelemy [1] de Bonnes, qui commandoit au siege,
ayant par dehors faict sapper la plus part du chasteau,

---

[1] *BC* : « Barthelemy ».

si qu'il ne restoit que le feu pour acabler les assiegés soubs les ruines, somma ledict Henry de sortir a parlementer pour son profict, comme il fit, luy qua-triesme, et, son euidante ruyne luy ayant esté monstrée a l'œil, il s'en sentit singulierement obligé a l'ennemy, a la discretion duquel apres qu'il se fut rendù et sa trouppe, le feu estant mis a la mine, les estansons de bois venant a faillir, le chasteau fut emporté de fons en comble*.

CHAPITRE SIXIESME.

L'HEVRE DES PARLEMENS DANGEREVSE.

Toutes-fois ie vis dernierement, en mon voisinage de Mussidan, que ceux qui en furent délogés a force par nostre armée, et autres de leur part, criyoient, comme de trahison, de ce que, pandant les entremises d'accord, et le parlement se continuant encores, on les auoit surpris et mis en pieces, chose qui eust heu a l'auanture apparance en vn autre siecle ; mais, comme ie viens de dire, nos façons sont entierement eslognées de ces reigles. Et ne se doit attandre fiance des vngs aux autres, que le dernier seau d'obligation n'y soit passé ; encore y a il lors assés affaire*.

Cleomenes disoit que, quelque mal qu'on peut faire aux ennemis en guerre, cela estoit par dessus la iustice, et non subiect a icelle, tant enuers les Dieux, que enuers les hommes ; et ayant faict treue auec les Argiens pour sept iours, la troisiesme nuit apres il les alla charger tous endormis, et les défict, alleguant qu'en sa treue il n'auoit pas esté parlé des nuits : mais les Dieux vangerent ceste perfide subtilité*.

Monsieur d'Aubigny assiegeant Cappoüe, et apres y auoir faict vne furieuse baterie, le seigneur Frabrice[1] Colonne, Capitaine de la ville, ayant commancé a parlementer de dessus vn bastion, et ses gens faisant plus molle garde, les nostres s'en amparerent et mirent tout en pieces. Et, de plus fresche memoire, a Yuoi, le seigneur Iullian Rommero, aiant faict ce pas de clerc de sortir pour parlementer auec monsieur le Conestable, trouua, au retour, sa place saisie. Mais, afin que nous ne nous en aillons pas sans reuanche, le Marquis de Pesquaire assiegeant Genes, ou le Duc Octauian Fregose commandoit soubs nostre protection, et l'accord entre eux ayant esté poussé si auant qu'on le tenoit pour faict, sur le point de la conclusion, les Espaignols s'estant coullés dedans, en vsarent comme en vne victoire planiere. Et, depuis, en Ligny en Barrois, ou le Conte de Brienne commandoit, l'Empereur l'ayant assiegé en personne, et Bertheuille, lieutenant dudict Conte, estant sorty pour parlementer, pandant le parlement la ville se trouua saisie.

> *Fu il vincer sempremai laudabil cosa,*
> *Vincasi*[2] *o per fortuna, o per ingegno,*

disent ils ; mais le philosophe Chrisippus n'eust pas esté de cest aduis* : car il disoit que ceux qui courrent a l'enuy doiuent bien employer toutes leurs forces a la vitesse, mais il ne leur est pourtant aucunement loisible de mettre la main sur leur aduersaire pour l'arrester, ny de luy tendre la iambe pour le faire cheoir*.

---

[1] *BC* : « Fabrice ».
[2] *BC* : « *Vincasio o* ».

CHAPITRE SEPTIESME.

QVE L'INTENTION IVGE NOS ACTIONS.

La mort, dict on, nous aquitte de toutes nos obligations : i'en sçay qui l'ont prins en diuerse façon.
Henry septiesme, Roy d'Angleterre, fict composition
auec don Philippe, fils de l'Empereur Maximilian,
ou, pour le confronter plus honnorablement, pere de
l'Empereur Charles cinquiesme, que ledict Philippe
lui remettroit [1] entre ses mains le Duc de Suffolc, de la
Rose blanche, son ennemy, lequel s'en estoit enfuy et
retiré au Pais Bas, moyenant qu'il promettoit de n'a-
temter rien sur la vie dudict Duc; toutes-fois, venant
a mourir, il commanda par son testament expressement
a son fils de le faire mourir soudain apres qu'il seroit
decedé. Dernierement, en ceste tragedie que le Duc
d'Albe nous fit veoir, a Bruxelles, es Contes de Horne
et d'Aiguemond, ausquels il fit trancher la teste [2], il y
eust tout plein de choses remarquables, et, entre autres,
que ledit Conte d'Aiguemond, soubs la foy et asseurance
duquel le Conte de Horne s'estoit venu randre au Duc
d'Albe, requit auec grande instance qu'on le fit mourir
le premier, affin que sa mort le garantit de l'obligation
qu'il auoit audict Conte de Horne. Il semble que la
mort n'ait point deschargé le premier de sa foy donnée,
et que le second en estoit quite, mesmes sans mourir.
Nous ne pouuons estre tenus au dela de nos forces et
de nos moiens; a ceste cause, par ce que les effaictz et

[1] *BC* : « remettoit ».
[2] *Vulg. supp.* : « ausquels il fit trancher la teste ».

I. 2

executions ne sont aucunement en nostre puissance, et qu'il n'y a rien en bon essiant en nostre puissance que la volonté : en celle la se fondent par necessité et s'establissent toutes les reigles du deuoir de l'homme. Par ainsi, le Conte d'Aiguemond, tenant son ame et volonté endebtée a sa promesse, bien que la puissance de l'effectuer ne fut pas en ses mains, estoit sans doubte absous de son deuoir, quand il eut suruescu le Conte de Horne. Mais le Roy d'Angleterre, faillant a sa parolle par son intention, ne se peut excuser pour auoir retardé iusques apres sa mort l'execution de sa desloyauté; non plus que le masson de Herodote, lequel, ayant loyallement conserué durant sa vie le secret des tresors du Roy d'Egypte, son maistre, mourant, les descouurit a ses enfans*.

CHAPITRE HVICTIESME.

DE L'OISIVETÉ.

Comme nous voyons des terres oysiues, si elles sont grasses et fertiles, que elles ne cessent de [1] foissonner en cent mille sortes d'herbes sauuaiges et inutiles, et que, pour les tenir en office, il les faut asubiectir et employer a certaines semences pour nostre seruice; et comme nous voyons que les femmes produisent bien toutes seules des amas et pieces de chair informes, mais que, pour faire vne generation bonne et naturelle, il les faut enbesoigner d'vne autre semance, ainsin est il des espris : si on ne les occupe a certain subiet qui les

---

[1] *Vulg. supp.* : « que elles ne cessent de ».

bride et contraigne, ils se iettent desreiglés par cy par
la, dans le vague champ des immaginations*; et n'est
folie ni reuerie qu'ils ne produisent en ceste agitation,

> *Velut ægri somnia, vanæ*
> *Finguntur species.*

L'ame qui n'a point de but estably, elle se perd. Car,
comme on dict, c'est n'estre en nul lieu, que d'estre
par tout*.

Dernierement, que ie me retiray chez moy, deliberé
autant que ie pourray de ne me mesler d'autre chose
que de passer en repos et a part ce peu qui me reste
de vie, il me sembloit ne pouuoir faire plus grande
faueur a mon esprit que de le laisser en pleine oysiueté
s'entretenir soi mesmes et s'arrester et rasseoir en soy,
ce que i'esperois qu'il peut meshui faire plus aisement,
deuenu auec le temps plus poisant et plus meur : mais
ie trouue, comme

> *vanam* [1] *semper dant otia mentem,*

que, au rebours, faisant le cheual eschapé, il se donne
cent fois plus d'affaire a soy mesmes qu'il n'en prenoit
pour autruy, et m'enfante tant de chimeres et monstres
fantasques, les vns sur les autres, sans ordre et sans
propos, que, pour en contempler a mon aise l'ineptie
et l'estrangetté, i'ay commancé de les mettre en rolle,
esperant auec le temps luy en faire honte a luy mesmes.

[1] *BC : « variam ».*

CHAPITRE NEVFIESME.

DES MENTEVRS.

Il n'est homme a qui il siese si mal de se mesler de parler de la memoire qu'a moy. Car ie n'en reconnoy quasi nulle trasse chez moy, et ne pense qu'il y en aye au monde vne si monstrueuse en defaillance. I'ai toutes mes autres parties villes et communes; mais en cete la ie pense estre singulier et tresrare, et digne de gaigner par la nom et reputation. I'en pourrois faire des contes merueilleus, mais, pour cete heure, il vaut mieux suiure mon theme[1]*.

Ce n'est pas sans raison qu'on dit que qui ne se sent point assez ferme de memoire ne se doit pas mesler d'estre menteur. Ie sçai bien que les grammairiens font difference entre dire mensonge et mentir : et disent que dire mensonge c'est dire chose faulce, mais qu'on a pris pour vraye, et que la definition du mot de mentir en Latin, d'ou nostre François est party, porte autant comme aller contre sa conscience, et que, par consequent, cela ne touche que ceux qui disent contre ce qu'ils sçauent, desquels ie parle. Or ceux cy, ou ils inuentent marc et tout, ou ils déguisent et alterent vn fons veritable. Lors qu'ils deguisent et changent, a les remettre souuent en ce mesme conte, il est malaisé qu'ils ne se defferent; par ce que la chose, comme elle est, s'estant logée la premiere dans la me-

---

[1] *Cette phrase :* « I'en pourrois faire... suiure mon theme. » *est supprimée, et remplacée par un long développement, dans le texte vulgaire.*

moire, et s'y estant empreinte par la voie de la connoissance et de la science, il est malaisé qu'elle ne se
represente a l'imagination, délogeant la faulceté, qui
n'y peut auoir le pied si ferme, ny si rassis, et que les
circonstances du premier aprentissage, se coulant a tous
les coups dans l'esprit, ne facent perdre le souuenir
des pieces raportées, faulses ou abastardies[1]. En ce
qu'ils inuentent tout a fait, d'autant qu'il n'y a nulle
impression contraire qui choque leur faulceté, ils semblent auoir d'autant moins a craindre de se mesconter.
Toutesfois encore cecy, par ce que c'est vn corps vain
et sans prise, il eschape volontiers a la memoire, si elle
n'est bien asseurée*.

Le Roy François premier se vantoit d'auoir mis au
rouet par ce moyen Francisque Tauerna, Ambassadeur
de François Sforce, Duc de Milan, homme tres-fameux
en science de parlerie. Cestuy cy auoit esté despeché
pour excuser son maistre enuers sa màgesté, d'vn fait
de grande consequance, qui estoit tel. Le Roy, pour
maintenir tousiours quelques intelligences en Italie,
d'ou il auoit esté dernierement chassé, mesme au Duché
de Milan, auoit auisé d'y tenir pres du Duc vn gentil'
homme de sa part, Ambassadeur par effect, mais par
apparence homme priué, qui fit la mine d'y estre pour
ses affaires particulieres : d'autant que le Duc, qui
dependoit beaucoup plus de l'Empereur, lors principalement qu'il estoit en traicté de mariage auec sa
niepce, fille du Roy de Dannemarc, qui est a present
douairiere de Loraine, ne pouuoit descouurir auoir
aucune practique et conference auecques nous, sans

---

[1] *Nous suivons la ponctuation fournie par BC. A ne met pas de
ponctuation après « abastardies », et met un point, à la phrase
suivante, après « tout a fait ».*

son grand interest. A ceste commission se trouua propre vn gentil-homme Milanois, escuier d'escuirie ches
le Roy, nommé Merueilles. Cetuy cy, despeché auecques
lettres secretes de creãce et instructions d'Ambassadeur, et auecques d'autres lettres de recommendation
enuers le Duc, en faueur de ses affaires particuliers,
pour le masque et la monstre, fut si long temps aupres
du Duc, qu'il en veint quelque resentiment a l'Empereur, qui donna cause a ce qui s'ensuiuit apres, comme
nous pensons : qui fut que, sous couleur de quelque
meurtre, voila le Duc qui luy fait trancher la teste, de
belle nuict, et son procez faict en deux iours. Messire
Francisque estant venu prest d'vne longue deduction
contrefaicte de ceté histoire (car le Roy s'en estoit
adressé, pour demander raison, a tous les Princes de
Chrestienté et au Duc mesmes), fut ouy aus affaires du
matin, et ayant establ y pour le fondement de sa cause,
et dressé a cete fin plusieurs belles apparences du faict :
que son maistre n'auoit iamais pris nostre homme que
pour gentil-homme priué et sien subiect, qui estoit
venu faire ses affaires a Milan, et qui n'auoit iamais
vescu la soubs autre visage, desaduouant mesme auoir
sceu qu'il fut en estat de la maison du Roy, ni conneu
de luy, tant s'en faut qu'il le prit pour Ambassadeur.
Le Roy, a son tour, le pressant de diuerses obiections
et demandes, et le chargeant de toutes pars, l'accula en
fin sur le point de l'execution, faite de nuict, et comme
a la desrobée. A quoi le pauure homme ambarassé res-
pondict, pour faire l'honneste, que, pour le respect de
sa maiesté, le Duc eut esté bien marry que telle execution se fut faicte de iour. Chacun peut penser, comme
il fut releué, s'estant si lourdement couppé et a l'endroit
d'vn tel nez que celuy du Roy François.

Le Pape Iule second ayant enuoyé vn Ambassadeur vers le Roy d'Angleterre pour l'animer contre le Roy François, l'Ambassadeur ayant esté ouy sur sa charge, et le Roy d'Angleterre s'estant arresté en sa responce aus difficultés qu'il trouuoit a dresser les préparatifs qu'il faudroit pour combatre vn Roy si puissant, et en alleguant quelques raisons, l'Ambassadeur repliqua mal a propos qu'il les auoit aussi considerées de sa part, et les auoit bien dites au Pape. De cete parolle si elongnée de sa proposition, qui estoit de le pousser incontinent a la guerre, le Roy d'Angleterre prit le premier argument de ce qu'il trouua depuis par effect, que cet Ambassadeur, de son intention particuliere, pendoit du costé de France, et en ayant aduerty son maistre, ses biens furent confisquez, et ne tint a guierre qu'il n'en perdit la vie.

CHAPITRE DIXIESME.

DV PARLER PROMPT OV TARDIF.

Onques [1] *ne furent a tous toutes graces données.*

Aussi voyons nous qu'au don d'eloquence, les vns ont la facilité et la promptitude, et, ce qu'on dict, le boute-hors si aisé qu'a chaque bout de champ ils sont prests; les autres, plus tardifz, ne parlent iamais rien qu'elabouré et premedité.

Comme on donne des regles aus dames de prendre les ieus et les excercices du corps, selon l'aduantage de ce qu'elles ont le plus beau, si i'auois a conseiller de

[1] *BC : « Onq ».*

mesmes en ces deüs diuers aduantages de l'eloquence, de laquelle il semble en nostre siecle que les prescheurs et les aduocatz facent principale profession, le tardif seroit mieus prescheur, ce me semble, et l'autre mieus aduocat. Par ce que la charge de celuy la luy donne autant qu'il luy plait de loisir pour se preparer, et puis sa carriere se passe d'vn fil et d'vne suite sans interruption; la ou les commoditez de l'aduocat le pressent a toute heurte [1] de se mettre en lice. Et puis les responces improuueues de sa partie aduerse le reiettent hors de son branle, ou il luy faut sur le champ prendre nouueau party. Si est ce qu'a l'entreueüe du Pape Clemant et du Roy François, a Marseille, il aduint, tout au rebours, que monsieur Poyet, homme toute sa vie nourry au barreau en grande reputation, ayant charge de faire la harangue au Pape, et l'ayant de longue main pourpensée, voire, a ce qu'on dit, apportée de Paris toute preste, le iour mesme qu'elle deuoit estre prononcée, le Pape, se craignant qu'on luy tint propos qui peut offencer les Ambassadeurs d'autres Princes qui estoient autour de luy, manda au Roy l'argument qui luy sembloit estre le plus propre au temps et au lieu, mais, de fortune, tout autre que celuy sur lequel monsieur Poyet s'estoit trauaillé : de façon que sa harangue demeuroit inutile, et luy en falloit promptement refaire vne autre. Mais, s'en sentant incapable, il fallut que monsieur le Cardinal du Bellay en print la charge*. Il semble que ce soit plus le rolle de l'esprit d'auoir son operation prompte et soudaine, et plus celluy du iugement de l'auoir lente et posée. Mais qui demeure du tout muet, s'il n'a loisir de se preparer, et

[1] *Vulg. :* « heure ».

celuy aussi a qui le loisir ne donne nul aduentaige de mieus dire, ils sont en pareil degré d'estrangeté.

On recite de Seuerus Cassius, qu'il disoit mieus sans y auoir pensé, qu'il deuoit plus a la fortune qu'a sa diligence, qu'il luy venoit a profit d'estre troublé en parlant, et que ses aduersaires craignoient de le piquer, de peur que la colere ne luy fit redoubler son eloquance. Ie cognois bien priuemant et par ordinaire experiance cete condition de nature qui ne peut soustenir vne vehemante premeditation, tant pour le defaut de la memoire et difficulté du chois des choses et de leur disposition, que pour le trouble qu'vne atention vehemente luy apporte d'ailleurs[1]*. Nous disons d'aucuns ouurages qu'ilz puent a l'huyle et a la lampe, pour certaine aspreté et rudesse que le trauail imprime es ouurages ou il y[2] a grande part. Mais, outre cela, la solicitude de bien faire, et cete contention de l'ame trop bandée et trop tendue a son entreprise, la rompt et la trouble*. En cete condition de nature, dequoy ie parle, il y a quant et quant aussi cela, qu'elle demande a estre non pas esbranlée et piquée par ses passions fortes, comme la colere de Cassius (car ce mouuement seroit trop aspre), elle veut estre non pas secoüée, mais solicitée; elle veut estre eschaufée et recueilliee[3] par les occasions estrangeres, presentes et fortuites. Si elle va toute seule, elle ne faict que trayner et languir : l'agitation, c'est la vie et la grace de son langage : ses escrits le monstrent au pris de ses paroles : au moins s'il y peut auoir du chois, ou il n'i a point de valeur[4]*.

---

[1] *Vulg. abrége et modifie cette phrase.*
[2] *BC supp. : « y ».*
[3] *Sic. — BC : « reueillée ».*
[4] *Vulg. remanie cette fin.*

CHAPITRE VNZIEME.

DES PROGNOSTICATIONS.

Quand aux oracles, il est certain que, bonne piece[1] auant la venue de Iesus Christ, ils auoient commancé a perdre leur credit; car nous voyons que Cicero se met en peine de trouuer la cause de leur defaillance* ; mais quant aux autres prognosticques, qui se tiroyent de l'anatomie des bestes aux sacrifices*, du trepillement[2] des poulets, du vol des oyseaux* et autres, sur lesquels l'antieneté appuioit la plus part des entreprinses, tant publicques que priuées, nostre religion les a abolies. Et encore qu'il reste entre nous quelques moyens de diuination es astres, es esprits, es figures du corps, es songes, et ailleurs, notable exemple de la forcenée curiosité de nostre nature s'amusant a preoccuper les choses futures, comme si elle n'auoit pas assez affaire a digerer les presantes*, si est ce qu'elle est de beaucoup moindre auctorité. Voila pourquoy l'example de François, Marquis de Sallusse, m'a semblé remarquable : car, lieutenant du Roy François en son armée de la les monts, infiniement fauorisé de nostre court, et obligé au[3] Roy du Marquisat mesmes, qui auoit esté confisqué de son frere, au reste, ne se presentant occasion de le faire, son affection mesmes y contredisant, se laissa si fort espouuanter (comme il a esté adueré) aux belles prognostications qu'on faisoit lors

---

[1] *C supp.* : « bonne piece ».
[2] *BC :* « trepignement ».
[3] *C :* « du ».

courir de tous costez a l'aduantage de l'Empereur
Charles cinquiesme, et a nostre desaduantage, mesmes
en l'Italie, ou ces folles propheties auoient trouué tant
de place qu'a Rome fut baillé grandes sommes d'argent
au change, pour ceste opinion de nostre ruine, que,
apres s'estre souuant condoleu a ses priuez des maux
qu'il veoioit ineuitablement preparez a la Couronne
de France et aux amis qu'il y auoit, se reuolta et
changea de party, a son grand dommage pourtant,
quelque constellation qu'il y eut. Mais il s'y conduisit
en homme combatu de diuerses passions. Car, ayant et
villes et forces en sa main, l'armée ennemye, soubz
Anthoine de Leue, a trois pas de luy, et nous sans
soubson de son faict, il estoit en luy de faire pis qu'il
ne fist. Car, pour sa trahison, nous ne perdismes ny
homme, ny ville que Fossan, encore apres l'auoir long
temps contestée.

Prudens futuri temporis exitum
Caliginosa nocte premit Deus,
Ridetque, si mortalis vltra
Fas trepidat.

Ille potens [1]
Lætusque deget, cui licet in diem
Dixisse : Vixi ; cras vel atra
Nube polum pater occupato,
Vel sole puro.

Lætus in præsens animus, quod vltra est
Oderit curare*.

[1] *BC : « potens sui ».*

CHAPITRE DOVZIESME.

DE LA CONSTANCE.

La loy de la resolution et de la constance ne porte[1] que nous ne nous deuions couurir, autant qu'il est en nostre puissance, des maux et inconueniens qui nous menassent, ny, par consequant, d'auoir peur qu'ils nous surpreignent. Au rebours, tous moyens honnestes de se garentir des maux sont non seulement permis, mais louables. Et le ieu de la constance se ioüe principalement a porter patiemment et de pied ferme les inconuenians ou il n'y a point de remede. De maniere qu'il n'y a soupplesse de corps ny mouuement aux armes de main que nous trouuions mauuais, s'il sert a nous garantir du coup qu'on nous rue*.

Toutes-fois, aux canonades, despuis qu'on leur est planté en bute, comme les occasions de la guerre portent souuant, il est messeant de s'esbranler pour la menasse du coup : d'autant que, pour sa violance et vitesse, nous le tenons ineuitable, et en y a meint vn qui, pour auoir ou haussé la main, ou baissé la teste, en a pour le moins appresté a rire a ses compaignons. Si est ce que, au voyage que l'Empereur Charles cinquiesme fit contre nous en Prouence, le Marquis de Guast, estant allé reçognoitre la ville d'Arle, et s'estant ietté hors du couuert d'vn molin a vent, a la faueur duquel il s'estoit approché, fut aperceu par les seigneurs de Bonneual et Seneschal d'Agenois, qui se prome-

---

[1] *BC* : « porte pas ».

noient sus le theatre des arenes. Lesquels l'ayant
monstré au seigneur de Villier, Commissaire de l'artillerie, il braqua si a propos vne colluurine, que, sans ce
que ledict Marquis, voyant mettre le feu, se lansa a
quartier, il fut tenu qu'il en auoit dans le corps. Et de
mesme, quelques années auparauant, Laurens de Me-
dicis, Duc d'Vrbin, pere de la Royne mere du Roy,
assiegeant Mondolphe, place d'Itallie, aux terres qu'on
nomme du Vicariat, voyant mettre le feu a vne piece
qui le regardoit, bien luy seruit de faire la cane, car
autrement le coup, qui ne luy rasa que le dessus de la
teste, luy donnoit sans doute dans l'estomac. Pour en
dire le vray, ie ne croy pas que ces mouuemens se
fissent auecques discours ; car quel iugement pouués
vous faire de la mire haute ou basse en chose si soudaine ? et est bien plus aisé a croire que la fortune ait
ia fauorisé [1] leur fraieur, et que ce seroit moyen vne
autre fois aussi bien pour se ietter dans le coup, que
pour l'esuiter*.

CHAPITRE TREZIESME.

CERIMONIE DE L'ANTREVEVE DES ROYS.

Il n'est subiect si vain qui ne merite vn rang en
cete rapsodie. A nos reigles communes, ce seroit vne
notable discourtoisie, et a l'endroict d'vn pareil, et plus
a l'endroict d'vn grand, de faillir a vous trouuer ches
vous, quand il vous auroit aduerty d'y deuoir venir :
voire, adioustoit la Royne de Nauarre, Marguerite, a

---

[1] *BC :* « fortune fauorisa ».

ce propos, que c'estoit inciuilité a un gentil-homme dè partir de sa maison, comme il se faict le plus souuant, pour aller au deuant de celuy qui le vient trouuer, pour grand qu'il soit, et qu'il est plus respectueux et ciuil de l'attandre pour le receuoir, ne fust que de peur de faillir sa route; et qu'il suffit de l'accompagner a son partement*. C'est aussi vne reigle commune en toutes assemblées, qu'il touche aux moindres de se trouuer les premiers a l'assignation, d'autant qu'il est mieux deu aux plus apparans de se faire attandre.

Toutesfois, a l'entreueüe qui se dressa du Pape Clement et du Roy François, a Marseille, le Roy, y ayant ordonné les apprets necessaires, s'esloigna de la ville et donna loisir au Pape de deux ou trois iours pour son entrée et refrechissement, auant qu'il le vint trouuer. Et de mesmes, a l'entreüe [1] aussi du Pape et de l'Empereur, a Bouloigne, l'Empereur donna moyen au Pape d'y estre le premier, et y suruint apres luy. C'est, disent ils, vne cerimonie ordinaire aux abouchemens de tels Princes, que le plus grand soit auant les autres au lieu assigné, voire auant celuy ches qui se faict l'assemblée; et le prenent de ce biais, que c'est affin que ceste apparance tesmoigne que c'est le plus grand que les moindres vont trouuer, et le recherchent, non pas luy eux*.

---

[1] *Sic. — BC :* « l'entrée ».

CHAPITRE QVATORZIESME[1].

QVE LE GOVST DES BIENS ET DES MAVX DEPEND EN BONNE PARTIE DE L'OPINION QVE NOVS EN AVONS.

Les hommes (dit vne sentance greque ancienne) sont tourmentez par les opinions qu'ils ont des chôses, non par les choses mesmes. Il y auroit vn grand point gaigné pour le soulagement de nostre miserable condition humaine, qui pourroit establir ceste proposition vraye tout par tout. Car, si les maux n'ont entrée en nous que par nostre iugement, il semble qu'il soit en nostre pouuoir de les mespriser ou contourner a bien. Si les choses se rendent a nostre mercy et deuotion, pourquoi n'en cheuirons nous, ou ne les accommoderons nous a nostre aduantage? Si ce que nous appellons mal et tourment, n'est ny mal ny tourment de soy, ains seulement que nostre fantasie luy donne ceste qualité, il est en nous de la changer, et, en ayant le chois, si nul ne nous force, nous sommes estrangement fous de nous bander pour le party qui nous est le plus ennuyeux[2], et de donner aux maladies, a l'indigence et au mespris vn aigre et mauuais goust, si nous le leur pouuons donner bon, et si, la fortune fournissant simplement de matiere, c'est a nous de luy donner la forme. Or, que ce que nous appellons mal ne le soit pas de soy, ou au moins, tel qu'il soit, qu'il despende de nous de

---

[1] *Ce chapitre est devenu le quarantième des éditions vulgaires, et, par suite, les numéros des chapitres suivants ne concordent plus, dans le premier livre, jusqu'au quarante-unième.*

[2] *C : « est ennuyeux ».*

luy donner autre saueur et autre visage, car tout reuient a vn, voyons s'il se peut maintenir.

Si l'estre originel de ces choses que nous craignons
auoit credit de se loger en nous de son authorité, il
logeroit pareil et semblable en tous; car les hommes
sont tous d'vne façon, et, sauf le plus et le moins, se
trouuent garnis de pareils outils et instrumens pour
conceuoir et iuger; mais la diuersité des opinions que
nous auons de ces choses la monstre clerement qu'elles
n'entrent en nous que par composition : tel, a l'aduenture, les loge ches soy en leur vray estre; mais mille
autres leur donnent vn estre nouueau et contraire ches
eux. Nous tenons la mort, la pauureté et la douleur
pour nos principales parties : or, cete mort, que les vns
appellent des choses horribles la plus horrible, qui ne
sçait que d'autres la nomment l'vnique port des tourmens de cete vie, le souuerain bien de nature, seul
appuy de nostre liberté, et commune et prompte recepte a tous maus? Et comme les vns l'attendent
tramblans et effraiez, d'autres ne la reçoiuent ils pas
de tout autre visage [1]?* Combien voit on de personnes
populaires et communes conduictes a la mort, et non
a vne mort simple, mais meslée de honte, et quelque
fois de griefs tourmens, y apporter vne telle asseurance,
qui par opiniatreté, qui par simplesse naturelle, qu'on
n'y aperçoit rien de changé de leur estat ordinaire :
establissans leurs affaires domestiques, se recomman-
dans a leurs amis, chantans, preschans et entretenans
le peuple, voire y meslans quelque fois des mots pour
rire, et beuuans a leurs cognoissans, aussi bien que
Socrates.

---

[1] *Vulg. remanie cette phrase.*

Vn qu'on menoit au gibet disoit que ce ne fut pas par telle rue, car il y auoit danger qu'vn marchant luy fist mettre la main sur le collet, a cause d'vn vieux debte. Vn autre disoit au bourreau qu'il ne le touchat pas a la gorge, de peur de le faire tressaillir de rire, tant il estoit chatouilleux. L'autre respondit a son confesseur, qui luy promettoit qu'il soupperoit ce iour la auec nostre Seigneur : « Alés vous y en, vous; car, de ma part, ie ieusne. » Vn autre, ayant demandé a boire, et le bourreau ayant beu le premier, dict ne vouloir boire apres luy, de peur de prendre la verolle. Chacun a ouy faire le conte du Picard auquel, estant a l'eschelle, on presenta vne garse, et que (comme nostre iustice permet quelque fois), s'il la vouloit espouser, on luy sauueroit la vie : luy, l'aiant vn peu contemplée et aperceu qu'elle boitoit : « Attache! attache! dit il, elle cloche. » Et on conte de mesmes qu'en Dannemarc vn homme condamné a auoir la teste tranchée, estant sur l'eschafaut, comme on luy presenta vne pareille condition, la refusa, par ce que la fille qu'on luy offrit auoit les ioues auallées et le nez trop pointu. Vn valet, a Thoulouse, accusé de heresie, pour toute raison de sa creance, se rapportoit a celle de son maistre, ieune escolier prisonnier auec luy; et aima mieux mourir que de[1] se departir de ses opinions, quelles qu'elles fussent[2]. Nous lisons de ceux de la ville d'Arras, lors que le Roy Loys vnziesme la print, qu'il s'en trouua bon nombre parmy le peuple qui se laissarent pendre, plustost que de dire : « Viue le Roy! » Et, de ces viles ames de bouffons, il s'en est trouué qui n'ont voulu abandonner leur mestier a la mort mesme : tesmoing celuy qui,

---

[1] *BC supp. : « de ».*
[2] *Vulg. modifie la fin de cette phrase.*

comme le bourreau lui donnoit le branle, s'écria :
« Vogue la gallée ! » qui estoit son refrein ordinaire.
Et celuy qu'on auoit couché, sur le point de rendre sa
vie, le long du foier, sur vne paillasse, a qui le medecin demandant ou le mal le tenoit : « Entre le banc et
le feu, » respondit il. Et le prestre, pour luy donner
l'extreme onction, cherchant ses piëds, qu'il auoit re-
serrez et constrains par la maladie : « Vous les trouuerez, dit il, au bout de mes iambes. » A celuy qui
l'exhortoit de se recommander a Dieu : « Qui y va? »
demanda il; et, l'autre respondant : « Ce sera tantost
vous mesmes, s'il luy plait » : « Y fusse ie bien demein
au soir? » replica il; « Recommandés vous seulement a
luy, suiuit l'autre, vous y serés bien tost » : « Il vaut
donc mieux, adiousta il, que ie luy porte mes recom-
mandations moy mesmes »*.

Pendant nos [1] dernieres guerres de Milan, et tant de
prises et rescousses, le peuple, impatient de si diuers
changemens de fortune, print telle resolution a la
mort que i'ay ouy dire a mon pere qu'il y veist tenir
conte de bien vint et cinq maistres de maison qui s'estoient deffaits eux mesmes en vne sepmeine : accident
aprochant a celui de la ville des Xantiens, lesquels,
assiegés par Brutus, se precipitarent pesle mesle, hommes, femmes et enfans, a vn si furieux appetit de
mourir qu'on ne fait rien pour fuir la mort que ceux
cy ne fissent pour finir [2] la vie, en maniere qu'a peine
peut Brutus, a tout son armée [3], en sauuer vn bien
petit nombre*. Nous auons plusieurs exemples en nostre temps de ceux, iusques aux enfans, qui, de crainte

---

[1] C : « vos ».
[2] BC : « fuir ».
[3] BC supp. : « a tout son armée ».

de quelque legiere incommodité, se sont donnez la mort. Et a ce propos, « que ne fuirons [1] nous, dict vn ancien, si nous fuions ce que la couardise mesme a choisi pour sa retraitte? »

D'enfiler icy vn grand rolle de ceux de tous sexes et conditions et de toutes sectes, es siecles plus heureux, qui ont ou attendu la mort constamment, ou recherchée volontairement, et recherchée non seulement pour finir les maus de cete vie, mais aucuns pour fuir simplement la satieté de viure, et d'autres pour l'esperance d'vne meilleure condition ailleurs, ie n'aurois iamais faict. Et en est le nombre si infini qu'a la verité i'auroy meilleur marché de mettre en compte ceux qui l'ont crainte. Cecy seulement. Pyrro le philosophe, se trouuant vn iour de grande tourmente dans vn batteau, monstroit a ceux qu'il voyoit les plus effraiez autour de luy, et les encourageoit par l'exemple d'vn pourceau qui y estoit, nullement effraié, ny soucieux de cest orage. Oserons nous donq dire que cet auantage de la raison, dequoi nous faisons tant de feste, et pour le respect duquel nous nous tenons maistres et empereurs du reste des creatures, ait esté mis en nous pour nostre tourment? A quoy faire la connoissance des choses*, si nous en perdons le repos et la tranquillité ou nous serions sans cela, et si elle nous rend de pire condition que le pourceau de Pirro? L'intelligence, qui nous a esté donnée pour nostre plus grand bien, l'emploierons nous a nostre ruyne, combatans le dessein de nature et l'vniuersel ordre des choses, qui porte que chacun vse de ses vtils et moiens pour sa commodité et aduantage?

[1] *C* : « fuions ».

Bien, me dira l'on, vostre regle serue a la mort ; mais
que dirés vous de l'indigence, que dirés vous encor de
la douleur, que* la pluspart des sages ont estimé le
souuerain mal, et ceux qui le nyoient de parolle le
confessoient par l'effect[1]? Possidonius estant extremement tourmenté d'vne maladie aigue et douloureuse,
Pompeius le fut veoir, et s'excusa d'auoir prins heure
si importune pour l'ouyr deuiser de la philosophie.
« I'a[2] Dieu ne plaise, luy dit Possidonius, que la douleur gaigne tant sur moy qu'elle m'empesche d'en
discourir et d'en parler! » et se ietta sur ce mesme
propos du mespris de la douleur ; mais cependant elle
iouoit son rolle et le pressoit incessamment. A quoi il
s'escrioit : « Tu as beau faire, douleur! si ne dirai-ie
pas que tu sois mal. » Ce conte, qu'ils font tant valoir,
que porte il pour le mespris de la douleur? Il ne debat
que du mot, et ce pendant, si ces pointures ne l'esmeuuent, pourquoy en rompt il son propos? pourquoi
pense il faire beaucoup de ne l'appeller pas mal? Icy
tout ne consiste pas en l'imagination. Nous opinons
du reste ; c'est icy la certaine science qui iouë son rolle :
nos sens mesmes en sont iuges :

> *Qui nisi sunt veri, ratio quoque falsa sit omnis.*

Ferons nous a croire[3] a nostre peau que les coups
d'estriuiere la chatouillent? et a nostre goust que de
l'aloé soit du vin de Graues? Le pourceau de Pyrrho
est ici de nostre escot ; il est bien sans effroy a la mort,
mais, si on le bat, il crie et se tourmente. Forcerons
nous la generale habitude de nature, qui se voit en

[1] *BC* : « par effect ».
[2] *BC* : « Ia a ».
[3] *C* : « accroire ».

tout ce qui est viuant sous le ciel, de trambler sous la douleur? Les arbres mesmes semblent gemir aux offences qu'on leur faict. La mort ne se sent que par le discours, d'autant que c'est le mouuement d'vn instant.

Aut fuit, aut veniet, nihil est præsentis in illa...
Morsque minus pœnæ quam mora mortis habet.

Mille bestes, mille hommes sont plustost mors que menassés. Et, a la verité, ce que les sages craignent principalement en la mort, c'est la douleur, son auant coureuse coustumiere [1]*.

Comme aussi la pauureté n'a rien a craindre que cela qu'elle nous iette entre les bras de la douleur, par la soif, la faim, le froid, le chaud, les veilles qu'elle nous fait soufrir. Ainsi n'aions affaire qu'a la douleur. Iē leur donne que ce soit le pire accident de nostre estre, et volontiers : car ie suis l'homme du monde qui luy veux autant de mal, et qui la crains autant, pour iusques a present n'auoir pas eu, Dieu mercy, grand commerce auec elle; mais qu'il ne soit pourtant en nous, si non de l'aneantir, au moins de l'amoindrir par la patience, qu'il ne soit en nous, quand bien le corps s'en emouuroit, de maintenir ce neantmoins l'ame et la raison en bonne trampe, ie ne le croy pas [2] : et s'il ne l'estoit, qui auroit mis en credit parmi nous [3] la vertu, la vaillance, la force, la magnanimité et la resolution? Ou ioueroient elles leur rolle, s'il n'y a plus de douleur a deffier? *Auida est periculi virtus.* S'il ne faut coucher sur la dure, soustenir armé de toutes pieces la chaleur du midy, se paistre d'vn cheual et d'vn

---

[1] *Vulg. modifie cette phrase.*
[2] *Vulg. modifie cette phrase.*
[3] *Vulg. supp. :* « parmi nous ».

asne, se voir detailler en pieces et arracher vne balle
d'entre les os, se souffrir recoudre, cauterizer et sonder,
par ou s'acquerra l'aduantage que nous voulons auoir
sur le vulgaire? C'est bien loing de fuir le mal et la
douleur, ce que disent les sages, que, des actions égal-
lement bonnes, celle la est plus souhaitable a faire ou
il y a plus de peine*. Et a ceste cause, il a esté impossible de persuader a nos peres que les conquestes faites
par viue force, au hazard de la guerre, ne fussent plus
aduantageuses que celles qu'on fait en toute seurté
par pratiques et menées.

Lætius est, quoties magno sibi constat honestum.

D'auantage, cela nous doit consoler que naturelement, si la douleur est violente, elle est courte; si elle
est longue, elle est legiere*. Tu ne la sentiras guiere
long temps, si tu la sens trop : elle mettra fin a soy ou
a toy; l'vn et l'autre reuient a vn*. Ce qui nous fait
souffrir auec tant d'impatience la douleur, c'est de
n'estre pas acoustumez de prendre nostre contentement en l'ame, c'est d'auoir eu trop de commerce auec
le corps[1]*. Tout ainsi que l'ennemy se rend plus aspre
a nostre fuite, aussi s'enorgueillit la douleur a nous
veoir trambler soubs elle. Elle se rendra de bien meilleure composition a qui luy fera teste : il se faut opposer
et bender contre. En nous acculant et tirant arriere,
nous appellons a nous et attirons la ruine qui nous
menasse*.

Mais venons aus exemples qui sont proprement du
gibier des gens foibles des reins, comme moy, ou nous
trouuerons qu'il va de la douleur comme des pierres

---

[1] *Vulg. supp. :* « c'est d'auoir... corps. »

qui prenent couleur, ou plus haute, ou plus morne,
selon la feuille ou l'on les couche, et qu'elle ne prend
que autant de place en nous que nous luy en faisons.
Tantum doluerunt, dict sainct Augustin[1], *quantum
doloribus se inseruerunt.* Nous sentons plus vn coup
de rasoir du chirurgien que dix coups d'espée en la
chaleur du combat. Les douleurs de l'enfantement, par
les medecins et par Dieu mesme estimées grandes, et
que nous passons auec tant de ceremonies, il y a des
nations entieres qui n'en font nul conte. Ie laisse a
part les femmes Lacedemonienes; mais aus Souisses,
parmy nos gens de pied, quel changement y trouués
vous? sinon que, trottant apres leurs maris, vous leur
voyez auiourd'huy porter au col l'enfant qu'elles
auoient hier au ventre; et ces Egyptiennes contrefaic-
tes, ramassées d'entre nous, vont elles mesmes lauer
leurs enfans qui viennent de naistre, et prenent leur
being en la plus prochaine riuiere*. Vn simple gar-
çonnet de Lacedemone, ayant desrobé vn renard (car
le larrecin y estoit action de vertu, mais par tel si qu'il
estoit plus vilain qu'entre nous d'y estre surpris[2]) et
l'ayant mis sous sa cape, endura plustost qu'il luy eut
rongé le ventre, que de se decouurir. Et vn autre,
donnant de l'encens a vn sacrifice, le charbon luy estant tombé dans la manche, se laissa brusler iusques
a l'os pour ne troubler le mistere. Et s'en est veu vn
grand nombre, pour le seul essai de vertu, suiuant
leur institution, qui ont souffert en l'eage de sept ans
d'estre foités iusques a la mort sans alterer leur visage.*
Chacun sçait l'istoire de Sceuola, qui, s'estant coulé
dans le camp ennemy pour en tuer le chef, et ayant

---

[1] *Vulg. supp. :* « dict sainct Augustin ».
[2] *Vulg. modifie cette phrase.*

failly d'atteinte, pour reprendre son effait d'vne plus
estrange inuention et descharger sa patrie, confessa a
Porsena, qui estoit le Roy qu'il vouloit tuer, non seulement son desseing, mais adiousta qu'il y auoit en
son camp vn grand nombre de Romains, complices de
son entreprise, tels que luy. Et pour monstrer quel il
estoit, s'estant faict apporter un brasier, veit et souffrit
griller et rotir son bras iusques a ce que l'ennemy
mesme, en ayant horreur, luy osta le brasier. Quoy!
celuy qui ne daigna interrompre la lecture de son liure
pendant qu'on l'incisoit? Et celluy qui s'obstina a se
mocquer et a rire a l'enuy des maux qu'on luy faisoit,
de façon que la cruauté irritée des bourreaus qui le
tenoient en main, et toutes les inuentions des tourmens
redoublés les vns sur les autres, luy donnarent gaigné.
Mais c'estoit vn philosophe. Quoi! vn gladiateur de
Cesar endura, tousiours riant, qu'on luy sondat et de-
taillat ses plaies*. Meslons y les femmes. Qui n'a ouy
parler a Paris de celle qui se fit escorcher, pour seulement en acquerir le teint plus frais d'vne nouuelle
peau? et l'en surnommoit on Madame l'Escorchée[1]. Il
y en a qui se sont faict arracher des dents viues et sai-
nes pour en acquerir la voix plus molle et plus grasse,
ou pour les ranger en meilleur ordre. Combien d'exemples du mespris de la douleur auons nous en ce genre?
Que ne peuuent elles, que craignent elles, pour peu
qu'il y ait d'agencement a esperer en leur beauté?*
l'en ay veu engloutir du sable, de la cendre, et se trauailler a point nommé de ruiner leur estomac, pour
acquerir les pasles couleurs. Pour faire vn corps bien
espaignolé, quelle geine ne souffrent elles, guindées et

---

[1] *Vulg. supp. :* « et l'en... l'Escorchée. »

sanglées a tout de grosses coches sur les costes [1] iusques
a la chair viue? ouy quelques fois a en mourir*.

Ie suis bien ayse que les tesmoings nous sont plus
a main ou nous en auons plus affaire. Car la Chrestienté nous en fournit plus qu'a [2] suffisance; et, apres
l'exemple de nostre sainct guide, il y en a eu force qui
par deuotion ont voulu porter la croix. Nous aprenons,
par tesmoing tres-digne de foy, que le Roy sainct Loys
porta la here iusques a ce que, sur sa vieillesse, son
confesseur l'en dispensa, et que, tous les vendredis, il
se faisoit battre les espaules par son prestre a tout cinq
chainettes de fer que, pour cet effect, il portoit tousiours dans vne boite [3].

Guillaume, nostre dernier Duc de Guienne, pere de
cete Alienor qui transmit ce Duché aus maisons de
France et d'Angleterre, porta les dix ou douze derniers
ans de sa vie continuelement vn cors de cuirasse soubs
vn habit de religieux, par penitence. Foulques, Conte
d'Anjou, alla iusques en Ierusalem, pour la se faire
foiter a deux de ses valets, la corde au col, deuant le
sepulchre de nostre Seigneur. Mais ne voit on encore
tous les iours, le Vendredi saint, en diuers lieux, vn
grand nombre d'hommes et fames se battre iusques a
se dechirer la chair et perser iusques aux os? Cela
ay-ie veu souuant et sans enchantement, et disoit on
(car ils vont masqués), qu'il y en auoit qui, pour de
l'argent, entreprenoient en cela de garantir la religion
d'autruy, par vn mespris de la douleur d'autant plus
grand, que plus peuuent les eguillons de la deuotion
que de l'auarice*.

---

[1] *B* : « costez »; *C* : « costés ».
[2] *Vulg. supp.* : « plus qu' ».
[3] *Vulg. modifie cette phrase*.

Certes, tout ainsi qu'a vn faineant l'estude sert de
tourment, a vn yurogne l'abstinence du vin, la frugalité est supplice aus luxurieus, et l'exercice geine a vn
homme delicat et oisif : ainsi est il du reste. Les choses
ne sont ny douloureuses ny difficiles d'elles mesmes :
mais nostre foiblesse et lacheté les faict telles. Pour
iuger des choses grandes et haultes, il faut vn' ame de
mesme, autrement nous leur attribuons le vice qui est
le nostre. Vn auiron droit semble toutes-fois courbé [1]
dans l'eau. Il n'importe pas seulement qu'on voye la
chose, mais comment on la voye.

Or sus, pourquoy de tant de discours qui nous per-
suadent de mespriser la mort, et de ne nous tourmenter
point de la douleur, n'en empoingnons nous quelcun
pour nous ? Et, de tant d'especes d'imaginations qui
l'ont persuadé a autruy, que chacun n'en prend il celle
qui est le plus selon son humeur ? si ce n'est vne dro-
gue forte et abstersiue, pour desraciner le mal, au
moins qu'il la preigne lenitiue, pour le soulager*. Au
demeurant, on n'eschape pas a la philosophie, pour
faire valoir outre mesure l'aspreté des [2] douleurs*. Car
on la contraint de nous donner en paiement cecy : s'il
est mauuais de viure en [3] necessité, au moins de viure
en necessité il n'est nulle necessité [4] *.

[1] *BC* : « courbe ».
[2] *C* : « de ».
[3] *C* : « de ».
[4] *Vulg. remanie tout ce paragraphe.*

CHAPITRE QVINZIESME.

ON EST PVNY POVR S'OPINIASTRER A VNE PLACE SANS RAISON.

La vaillance a ses limites, comme les autres vertus, lesquels franchis et outrepassés, on se trouue dans le trein du vice : en maniere que, par ches elle, on se peut rendre a la temerité, obstination et follie, qui n'en sçait bien les bornes, malaisés a la verité a choisir en l'endroit de leurs confins. De cete consideration est née la coustume que nous auons aux guerres de punir, voire de mort, ceux qui s'opiniastrent a defendre vne place qui, par les regles militaires, ne peut estre soustenue. Autrement, soubs l'esperance de l'impunité, il n'y auroit poullailler qui n'arrestat vn' armée.

Monsieur le Connestable de Monmorency, au siege de Pauie, aiant esté commis pour passer le Tesin et se loger aus faubours sainct Anthoine, estant empesché d'vne tour au bout du pont, qui s'opiniatra iusques a se faire battre, feit pendre tout ce qui estoit dedans; et encore despuis, accompaignant monsieur le Daulphin au voyage de la les monts, ayant pris par force le chasteau de Villane, et tout ce qui estoit dedans ayant esté mis en pieces par la furie des soldats, hormis le Capitaine et l'Enseigne, il les fit pendre et estrangler pour cete mesme raison ; comme fit aussi le Capitaine Martin du Bellay, lors Gouuerneur de Turin, en cete mesme contrée, le Capiteine de S. Bony, le reste de ses gens ayant esté massacré a la prinse de la place.

Mais, d'autant que le iugement de la valeur et foiblesse du lieu se prend par l'estimation et contrepois des forces qui l'assailent (car tel s'opiniatreroit iustement contre deux couleuurines, qui feroit l'enragé d'attendre trente canons), où se met encore en conte la grandeur du Prince conquerant, sa reputation, le respect qu'on luy doit ; il y a dangier qu'on presse vn peu la balance de ce costé la. Et en aduient, par ces mesmes termes que tels ont si grande opinion d'eux et de leurs moiens, que, ne leur semblant point raisonnable qu'il y ait rien digne de leur faire teste, passent le cousteau par tout ou ils trouuent resistence, autant que fortune leur dure : comm' il se voit par les formes de sommation et deffi que les Princes d'Orient, les Tamburlans, Mahumets[1], et leurs successeurs qui sont encores, ont en vsage, fiere, hautaine et pleine d'vn commandement barbaresque *.

CHAPITRE SEZIESME.

DE LA PVNITION DE LA COVARDISE.

I'ouy autrefois tenir a vn Prince et tres-grand Capitaine que, pour lacheté de cœur, vn soldat ne pouuoit estre condamné a mort, luy estant a table fait recit du proces du seigneur de Veruins, qui fut condamné a mort pour auoir rendu Boulogne. A la verité, c'est raison qu'on face grande difference entre les fautes qui viennent de nostre foiblesse et celles qui viennent de nostre malice. Car, en celles ici, nous nous sommes bandés, a nostre escient, contre les regles de la raison que nature a empreintes en nous ; et, en celles la, il

---

[1] *Vulg. supp.* : « les Tamburlans, Mahumets ».

semble que nous puissions appeller a garant cete mesme nature, pour nous auoir laissé en telle imperfection et deffaillance. De maniere que prou de gens ont pensé qu'on ne se pouuoit prendre a nous que de ce que nous faisons contre [1] conscience : et sur cete regle est en partie fondée l'opinion de ceux qui condamnent les punitions capitales aux heretiques et mescreans, et celle qui establit qu'vn aduocat et vn iuge ne puissent estre tenus de ce que, par ignorance, ils ont failly en leur charge.

Mais, quant a la coüardise, il est certain que la plus commune façon est de la chastier par honte et ignominie. Et tient on que ce'e regle a esté premierement mise en vsage par le legislateur Charondas; et qu'auant luy, les loix de Grece punissoient de mort ceus qui s'en estoient fuis d'vne bataille, la ou il ordonna seulement qu'ils fussent, par trois iours, assis emmy la place publicque, vetus de robe de femme : esperant encore s'en pouuoir seruir, leur ayant fait reuenir le courage par cete honte*. Il semble aussi que les loix Romaines condamnoient anciennement a mort ceux qui auoient fui : car Ammianus Marcellinus raconte que l'Empereur Iulien condamna dix de ses soldats, qui auoient tourné le dos a vne charge contre les Parthes, a estre degradés, et apres a souffrir mort, suiuant, dict il, les loix antiennes. Toutes-fois, ailleurs, pour vne pareille faute, il en condemne d'autres seulement a se tenir parmy les prisonniers, soubs l'enseigne du bagage*.

Du temps de nos peres, le seigneur de Franget, iadis lieutenant de la compagnie de monsieur le Mareschal de Chastillon, ayant esté mis, par monsieur le Mares-

---

[1] *BC : «* contre notre ».

chal de Chabanes, gouuerneur de Fontarrabie aulieu de
monsieur de Lude, et l'ayant rendue aux Espaignols,
fut condamné a estre degradé de noblesse, et tant luy
que sa posterité declaré roiturier, taillable et incapable
de porter armes; et fut cete rude sentence executée a
Lion. Dépuis, souffrirent pareille punition tous les
gentilshommes qui se trouuerent dans Guyse, lors que
le Conte de Nansau y entra, et autres encore depuis.
Toutes-fois, quand il y auroit vne si grossiere et apparente ou ignorance ou couardise qu'elle surpassat
toutes les ordinaires, ce seroit raison de la prendre
pour suffisante preuue de meschanceté et de malice, et
de la chastier pour telle.

CHAPITRE DIXSETIEME.

VN TRAIT DE QVELQVES AMBASSADEVRS.

I'obserue en mes voyages cete practique, pour apprendre tousiours quelque chose par la communication
d'autruy (qui est vne des plus belles escoles qui puisse
estre), de ramener tousiours ceux auec qui ie confere,
aus propos des choses qu'ils sçauent le mieux[1]. Car il
aduient le plus souuent, au rebours, que chacun choisit
plus tot a discourir du mestier d'autruy que du sien,
estimant que c'est autant de nouuelle reputation acquise : tesmoing le reproche que Archidamus feit a
Periander, qu'il quitoit la gloire de bon medecin pour

---

[1] BC aj. :

> « Basti al nocchiero ragionar de' venti,
> Al bifolco dei tori, e le sue piaghe
> Conti 'l guerrier, conti 'l pastor gli armenti. »

acquerir celle de mauuais poëte *, et, par ce train, vous ne faictes iamais rien qui vaille.

Optat ephippia bos piger, optat arare caballus.

Par ainsi, il faut trauailler de reietter tousiours l'architecte, le peintre, le cordonnier, et ainsi du reste, chacun a son gibier.

Et, a ce propos, a la lecture des histoires, qui est le subiet de toutes gens, i'ay accoustumé de considerer qui en sont les escriuains. Si ce sont personnes qui ne facent autre profession que de lettres, i'en apren principalement le stile et le langage ; si ce sont medecins, ie les croy plus volontiers en ce qu'ils nous disent de la temperature, de l'air, de la santé et complexion des Princes, des blessures et maladies ; si iurisconsultes, il en faut prendre les controuerses des droicts, les loix, l'etablissement des polices et choses pareilles ; si theologiens, les affaires de l'Eglise, censures ecclesiasticques, dispenses et mariages ; si courtisans, les meurs et les cerimonies ; si gens de guerre, ce qui est de leur charge, et principalement les deductions des exploits ou il se sont trouués en personne ; si Ambassadeurs, les menées, intelligences, et practiques et maniere de les conduire.

A ceste cause, ce que i'eusse passé a vn autre sans m'y arrester, ie l'ay poisé et remarqué en l'histoire du seigneur de Langey, tres-entendu en telles choses. C'est, qu'apres auoir conté ces belles remonstrances de l'Empereur Charles cinquiesme, faites au consistoire a Rome, present l'Euesque de Macon et le seigneur du Velly, nos Ambassadeurs, ou il auoit meslé plusieurs parolles outrageuses contre nous, et entre autres que, si ses Capitaines, soldats et subiects n'estoient d'autre fide-

lité et suffisance en l'art militaire que ceux du Roy, tout
sur l'heure il s'atacheroit la corde au col pour luy aller
demander misericorde. Et, de cecy, il semble qu'il en
creut quelque chose, car, deux ou trois fois en sa vie
depuis, il luy aduint de redire ces mesmes mots; aussi
qu'il défia le Roy de le combatre, en chemise, auec
l'espée et le poingnard, dans vn bateau. Ledict seigneur de Langey, suiuant son histoire, adiouste que
lesdits Ambassadeurs, faisant vne despeche au Roy de
ces choses, luy en dissimularent la plus grande partie,
mesmes luy celarent les deux articles precedens. Or,
i'ay trouué bien estrange qu'il fut en la puissance d'vn
Ambassadeur de dispenser sur les aduertissemens qu'il
doit faire a son maistre, mesme de telle consequence,
venant de telle personne, et dites en si grande assemblée. Et m'eut semblé l'office du seruiteur estre de
fidelement representer les choses en leur entier, comme
elles sont aduenues, affin que la liberté d'ordonner,
iuger et choisir demeurat au maistre. Car, de luy alterer
ou cacher la verité, de peur qu'il ne la preigne autrement qu'il ne doit, et que cela ne le pousse a quelque
mauuais party, et ce pendant le laisser ignorant de ses
affaires, cela m'eut semblé apartenir a celuy qui donne
la loy, non a celuy qui la reçoit, au curateur et maistre
d'escolle, non a celuy qui se doit penser inferieur, non
en authorité seulement, mais aussi en prudence et bon
conseil. Quoy qu'il en soit, ie ne voudrois pas estre
seruy de ceste façon en mon petit faict*.

CHAPITRE DIXHVITIEME.

DE LA PEVR.

Obstupui, steteruntque comæ, et vox faucibus hæsit.

Ie ne suis pas bon naturaliste (qu'ils disent), et ne sçay guiere par quels resors la peur agit en nous ; mais tant y a que c'est vne estrange passion : et disent les medecins qu'il n'en est nulle qui emporte plus tot nostre iugement hors de sa deüe assiete. De vray, i'ay veu beaucoup de gens deuenus insensés de peur, et au plus rassis, il est certain, pendant que son acces dure, qu'elle engendre de terribles ebloyssemens. Ie laisse a part le vulgaire, a qui elle represente tantost les bisayeulx sortis du tombeau, enuelopés en leur suere, tantost des loups-garous, des lutins et des chimeres. Mais, parmy les guerriers mesme, ou elle deuroit trouuer moins de place, combien de fois a elle changé vn troupeau de brebis en esquadron de corselets, des roseaus et des cannes en gend'armes et lanciers, nos amis en nos ennemis, et la croix blanche a la rouge? Lors que monsieur de Bourbon print Rome, vn port' enseigne, qui estoit a la garde du bourg sainct Pierre, print tel effroy a la premiere alarme, que, par le trou d'vne ruine, il se ietta, l'enseigne au poing, hors la ville, droit aux ennemis, pensant tirer vers le dedans de la ville, et a peine en fin, voiant la troupe de monsieur de Bourbon se renger pour le soutenir, estimant que ce fut vne sortie que ceux de la ville fissent, il se reconneut, et, tournant teste, rentra par ce mesme trou, par lequel il estoit sorti plus de trois cens pas auant

I. 4

en la campaigne. Il n'en aduint pas du tout si heureusement a l'enseigne du Capitaine Iuille, lors que sainct Pol fut pris sur nous par le Conte de Bures et monsieur du Reu. Car, estant si fort esperdu de la fraieur, que de se ietter, a tout son enseigne, hors [1] la ville, par vne canoniere, il fut mis en pieces par les assaillans; et, au mesme siege, fut memorable la peur qui serra, saisit et glaça si fort le cœur d'vn gentil'homme qu'il en tomba roide mort par terre, a la bresche, sans aucune blessure*. Tantost elle nous donne des aisles aus talons, comme aux deux premiers. Tantost elle nous cloue les pieds et les entraue, comme on lit de l'Empereur Theophile, lequel, en vne bataille qu'il perdit contre les Agarenes, deuint si estonné et si transi qu'il ne pouuoit prendre party de s'enfuyr*; iusques a ce que Manuel, l'vn des principaus chefs de son armée, l'ayant tirassé et secoué comme pour l'esueiller d'vn profond somne, luy dit : « Si vous ne me suiués, ie vous tueray; car il vaut mieux que vous perdés [2] la vie, que si, estant prisonnier, vous veniez a ruiner l'Empire » *.

1 *BC* : « hors de ».
2 *C* : « perdiez ».

CHAPITRE DIXNEVFIESME.

QV'IL NE FAVT IVGER DE NOSTRE HEVR QV'APRES LA MORT.

Scilicet vltima semper
Expectanda dies homini est, dicique beatus
Ante obitum nemo, supremaque funera debet.

Les enfans sçauent le conte du Roy Crœsus a ce propos : lequel, ayant esté pris par Cyrus, et condamné a la mort, sur le point de l'execution, il s'escria : « O Solon, Solon ! » Cela raporté a Cyrus, et s'estant enquis que c'estoit a dire, il luy fit entendre qu'il verifioit lors, a ses despens, l'aduertissement qu'autre fois luy auoit donné Solon, que les hommes, quelque beau visage que fortune leur face, quelques richesses, royautés et empires qu'ils se voyent entre mains [1], ne se peuuent appeller heureux, iusques a ce qu'on leur aye veu passer le dernier iour de leur vie, pour l'incertitude et varieté des choses humaines, qui, d'vn bien legier mouuement, se changent d'vn estat en autre tout diuers. Et pourtant Agesilaus, a quelcun qui disoit heureux le Roy de Perse, de ce qu'il estoit venu fort ieune a vn si puissant estat : « Voire mais, dit il, Priam en tel eage ne fut pas malheureux. » Tantost, des Rois de Macedoine, successeurs de ce grand Alexandre, il s'en faict des menusiers et greffiers a Rome; des tirans de Cicile, des pedantes a Corinthe; d'vn conquerant de la moitié du monde et empereur de tant d'armées, il s'en faict vn miserable suppliant des belitres, officiers

---

[1] *Vulg. supp.* : « quelques richesses... mains ».

d'vn Roy d'Egypte : tant cousta a ce grand Pompeius
l'alongement de cinq ou six mois de vie. Et, du temps
de nos peres, ce Ludouic Sforce, dixiesme Duc de Milan,
soubs qui auoit si long temps branslé toute l'Italie, on
l'a veu mourir prisonnier a Loches, mais apres y auoir
vescu dix ans, qui est le pis de son marché*. Et mille
tels exemples. Car il semble que, comme les oraiges et
tempestes se piquent contre l'orgueil et hautaineté de
nos bastimens, il y ait aussi la haut des espritz enuieux
des grandeurs de ça bas.

Vsque adeo res humanas vis abdita quædam
Obterit, et pulchros fasces sæuasque secures
Proculcare ac ludibrio sibi habere videtur.

Et semble que la fortune quelque fois guette a point
nommé le dernier iour de nostre vie, pour monstrer
sa puissance de renuerser en vn moment ce qu'elle
auoit basty en longues années, et nous fait crier, apres
Laberius :

Nimirum hac die
Vna plus vixi, mihi quam viuendum fuit.

Ainsi se peut prendre auec raison ce bon aduis de
Solon : mais d'autant que c'est vn philosophe, a l'endroit desquels les faueurs et disgraces de la fortune ne
tiennent rang, ny d'heur, ny de malheur, et sont les
grandeurs, richesses et puissances accidens de qualité
a peu pres indifferente, ie trouue vray semblable qu'il
aye regardé plus auant, et voulu dire que ce mesme
bonheur de nostre vie, qui dépend de la tranquillité et
contentement d'vn esprit bien né, et de la resolution
et asseurance d'vn' ame reglée et bien assenée, ne se
doiue iamais attribuer a l'homme, qu'on ne luy aye

veu iouer le dernier acte de sa comedie, et sans doute le
plus difficile. En tout le reste, il y peut auoir du masque : ou ces beaux discours de la philosophie ne sont
en nous que par contenance; ou les accidens, ne nous
essayans pas iusques au vif, nous donnent loysir de
maintenir tousiours nostre visage rassis. Mais, a ce
dernier rolle de la mort et de nous, il n'y a plus que
faindre, il faut parler bon François, il faut monstrer
ce qu'il y a de bon et de net dans le fond du pot.

Nam veræ voces tum demum pectore ab imo
Eijciuntur, et eripitur persona, manet res.

Voila pourquoy se doiuent a ce dernier trait toucher
et esprouuer toutes les autres actions de nostre vie.
C'est le maistre iour; c'est le iour iuge de tous les autres; c'est le iour, dict un antien, qui doit iuger de
toutes mes années passées. Ie remets a la mort l'essay
du fruict de mes estudes. Nous verrons la si mes discours me partent de la bouche, ou du cœur*.

CHAPITRE VINGTIESME.

QVE PHILOSOPHER C'EST APPRENDRE A MOVRIR.

Cicero dit que philosopher ce n'est autre chose que
s'aprester a la mort. C'est d'autant que l'estude et la
contemplation retirent aucunemant nostre ame hors
de nous, et l'embesongnent a part du corps, qui est
quelque aprentissage et ressemblance de la mort; ou
bien c'est que toute la sagesse et discours du monde se
resoult en fin a ce point, de nous apprendre a ne craindre a mourir. De vray, ou la raison se mocque, ou elle

ne doit viser qu'a nostre contentement, et tout son trauail tendre en somme a nous faire bien viure, et a nostre aise, comme dict la saincte parolle. Toutes les opinions du monde en sont la*, quoy qu'elles en prennent diuers moyens; autrement on les chasseroit d'arriuée. Car, qui escouteroit celuy qui, pour sa fin, establiroit nostre tourment?* Or, il est hors de moyen d'arriuer a ce point, de nous former vn solide contentement, qui ne franchira la crainte de la mort[1].

Voila pourquoy toutes les sectes des philosophes se rencontrent et conuiennent a cet article de nous instruire a la mespriser[2]. Et bien qu'elles nous conduisent aussi toutes d'vn commun accord a mespriser la douleur, la pauureté, et autres accidens a quoy la vie humaine est subiecte, ce n'est pas d'vn pareil soing : tant par ce que ces accidens ne sont pas de telle necessité, la pluspart des hommes passant leur vie sans gouster de la pauureté, et tels encore sans sentiment de douleur et de maladie, comme Xenophilus le musicien, qui vescut cent et six ans d'vne entiere santé, qu'aussi d'autant qu'au pis aller la mort peut mettre fin, quand il nous plaira, et couper broche a tous autres inconueniens. Mais, quant a la mort, elle est ineuitable*, et par consequent, si elle nous faict peur, c'est vn subiet continuel de tourment, et qui ne se peut aucunement soulager*. Nos parlemens renuoient souuent executer les criminels au lieu ou le crime est commis. Durant le chemin, promenez les par toutes les belles maisons de France; faictes leur tant de bonne chere qu'il vous plaira* : pensez vous qu'ilz s'en puissent resiouir, et que la finale intention de leur voyage

[1] *Vulg. modifie cette phrase.*
[2] *Vulg. modifie cette phrase.*

leur estant ordinairement deuant les yeux, ne leur ait
alteré et affadi le goust a toutes ces commoditez?* Le
but de nostre carriere, c'est la mort; c'est l'obiect necessaire de nostre visée. Si elle nous effraye, comme est il
possible d'aller vn pas auant sans fiebure? Le remede
du vulgaire, c'est de n'y penser pas. Mais de quelle
brutale stupidité luy peut venir vn si grossier aueuglement? Il luy faut faire brider l'asne par la queüe,

Qui capite ipse suo instituit vestigia retro.

Ce n'est pas de merueille s'il est si souuent pris au
piege. On faict peur a nos gens seulement de nommer
la mort, et la pluspart s'en seignent, comme du nom
du diable. Et, par ce qu'il s'en faict mention aus testamens, ne vous attendez pas qu'ils y mettent la main,
que le medecin ne leur ait donné l'extreme sentence;
et Dieu sçait lors, entre la douleur et la frayeur, de
quel bon iugement ilz vous le pâtissent.

*A l'aduenture, est ce que, comme on dict, le terme
vaut l'argent. Ie nasquis* le dernier iour de feburier
1533[1]; il n'y a iustement que quinze iours que i'ay
franchi 39 ans; il m'en faut pour le moins encore autant. Ce pendant s'empescher du pensement de chose
si esloignée, ce seroit follie. Mais quoy! les ieunes et les
vieux y pensent aussi peu les vns que les autres[2]. Et
n'est homme si decrepite, tant qu'il voit Mathusalem
deuant, qui ne pense auoir encore vn an[3] dans le
corps. Dauantage, pauure fol que tu es, qui t'a establi

---

[1] B : « 1532 »; C : « mil cinq cens trente deux »; Vulg. : « mille
cinq cent trente trois, comme nous comptons à cette heure, com-
menceant l'an en ianvier ».

[2] Vulg. modifie cette phrase.

[3] Vulg. : « vingt ans ».

les termes de ta vie? Tu te fondes sur les contes des
medecins. Regarde plustot l'effect et l'experience. Par
le commun train des choses, tu vis desïa pieça par
faueur extraordinaire; tu as passé les termes accoustumés de viure : et qu'il soit ainsi, conte de tes con-
noissans combien il en est mort auant ton age, plus
qu'il n'en y a qui l'ayent ateint; et de ceus mesme
qui ont annobli leur vie par renommée, fais en registre,
et i'entreray en gageure d'en trouuer plus qui sont
mors auant, qu'apres trente cinq ans. Il est plein de
raison, et de pieté de prendre exemple de l'humanité
mesme de Iesus Christ; or il finit sa vie a trente et
trois ans. Le plus grand homme, simplement homme,
Alexandre, mourut aussi a ce terme, et ce fameux
Mahumet aussi [1]. Combien a la mort de façons de sur-
prise!

> *Quid quisque vitet, nunquam homini satis*
> *Cautum est in horas.*

Ie laisse a part les fiebures et les pleuresis. Qui eut
iamais pensé qu'vn Duc de Bretaigne deut estre estouffé
de la presse, comme fut celuy la a l'entrée du Pape
Clement, mon voisin, a Lion? N'as tu pas veu tuer vn
de nos Roys en se iouant? Et vn de ses ancestres
mourut il pas choqué par vn pourceau? Æschilus, me-
nassé de la cheute d'vne maison, a beau se tenir a
l'airte : le voila assomé d'vn toict de tortue, qui es-
chappa des pates d'vn' aigle en l'air. L'autre mourut
d'vn grein de raisin; vn Empereur, de l'esgrafigneure
d'vn peigne, en se testonnant; Æmilius Lepidus, pour
auoir hurté du pied contre le seuil de son huis; et

---

[1] *Vulg. supp.: « et ce fameux Mahumet aussi ».*

Aufidius, pour auoir choqué en entrant contre la porte
de la chambre du conseil; et entre les cuisses des fames : Cornelius Gallus, Preteur; Tigillinus, Capitaine
du guet a Rome; Ludouic, fils de Guy de Gonsague,
Marquis de Mantoüe; et, d'vn encore pire exemple,
Speusippus, philosophe Platonicien, et l'vn de nos
Papes. Le pauure Bebius, Iuge, ce pendant qu'il donne
delay de huictaisne a vne partie, le voila saisi, le sien
de viure estant expiré; et Caius Iulius, medecin, gres-
sant les yeux d'vn patient, voila la mort qui luy [1] clost
les siens. Et, s'il m'y faut mesler vn mien frere*, aagé
de vint et trois ans, qui auoit desia faict assez bonne
preuue de sa valeur, iouant a la paulme, receut un
coup d'esteuf qui l'assena vn peu au dessus de l'oreille
droite, sans aucune apparence de contusion, ny de
blessure, et qui l'estonna si peu qu'il ne s'en assit, ny
reposa, iusqu'a ce que le voila perdu, cinq ou six heures
apres, d'vne apoplexie [2].

Ces exemples si frequens et si ordinaires nous passant deuant les yeux, comme est il possible qu'on se
puisse deffaire du pensement de la mort, et qu'a chaque
instant il ne nous semble qu'elle nous tient au collet?
Qu'import' il, me direz vous, comme que ce soit,
pourueu qu'on ne s'en donne point de peine? Ie suis
de cet aduis, et, en quelque maniere qu'on se puisse
mettre a l'abri des coups, fut ce soubz la peau d'vn
veau, ie ne suis pas homme qui y reculasse. Car il me
suffit de passer a mon aise, et le meilleur ieu que ie
me puisse donner ie le prens, si peu glorieus au reste
et exemplaire que vous voudrez.

[1] *BC supp. : « luy ».*
[2] *Vulg. remanie cette phrase.*

Prætulerim... delirus inersque videri,
Dum mea delectent mala me, vel denique fallant,
Quam sapere et ringi.

Mais c'est vne follie d'y penser arriuer par la. Ils vont,
ils viennent, ils trottent, ils dansent; de mort nulles
nouuelles. Tout cela est beau; mais aussi quand elle
arriue, ou a eux mesmes, ou a leurs fames, enfans et
amis, les surprenant a l'improueu et au decouuert,
quels tourmens, quels cris, quelle rage, et quel desespoir les acable? Vites vous iamais rien si rabeissé, si
changé, si confus? Il y faut prouuoir de meilleur' heure;
et cete nonchalance bestiale, quand elle pourroit loger
en la teste d'vn homme d'entendement, ce que ie trouue
entierement impossible, nous vend trop cher ses den-
rées. Si c'estoit ennemi qui se peut euiter, ie conseille-
rois d'emprunter les armes de la couardise; mais puis
qu'il ne se peut*,

Nempe et fugacem persequitur virum,
Nec parcit imbellis iuuentæ
Poplitibus timidoque tergo,

*aprenons a le soutenir de pied ferme, et a le com-
battre, et, pour commancer a luy oster son plus grand
auantage contre nous, prenons voie toute contraire a
la commune. Ostons luy l'estrangeté, pratiquons le,
acoustumons le, n'ayons rien si souuent en la teste
que la mort, a tous instans representons la a nostre
imagination et en tous visages : au broncher d'vn cheual, a la cheute d'vne tuille, a la moindre piqure
d'espleingue, remachons soudein : « Et bien! quand
ce seroit la mort mesme? » et la dessus, roydissons
nous et efforçons nous. Parmy les festes et la ioye,
ayons tousiours ce refrein de la souuenance de nostre

condition ; ne [1] nous laissons pas si fort emporter au plaisir, que, par fois, il ne nous repasse en la memoire en combien de sortes cete nostre allegresse est en bute a la mort, et de combien de prinses elle la menasse. Ainsi faisoint les Egyptiens, qui, au millieu de leurs festins et parmy leur meilleure chere, faisoient aporter l'anatomie seche d'vn corps d'homme mort [2], pour seruir d'aduertissement aus conuiés.

> *Omnem crede diem tibi diluxisse supremum :*
> *Grata superueniet quæ non sperabitur hora.*

Il est incertain ou la mort nous attende ; attendons la par tout. La premeditation de la mort est premeditation de la liberté. Qui a apris a mourir il a desapris a seruir*. Le sçauoir mourir nous afranchit de toute subiection et contrainte. Paulus Æmilius respondit a celuy que ce miserable Roy de Macedoine, son prisonnier, luy enuoioit, pour le prier de ne le mener pas en son triomphe : « Qu'il en face la requeste a soy mesme. »

A la verité, en toutes choses, si nature ne preste vn peu, il est malaisé que l'art et l'industrie aillent guiere auant. Ie suis de moy-mesme non melancholique, mais songecreus : il n'est rien de quoy ie me soie des tousiours plus entretenu que des imaginations de la mort, voire en la saison la plus licentieuse de mon aage*, parmy les dames et les ieus : tel me pensoit empesché a digerer a par moy quelque ialousie, ou l'incertitude de quelque esperance, ce pendant que ie m'entretenois de ie ne sçay qui surpris, les iours precedens, d'vne fieure chaude et de la mort, au partir d'vne feste pareille, et la teste pleine d'oisiueté, d'amour et de bon

---

[1] *BC :* « et ne ».
[2] *Vulg. supp. :* « mort ».

temps, comme moy, et qu'autant m'en pendoit a l'o-
reille*. Ie ne ridois non plus le front de ce pensement
la que d'vn autre. Il est impossible que, d'arriuée,
nous ne sentions des piqueures de telles imaginations.
Mais, en les maniant et pratiquant, au long aller on
les apriuoise sans doubte : autrement, de ma part, ie
fusse en continuelle frayeur et frenesie ; car iamais
homme ne se défia tant de sa vie, iamais homme ne
feit moins d'estat de sa durée. Ny la santé, que i'ay
iouy iusques a present heureuse*, ne m'en alonge l'esperance, ny les maladies ne me l'acourcissent. A chaque
minute, il me semble que ie m'eschape*. De vray, les
hazards et dangiers nous aprochent peu ou rien de
nostre fin. Et, si nous pensons combien il reste, sans
cet accident qui semble nous menasser le plus, de mil-
lions d'autres sur nos testes, nous trouuerons que,
gaillars et fieureus, en la mer et en nos maisons, en [1]
bataille et en repos, elle nous est egualement pres*. Ce
que i'ay affaire auant mourir, pour l'acheuer, tout loisir
me semble court, fut ce d'vn' heure.

Quelcun, feuilletant l'autre iour mes tablettes, trouua
vn memoire de quelque chose que ie vouloy estre faite
apres ma mort. Ie luy di, comme il estoit vray, que,
n'estant qu'a vne lieue de ma maison, et sain et gaillard, ie m'estoy hasté de l'escrire la, pour ne m'asseurer
point d'arriuer iusques ches moy*. Il faut estre tousiours boté et prest a partir, en tant qu'en nous est, et
sur tout se garder qu'on n'aye lors affaire qu'a soy* ;
car nous y aurons assez de besongne, sans autre sur-
crois. L'vn se pleint, plus que de la mort, de quoy elle
luy rompt le train d'vne belle victoire ; l'autre, qu'il

[1] *BC* : « en la ».

luy faut desloger auant qu'auoir marié sa fille, ou con-
trerollé l'institution de ses enfans; l'vn pleint la compagnie de sa fame, l'autre, de son fils, comme commoditez principales de son estre*; et le bastisseur :

    Manent (dict il) *opera interrupta, minæque*
    Murorum ingentes.

Il ne faut rien desseigner de si longue haleine, ou au
moins auec telle intention de se passionner pour en
veoir la fin. Nous sommes nés pour agir; et ie suis
d'aduis que non seulement vn Empereur, comme disoit
Vespasien, mais que tout gallant homme doit mourir
debout [1].

    Cum moriar, medium soluar et inter opus.

Ie veux qu'on agisse sans cesse*, que la mort me
treuue plantant mes chous, mais nonchalant d'elle, et
encore plus de mon iardrin imparfait. I'en vis mourir
vn qui estant a l'extremité se pleignoit incessamment
de quoy sa destinée coupoit le fil de l'histoire qu'il
auoit en main sur le 15 ou 16 de nos Roys*. Il faut
se descharger de ces humeurs vulgaires et nuisibles.
Tout ainsi qu'on a planté nos cimetieres ioignant les
eglises, et aux lieus les plus frequentez de la ville, pour
accoustumer, disoit Lycurgus, le bas populaire, les
fames et les enfans a ne s'effaroucher point de voir vn
homme mort, et affin que ce continuel spectacle d'os-
semens, de tombeaus et de conuois nous aduertisse de
nostre condition*; aussi ay-ie pris en coustume d'auoir,
non seulement en l'imagination, mais continuellement
la mort en la bouche. Et n'est rien de quoy ie m'im-

---

[1] *Vulg. supp. :* « Et ie suis... debout ».

forme si volontiers que de la mort des hommes : quelle
parolle, quel visage, quelle contenance ils y ont eu;
ny endroit des histoires, que ie remarque si attantifue-
ment*.

On me dira que l'effect surmonte de si loing l'imagination, qu'il n'y a si belle [1] escrime qui ne s'y perde
quand on en vient la. Laissés les dire : le premediter
donne sans doubte grand auantage; et puis n'est ce rien
d'aller au moins iusques la sans alteration et sans fieure?
Il y a plus. Ie reconnoy par experiance que [2] nature
mesme nous prete la main et nous donne courage. Si
c'est vne mort courte et violente, nous n'auons pas
loisir de la creindre. Si elle est autre, ie m'aperçois
qu'a mesure que ie m'engage dans ses auenues [3] et dans
la maladie, i'entre naturelement, et de moy mesme, en
quelque desdein de la vie. Ie trouue que i'ay bien plus
affaire a digerer cete resolution de mourir quand ie
suis en vigueur et en pleine santé, que ie n'ay quand
ie suis malade : d'autant que ie ne tiens plus si fort
aux commoditez de la vie, a raison que ie commance
a en perdre l'vsage et le plaisir. I'en voy la mort d'vne
veüe beaucoup moins effrayée. Cela me faict esperer
que plus ie m'eslongneray de cele la, et aprocheray de
cete cy, plus aisement i'entreray en composition de
leur eschange. Tout ainsi que i'ay essaié en plusieurs
autres occurrences ce que dit Cesar, que les choses nous
paroissent souuent plus grandes de loing que de pres,
i'ay trouué que sain i'auois eu les maladies beaucoup
plus en horreur que lors que ie les ay senties. L'alegresse ou ie suis, le plaisir et la force me font paroistre

---

[1] *C :* « bel ».
[2] *Vulg. supp.* : « Ie reconnoy par experiance que ».
[3] *Vulg. supp.* : « dans ses auenues, et ».

l'autre estat si disproportionné a celuy la, que, par imagination, ie grossis ses incommoditez de la moitié, et les conçoy plus pesantes que ie ne les en [1] trouue quand ie les ay sur les espaules. I'espere qu'il m'en aduiendra ainsi de la mort.

Le corps courbe et plié a moins de force a soustenir vn fais; aussi a nostre ame. Il la faut dresser et esleuer contre l'effort de cet aduersaire. Car, comme il est impossible qu'elle se mette en repos et a son aise pendant qu'elle le [2] craint, si elle s'en asseure aussi, elle se peut venter, qui est chose comme surpassant l'humaine condition, qu'il est impossible que l'inquietude, le tourment et la peur, non le moindre desplaisir, loge ches elle. Elle est rendue maistresse de ses passions et concupiscences, maistresse de l'indigence, de la honte, de la pauureté et de toutes autres iniures de fortune. Gaignons cet aduantage qui pourra : c'est icy la vraye et souueraine liberté, qui nous donne dequoy faire la figue a la force et a l'iniustice, et nous mocquer des prisons et des fers.

> In manicis et
> Compedibus, sæuo te sub custode tenebo.
> — Ipse Deus simul atque volam, me soluet. — Opinor,
> Hoc sentit : Moriar. Mors vltima linea rerum est.

Nostre religion n'a point eu de plus asseuré fondement humain que le mespris de la vie. Non seulement le discours de la raison nous y appelle; car, pourquoy craindrions nous de perdre vne chose, laquelle perdue ne peut estre regrettée, et puis que nous sommes menassés de tant de façons de mort, ne voyons nous pas

[1] *BC supp. :* « en ».
[2] *BC supp. :* « le ».

qu'il y a plus de mal a les craindre toutes, qu'a en soutenir vne?*

Mais nature nous y force. « Sortés, dit elle, de ce monde comme vous y estez entrez. Le mesme passage que vous fites de la mort a la vie, sans passion et sans frayeur, refaites le de la vie a la mort. Vostre mort est vne des pieces de l'ordre de l'vniuers, c'est vne piece de la vie du monde*. Changeray-ie pas par vous cete belle contexture des choses? C'est la condition de vostre creation; c'est vne partie de vous que la mort. Vous vous fuiez vous mesmes. Cestuy vostre estre que vous iouissez est egalement party a la mort et a la vie. Le premier iour de vostre naissance vous achemine a mourir comme a viure.

Prima quæ vitam dedit hora, carpsit.

Nascentes morimur, finisque ab origine pendet.

Et ne mourez iamais trop tost[1]. Si vous auez vescu vn iour, vous auez tout veu; un iour est egal a tous iours. Il n'y a point d'autre lumiere, ny d'autre nuict. Ce soleil, ceste lune, ces estoiles, ceste disposition, c'est celle mesme que vos ayeuls ont iouie, et qui entretiendra vos arriere-nepueux*. Et, au pis aller, la distribution et varieté de tous les actes de ma comedie se parfournit, et[2] en vn an. Si vous auez pris garde au beau branle de mes quatre saisons, elles embrassent l'enfance, l'adolescence, la virilité et la viellesse du monde. Il a ioué son rolle; il n'y sçait autre finesse que de recommencer; ce sera tousiours cela mesme*. Ie ne suis pas deliberée de vous forger autres nouueaus passetemps.

[1] *Vulg. supp. cette phrase et la remplace par un développement.*
[2] *BC supp. : « et ».*

Nam tibi præterea quod machiner, inueniamque
Quod placeat, nihil est : eadem sunt omnia semper.

Faites place aux autres, comme d'autres vous l'ont
faite*. Aussi auez vous beau viure, vous n'en rabatrez
rien du temps que vous auez a estre mort. C'est pour
neant; aussi long temps serez vous en cet estat la, que
vous creignés, comme si vous estiez mort en nourisse.

Licet, quod vis, viuendo vincere secla,
Mors æterna tamen nihilominus illa manebit.

*Dauantage nul ne meurt auant son heure : ce que vous
laissez de temps, n'estoit non plus vostre, que celuy
qui s'est passé auant vostre naissance*.

« Ou que vostre vie finisse, ell' y est toute*. Pensiez
vous iamais n'arriuer la ou vous alliez sans cesse?*
Et, si la compagnie-vous peut soulager, le monde ne
va il pas mesme trein que vous allez?* Tout ne branle
il pas vostre branle? Y a il rien qui ne viellisse quant
et vous? Mille hommes, mille animaus et mille autres
creatures meurent en ceste mesme heure que vous
mourez*. » Voila les bons aduertissemens de nostre
mere nature.

Or i'ay pensé souuent d'ou venoit cela qu'aus guerres le visage de la mort, soit que nous la voyons en
nous, ou en autruy, nous semble sans comparaison
moins effroyable qu'en nos maisons : autrement ce
seroit vn' armée de medecins et de pleurars; et, elle
estant tousiours vne, qu'il y ait toutefois beaucoup plus
d'asseurance parmy les gens de village et de basse condition qu'es autres. Ie croy, a la verité, que ce sont
ces mines et appareils effrayables dequoy nous l'en-
tournons qui nous font plus de peur qu'elle : vne toute
nouuelle forme de viure, les cris des meres, des fames

et des enfans, la visitation de personnes estonnées et transies, l'assistance d'vn nombre de valets pasles et éplorés, vne chambre sans iour, des cierges alumez, nostre cheuet assiegé de medecins [1], somme, tout horreur et tout effroy autour de nous. Nous voila de-ia enseuelis et enterrez! Les enfans ont peur de leurs amis mesmes, quand ilz les voyent masquez : aussi auons nous. Il faut oster le masque, aussi bien des choses que des personnes. Osté qu'il sera, nous ne trouuerons au dessoubz que cete mesme mort, qu'vn valet ou simple chambriere passarent dernierement sans peur. Heureuse la mort, et heureuse trois fois [2], qui oste le loisir aux apprets de tel equipage!

CHAPITRE VINGTVNIESME.

DE LA FORCE DE L'IMAGINATION.

Fortis imaginatio generat casum, disent les clercs. Ie suis de ceux qui sentent tres-grand effort de l'aprehention ; chacun en est feru, mais aucuns en sont trans-formez*. Gallus Vibius banda si bien son ame, et la tendit a comprendre et imaginer l'essence et les mouuemens de la folie, qu'il emporta son iugement mesme hors de son siege, si qu'onques puis il ne l'y peut remettre ; et se pouuoit venter d'estre deuenu fol par discours. Il y en a qui, de frayeur, anticipent la main du bourreau ; et celuy qu'on débandoit pour luy lire sa grace se trouua roide mort sur l'eschafaut, du seul coup de son imagination. Nous tressuons, nous

---

[1] *BC :* « de medecins et de prescheurs ».
[2] *Vulg. supp. :* « et heureuse trois fois ».

tremblons, nous pallissons et rougissons aux secousses
de nos imaginations, et, renuersés dans la plume, nous
sentons nostre corps agité a leur bransle, quelque fois
iusques a la mort. Et la ieunesse bouillante s'eschauffe
si auant, en son harnois tout endormie, qu'elle assouuit
en songe ses amourèus desirs.

> *Vt, quasi transactis sæpe omnibus rebus, profundant*
> *Fluminis ingentes fluctus, vestemque cruentent.*

Et encore qu'il ne soit pas nouueau de voir croistre la
nuict des cornes a tel qui ne les auoit pas en se cou-
chant, toutes-fois l'euenement de Cyppus, Roy d'Italie,
est memorable ; lequel, pour auoir assisté le iour, auec
grande affection, au combat des taureaux, et auoir eu
en songe toute la nuict des cornes en la teste, les produit [1] en son front par la force de l'imagination. La
passion donna au filz de Crœsus la voix que nature
luy auoit refusée. Et Antigonus [2] print la fieure de la
beauté de Stratonice trop viuement empreinte en son
ame. Pline dict auoir veu Lucius Cossitius de femme
changé en homme, le iour de ses nopces. Pontanus et
d'autres racontent pareilles metamorphoses aduenues
en Italie ces siecles passés. Et, par vehement desir de
luy et de sa mere,

> *Vota puer soluit, quæ fœmina vouerat Iphis.*

*Les vns attribuent a la force de l'imagination les
cicatrices du Roy Dagobert et de sainct François. On
dict que les corps s'en enleuent telle fois de leur place ;
et Celsus recite d'vn prestre, qui rauissoit son ame en

---

[1] *BC :* « produisit ».
[2] *Vulg. :* « Antiochus ».

telle extase que le corps en demeuroit longue espace sans respiration et sans sentiment[*].

Il est vray semblable que le principal credit des miracles [1], des visions, des enchantemens et de tels effects extraordinaires, vienne de la puissance de l'imagination, agissant principalement contre les ames du vulgaire, ou il y a moins de resistance. On leur a si fort saisi la creance, qu'ils pensent voir ce qu'ils ne voient pas.

Ie suis encore de cete opinion, que ces plaisantes liaisons des mariages, dequoy le monde se voit si plein qu'il ne se parle d'autre chose, ce sont des impressions de l'aprehention et de la crainte. Car ie sçay, par experience, que tel[*], en qui il ne pouuoit eschoir nul soupçon de foiblesse et aussi peu d'enchantement, ayant ouy faire vn conte a vn sien compaignon d'vne defaillance extraordinaire, en quoy il estoit tombé sur le point qu'il en auoit le moins de besoing, se trouuant en pareille occasion, l'horreur de ce conte luy vint si rudement frapper l'imagination qu'il en encourut vne fortune pareille[*]. Et notamment cela est a craindre [2] ou les commoditez se rencontrent improueues et pressantes[*]. A qui a assez de loisir pour se rauoir et remettre de ce trouble, mon conseil est qu'il diuertisse ailleurs son pensement, ou [3] qu'on lui persuade qu'on luy

---

[1] *Vulg. supp.* : « des miracles ».

[2] *BC :* « Cela n'est a craindre qu'aux entreprinses ou nostre ame se treuue outremesure tandue de desir et de respect, et notamment ou... ».

[3] *B :* « pensement, s'il peut; car il est difficile, qu'il se desrobe de ceste ardeur et contention de son imagination. I'en sçay a qui il a seruy a y aporter le corps mesme amolli et affoibli d'ailleurs.[*] Et, a celuy qui sera en alarme des liaisons, qu'on luy persuade hors de la qu'on ». — *C donne la même addition et change seulement :* « aporter le corps », *en :* « porter le corps ».

fournira des contrenchantemens d'vn effect merueilleux
et certain*. Mais il faut aussi que celles a qui legitimement on le peut demander ostent ces façons ceri-
monieuses et affectées de rigueur et de refus, et qu'elles
se contrèignent vn peu pour s'accommoder a la necessité de ce siecle mal'heureux. Car l'ame, troublée de
plusieurs diuersès al'armes, elle se perd aisement; et
ce n'est pas tout, car celuy a qui l'imagination a faict
vne fois souffrir cete honte (et elle ne les faict guiere
souffrir qu'aus premieres acointances, d'autant qu'elles
sont plus ardantes et aspres, et aussi qu'en cete premiere connoissance qu'on donne de soy, on craint
beaucoup plus de faillir) ayant mal commancé, il entre
en si grande fieure et despit de cet accident, que cete
frayeur s'en augmente et redouble a toutes les occasions suiuantes, et, sans quelque contremine, on n'en
vient pas aisément a bout [1]*.

Tel a l'aduenture, par cet effect de l'imagination,
en raporte les escruelles en Espaigne, que son compaignon laisse icy [2]. Voila pourquoy, en telles choses,
a l'on [3] accoustumé de demander vne ame preparée.
Pourquoy praticquent les medecins auant main la
creance de leur patient, auec tant de faulces promesses
de sa guerison, si ce n'est affin que l'effect de l'imagination supplisse l'imposture de leur aposime? Ils sçauent qu'vn des maistres de ce mestier leur a laissé par
escrit qu'il s'est trouué des hommes a qui la seule
veue de la medecine faisoit l'operation; et tout ce
caprice m'est tombé presentement en main sur le conte

---

[1] *Vulg. modifie toute la fin du paragraphe.*
[2] *BC* : « Tel... laisse icy les escruelles que son compaignon
raporte en Espaigne ».
[3] *BC* : « l'on a ».

que me faisoit vn apotiquaire de feu mon pere, homme simple et Souysse, nation peu vaine et mensongiere, d'auoir conneu long temps vn marchand a Toulouse, maladif et subiect a la pierre, qui auoit souuent besoing de clisteres, et se les faisoit diuersement ordonner aus medecins, selon l'occurence de son mal; apportez qu'ils estoient, il n'y auoit rien obmis des formes accoustumées; souuent il tastoit s'ils estoient trop chauds; le voila couché, renuersé, et toutes les approches faictes, sauf qu'il ne s'y faisoit nulle iniection. L'apotiquaire retiré apres cete ceremonie, le patient accommodé, comme s'il auoit veritablement pris le clystere, il en sentoit pareil effect a ceux qui les prennent; et, si le medecin n'en trouuoit l'operation suffisante, il luy en redonnoit deux ou trois autres de mesme forme. Mon tesmoing iure que, pour espargner la despence (car il les payoit comme s'il les eut receus), la femme de ce malade ayant quelque fois essayé d'y faire seulement mettre de l'eau tiede, l'effect en descouurit la fourbe, et, pour auoir trouué ceux la inutiles, qu'il fausit reuenir a la premiere façon.

Ces iours passés[1], une fame, pensant auoir aualé un' ésplingue quant et quant[2] son pain, crioit et se tourmentoit comme ayant vne douleur insuportable au gosier, ou elle pensoit la sentir arrestée. Mais, par ce qu'il n'y auoit ny enfleure, ny alteration par le dehors, vn habil' homme, aiant iugé que ce n'estoit que fantasie et opinion prise de quelque morceau de pain qui l'auoit piquée en passant, la fit vomir, et ietta, a la desrobée, dans ce qu'elle rendit vne esplingue tortue. Cete fame, cuidant l'auoir rendue, se sentit sou-

---

[1] *Vulg. supp.* : « Ces iours passés ».
[2] *BC* : « auec ».

dain deschargée de sa douleur. Ie sçay qu'vn gentil-
homme, ayant traité ches luy vne bonne compagnie,
se vanta trois ou quatre iours apres, par maniere de
ieu (car il n'en estoit rien), de leur auoir faict menger
vn chat en paste : dequoy vne damoiselle de la troupe
print telle horreur qu'en estant tombée en vn grand
déuoiement d'estomac et fieure, il fut impossible de la
sauuer. Les bestes mesmes se voyent, comme nous,
subiectes a la force de l'imagination : tesmoing les
chiens, qui se laissent mourir de dueil de la perte de
leurs maistres ; nous les voyons aussi iapper et tre-
mousser en songe ; hanñir les cheuaulx et se debatre.
Mais tout cecy se peut raporter a l'estroite cousture de
l'esprit et du corps, s'entre-communiquant leurs fortunes.

Mais c'est bien autre chose que l'imagination agisse
quelque fois, non contre son corps seulement, mais
contre le corps d'autruy, et, tout ainsi qu'vn corps
reiette son mal a son voisin, comme il se voit en la
peste, en la verolle et au mal des yeux, qui se chargent
de l'vn a l'autre :

Dum spectant oculi læsos læduntur et ipsi,
Multaque corporibus transitione nocent,

pareillement l'imagination esbranlée auecques vehe-
mence, eslance des traitz qui puissent offencer l'obiect
estrangier. L'ancieneté a tenu de certaines femmes en
Scythie, que, animées et courroussées contre quelqu'vn,
elles le tuoyent du seul regard. Les tortues et les au-
truches couuent leurs œufs de la seule veüe ; c'est signe
qu'ils y ont quelque vertu ejaculatrice. Et, quant aus
sourciers, on les dit auoir des yeux offansifs et nuisans :

Nescio quis teneros oculus mihi fascinat agnos.

Mais ce sont pour moy mauuais respondans que ma-
gitiens. Tant y a que nous voions par experience les
femmes enuoyer aus corps des enfans qu'elles portent
au vantre, des merques de leurs fantasies, tesmoing
celle qui engendra le More. Et il fut presenté a Charles,
Roy de Boheme et Empereur, vne fille d'aupres de
Pise, toute velue et herissée, que sa mere disoit auoir
esté ainsi conceue a cause d'vn' image de sainct Iean
Baptiste pendue en son lit.

Des animaux il en est de mesmes : tesmoing les
brebis de Iacob, et les perdris et les lieures que la
neige blanchit aux montaignes. Mon pere vit vn iour [1]
vn chat guestant vn oyseau au haut d'vn arbre, et,
s'estans fichez la veüe ferme l'vn contre l'autre quelque
espace de temps, l'oyseau s'estre laissé choir comme
mort entre les pates du chat, ou enyuré par sa propre
imagination, ou attiré par quelque force atractiue du
chat. Ceux qui ayment la volerie ont ouy faire le conte
du fauconnier qui, arrestant obstinément sa veüe contre vn milan qui estoit amont, gageoit de la seule
force de sa veüe de le ramener contre bas ; et le faisoit,
a ce qu'on dit. Car les histoires que ie recite, ie les
renuoie sur la conscience de ceux de qui ie les tiens*.

CHAPITRE VINTDEVXIESME.

LE PROFIT DE L'VN EST DOMMAGE DE L'AVTRE.

Demades, Athenien, condamna vn homme de sa
ville, qui faisoit mestier de vendre les choses neces-

---

[1] *BC* : « On vit dernierement chez moy ».

saires aux enterremens, soubz tiltre de ce qu'il en demandoit trop de profit, et que ce profit ne luy pouuoit venir sans la mort de beaucoup de gens. Ce iugement semble estre mal pris, d'autant qu'il ne se fait nul profit qu'au dommage d'autruy, et qu'a ce conte il faudroit condamner toute sorte de guein. Le marchand ne fait bien ses affaires qu'a la débauche de la ieunesse; le laboureur, a la cherté des bleds; l'architecte, a la ruine des maisons; les officiers de la iustice, aus procés et querelles des hommes; l'honneur mesmes et pratique des ministres de la religion se tire de nostre mort et de nos vices. Nul medecin ne prent plaisir a la santé de ses amis mesmes, dit l'antien comique Grec, ny soldat a la paix de sa ville; ainsi du reste. Et qui pis est, que chacun se sonde au dedans, il trouuera que nos souhaits interieurs pour la plus part naissent et se nourissent aux despens d'autruy. Ce que considerant, il m'est venu en fantasie comme nature ne se dément point en cela de sa generale police. Car les physiciens tiennent que la naissance, nourissement et augmentation de chaque chose est l'alteration et corruption d'vn' autre.

Nam quodcunque suis mutatum finibus exit,
Continuo hoc mors est illius quod fuit ante.

CHAPITRE VINTTROISIESME.

DE LA COVSTVME, ET DE NE CHANGER AISÉMENT VNE LOY RECEVE.

Celuy me semble auoir tres-bien conceu la force de la coustume qui premier forgea ce conte, qu'vne femme de village, ayant apris de caresser et porter entre ses bras vn veau des l'heure de sa naissance, et continuant tousiours a ce faire, gaigna cela, par l'accoustumance, que, tout grand beuf qu'il estoit, elle le portoit encore. Car c'est, a la verité, vne violente et traistresse maistresse d'escole que la coustume. Elle establit en nous peu a peu, a la desrobée, le pied de son authorité; mais, par ce doux et humble commencement, l'ayant rassis et planté auec l'ayde du temps, elle nous decouure tantost vn furieux et tirannique visage, contre lequel nous n'auons plus la liberté de hausser seulement les yeux. Nous luy voyons forcer tous les coups les reigles de nature* : i'en croy* les medecins, qui quitent si souuent a son authorité les raisons de leur art; et ce Roy qui, par son moyen, rengea son estomac a se nourrir de poison; et la fille qu'Albert recite s'estre accoustumée a viure d'araignes*.

Ie viens de voir ches moy vn petit homme, natif de Nantes, né sans bras, qui a si bien façonné ses pieds au seruice que luy deuoient les mains, qu'ils en ont, a la verité, a demy oublié leur office naturel. Au demourant, il les nomme ses mains, il trenche, il charge vn pistolet et le lâche, il enfille son eguille, il coud, il escrit, il tire le bonnet, il se peigne, il ioue aux cartes, aux dez, et les remue auec autant de dexterité que sçauroit faire quelqu'vn autre [1]. L'argent que ie luy ay donné (car il gaigne sa vie a se faire voir), il l'a emporté en son pied, comme nous faisons en nostre main. I'en vi vn autre, estant enfant, qui manioit vne espée a deux mains, vne [2] hallebarde, du pli du col, a faute de mains, les iettoit en l'air et les reprenoit, lan-

---

[1] *BC :* « quelqu'autre ».
[2] *BC :* « mains et ».

çoit vne dague et faisoit craqueter vn foët aussi bien
que charretier de France.

Mais on decouure bien mieux ses effets aux estranges
impressions qu'elle fait en nos ames, ou elle ne trouue
pas tant de resistance. Que ne peut elle en nos iugemens et en nos creances? Y a il nulle opinion si fantasque (ie laisse a part la grossiere imposture des
religions, dequoy tant de grandes nations et tant de
suffisàns personnages se sont veus enyures; car, cete
partie estant hors de nos raisons humaines, il est plus
excusable de s'y perdre a qui n'y est extraordinairement
esclairé par vne faueur diuine); mais d'autres opinions,
y en a il de si estranges qu'elle n'ay planté et estably
par loix, es regions que bon luy a semblé?* Icy on vit
de chair humaine; la c'est office de pieté de tuer son
pere en certain aage; alleurs les peres ordonnent, des
enfans encore au ventre des meres, ceux qu'ils veulent
estre nourris et conseruez, et ceux qu'ils veulent estre
abandonnés et tués; ailleurs, les vieux maris prestent
leurs femmes a la ieunesse, pour s'en seruir; et ailleurs, elles sont communes, sans peché : voire, en tel
pais, portent pour merque d'honneur autant de belles
houpes frangées, au bord de leurs robes, qu'elles ont
acointé de masles. N'a elle pas faict encore vne chose
publique de femmes a part? leur a elle pas mis les
armes a la main? faict dresser des armées et liurer des
batailles? Et, ce que la raison et [1] toute la philosophie
ne peut planter en la teste des plus sages, ne l'apprend
elle pas de sa seule ordonnance au plus grossier vulgaire? Car nous sçauons des nations entieres ou non
seulement l'horreur de la mort estoit mesprisée, mais

---

[1] *Vulg. supp. :* la raison et »

l'heure de sa venue, a l'endroit des plus cheres personnes qu'on eut, festoiée auec grande alegresse; et,
quant a la douleur, nous en sçauons d'autres ou les
enfans de sept ans souffroient, pour l'essay de leur
constance, a estre foités iusques a la mort sans changer
de demarche ny de visage [1]; et ou la richesse estoit en
tel mespris, que le plus chetif citoyen de la ville n'eut
daigné baisser le bras pour releuer vne bourse d'escus.
Et sçauons des regions tresfertiles en toutes façons de
viures, ou toutefois les plus ordinaires mez et les plus
sauoureus, c'estoient du pain du nasitort et de l'eau *.
Et somme, a ma fantasie, il n'est rien qu'elle ne face,
ou qu'elle ne puisse; et auec raison l'appelle Pindarus,
a ce qu'on m'a dict, la Royne et Emperiere du monde*.
Mais le principal effect de sa puissance, c'est de nous
saisir et ampieter de telle sorte qu'a peine soit il en
nous de nous r'auoir de sa prinse, et de rentrer en nous
pour discourir et raisonner de ses ordonnances. De
vray, par ce que nous les humons auec le laict de nostre
naissance, et que le visage du monde se presente en
cet estat a nostre premiere veüe, il semble que nous
soions nais a la condition de suiure ce train. Et les
communes imaginations que nous trouuous en credit
autour de nous, et infuses en nostre ame par la se-
mence de nos peres, il semble que ce soient les gene-
rales et natureles*.

Darius demandoit a quelques Grecs pour combien
ils voudroient prendre la coustume des Indes, de manger leurs peres trespassés (car c'estoit leur forme, estimans ne leur pouuoir donner plus fauorable sepulture
que dans eux mesmes); ils luy respondirent que, pour

[1] *Vulg. modifie les deux dernières phrases, en les abrégeant.*

chose du monde, ils ne le feroient; mais, s'estant aussi
essayé de persuader aux Indiens de laisser leur façon
et prendre celle de Grece, qui estoit de brusler les
corps de leurs peres, il leur fit encore plus d'horreur.
Chacun en fait ainsi, d'autant que l'vsage nous derobe
le vray visage des choses.

> *Nil adeo magnum, nec tam mirabile quicquam*
> *Principio, quod non minuant mirarier omnes*
> *Paulatim.*

Autrefois, ayant a faire valoir quelqu'vne de nos ob-
seruations, et receüe auec resolüe authorité bien loing
autour de nous, et ne voulant point, comme il se faict,
l'establir seulement par la force des loix et des exemples, mais questant tousiours iusques a son origine,
i'y trouuay le fondement si chetif et si foible, qu'a
peine que ie ne m'en degoutasse, moi qui auois a la
confirmer en autruy*. Et qui se voudra essayer de
mesme [1], et se desfaire de ce violent preiudice de la
coustume, il trouuera plusieurs choses receues d'vne
resolution indubitable, qui n'ont appuy qu'en la barbe
chenue et rides de l'vsage qui les accompaigne : mais,
ce masque arraché, rapportant les choses a la verité et
a la raison, il sentira son iugement comme tout bou-
leuersé, et remis pourtant en bien plus seur estat.
Pour exemple, ie luy demanderay lors, qu'il peut estre
de plus estrange que de voir vn peuple obligé a suiure
des loix qu'il n'entendit onques, attaché en tous ses
affaires domestiques, mariages, donations, testamens,
ventes et achapts, a des regles qu'il ne peut sçauoir,
n'estant escrites ny publiées en sa langue, et desquelles,

---

[1] *Vulg. modifie ce commencement de phrase.*

par necessité, il luy faille acheter l'interpretation et
l'vsage*. Ie sçay bon gré a la fortune dequoy, comme
disent nos historiens, ce fut vn gentil'homme Gascon
et de mon païs, qui, le premier, s'opposa a Charlemaigne, nous voulant donner les loix Latines et Imperiales.

Qu'est il de plus farouche que de voir vne nation,
ou par legitime coustume la charge de iuger se vende,
et les iugements soient payéz a purs deniers contans,
et ou legitimement la iustice soit refusée a qui n'a
dequoy la paier; et aye cete marchandise si grand
credit qu'il se face, en vne police, vn quatriesme estat
des gens maniant les proces, pour le ioindre aus trois
antiens de l'Eglise, de la noblesse et du peuple; lequel
estat, ayant la charge des loix et souuereine authorité
des biens et des vies, face vn corps a part de celuy de
la noblesse; d'ou il auienne qu'il y ait doubles loix,
celles de l'honneur et celles de la iustice, en plusieurs
choses fort contraires? Aussi rigoureusement condamnent celles la vn demanti souffert, commes celles icy
vn demanti reuanché. Par le deuoir des armes, celuy
la soit degradé d'honneur et de noblesse qui souffre
vne iniure; et par le deuoir ciuil, celuy qui s'en venge,
il encoure vne peine capitale. Qui s'adresse aux lois,
pour auoir raison d'vne offence faicte a son honneur,
il se des-honnore; et qui ne s'y adresse, il en est puny
et chastié par les loix. Et, de ces deux pieces si diuerses, se raportant toutefois a vn seul chef, ceux la ayent
la paix, ceux cy la guerre en charge; ceux la ayent le
gaing, ceux cy l'honneur; ceux la le sçauoir, ceux cy
la vertu; ceux la la parolle, ceux cy l'action; ceux la
la iustice, ceux cy la vaillance; ceux la la raison,
ceux cy la force; ceux la la robe longue, ceux cy la
courte en partaige.

Quant aux choses indifferentes, comme vestemens, qui les voudra ramener a leur vraye fin, qui est le seruice et commodité du corps, d'ou depend leur grace et bien seance originelle, pour les plus monstrueus a mon gré qui se puissent imaginer, ie luy donray, entre autres, nos bonnets carrez, cete longue queüe de veloux plissé qui pend aux testes de nos fames auec son attirail bigarré, et ce vain modelle et inutile d'vn membre que nous ne pouuons seulement honnestement nommer, duquel toutefois nous faisons monstre et parade en public. Ces considerations ne destournent pourtant pas vn homme d'entendement de suiure le stille commun; ains, au rebours, il me semble que toutes ces [1] façons escartées et particulieres partent plustost de folie ou d'affectation ambitieuse que de vraye raison; et que le sage doit, au dedans, retirer son ame de la presse, et la tenir en liberté et puissance de iuger librement des choses; mais, quant au dehors, qu'il doit suiure entierement les façons et formes receües. La societé publique n'a que faire de nos pensées; mais le demeurant, comme nos actions, nostre trauail, nos fortunes et nostre vie propre, il la faut préter et abandonner a son seruice et aux opinions communes [2]. Car c'est la regle des regles et generale loy des loix, que chacun obserue celles du lieu ou il est :

Νόμοις ἕπεσθαι τοῖσιν ἐγχώροις καλόν.

En voicy d'vn autre cuuée. Il y a grand doubte, s'il se peut trouuer si euident profit au changement d'vne

---

[1] BC supp. : « ces ».

[2] BC aj. : « Comme ce bon et grand Socrates refusa de sauuer sa vie par la desobeissance du magistrat, voir tres-iniuste et tres-inique ».

loy receüe, telle qu'elle soit, qu'il y a de mal a la remuer; d'autant qu'vne police bien instituée [1], c'est
comme vn bastiment de diuerses pieces iointes ensemble d'vne telle liaison qu'il est impossible d'en esbranler
la moindre, que tout le corps ne s'en sente. Le legislateur des Thuriens ordonna que quiconque voudroit,
ou abolir vne des vielles loix, ou en establir vne nouuelle, se presenteroit au peuple la corde au col; affin
que, si la nouuelleté n'estoit aprouuée d'vn chacun, il
fut incontinent estranglé. Et celuy de Lacedemone
employa sa vie pour tirer de ses citoyens vne promesse
asseurée de n'enfraindre aucune de ses ordonnances.
L'ephore qui coupa si rudement les deux cordes que
Phrinys auoit adiousté a la musique ne s'esmaie pas
si elle en vaut mieux, ou si les accords en sont mieux
remplis; il luy suffit, pour les condamner, que ce soit
vne alteration de la vieille façon. C'est ce que signifioit
cete vieille espée rouillée de la iustice de Marseille*.

Si est ce que la fortune, reseruant tousiours son authorité au dessus de nos discours, nous presente aucune
fois la necessité si vrgente qu'il est besoing que les
loix luy facent place*. On sçait qu'il est encore reproché a ces deux grandz personnages, Octauius et Caton,
aux guerres ciuiles, l'vn de Sylla, l'autre de Cesar,
d'auoir plustost laissé encourir toutes extremités a
leur patrie, que de la secourir aux despens de ses loix,
et que de rien remuer. Car, a la verité, en ces dernieres
necessitez ou il n'y a plus que tenir, il seroit, a l'auanture, plus sagement fait de baisser la teste et prester
vn peu au coup, que, s'ahurtant outre la possibilité, a
ne rien relascher, donner occasion a la violance de

---

[1] *Vulg. supp.* : « bien instituée ».

fouler tout aux piedz; et vaudroit mieux faire vouloir
aux loix ce qu'elles peuuent, puis qu'elles ne peuuent
ce qu'elles veulent. Ainsi feit celuy qui ordonna
qu'elles dormissent pour vint et quatre heures, et celuy
qui remua, pour cete fois, vn iour du calendrier *. Les
Lacedemoniens mesmes, tant religieus obseruateurs
des ordonnances de leur païs, estans pressez de leur
loy qui defendoit d'eslire par deux fois Admiral vn
mesme personnage, et, de l'autre part, leurs affaires
requerans de toute necessité que Lysander print de
rechef cete charge, ils firent bien vn Aracus Admiral,
mais Lysander surintendant de la marine. Et, de
mesme subtilité, vn de leurs Ambassadeurs estant enuoyé vers les Atheniens pour obtenir le changement
de quelqu'ordonnance, et Pericles luy alleguant qu'il
estoit defendu d'oster le tableau ou vne loy estoit vne
fois posée, luy conseilla de le tourner seulemant, d'autant que cela n'estoit pas defandu. C'est ce dequoy
Plutarque loüe Flaminius [1], qu'estant né pour commander, il sçauoit non seulement commander selon
les loix, mais aus loix mesme, quand la necessité publique le requeroit.

CHAPITRE VINTQVATRIESME.

DIVERS EVENEMENS DE MESME CONSEIL.

Iaques Amiot, grand Aumosnier de France, me recita vn iour cete histoire, a l'honneur d'vn Prince des
nostres (et nostre estoit il a tres-bonnes enseignes,

[1] *Vulg.* : « Philopœmen ».

I. 6

encore que son origine fut estrangere), que, durant
noz premiers troubles, au siege de Roüan, ce Prince
ayant esté aduerty par la Royne, mere du Roy, d'vne
entreprinse qu'on faisoit sur sa vie, et instruit particulierement, par ses lettres, de celuy qui la deuoit
conduire a chef, qui estoit vn gentil'homme Angeuin
ou Manceau, frequantant lors ordinairement pour cet
effect la maison de ce Prince, il ne communiqua a personne cet aduertissemant, mais, se promenant l'endemain au mont saincte Chatherine, d'ou se faisoit nostre
baterie a Roüan (car c'estoit au temps que nous la
tenions assiegée), ayant a ses costez ledict seigneur
grand Aumosnier et vn autre Euesque, il aperceut ce
gentil'homme, qui luy auoit esté remarqué, et le fit
appeller. Comme il fut en sa presence, il luy dict ainsi,
le voyant desia pallir et fremir des alarmes de sa
conscience : « Monsieur de tel lieu, vous vous doutez
bien de ce que ie vous veus, et vostre visage le monstre.
Vous n'auez rien a me cacher, car ie suis instruict de
vostre affaire si auant que vous ne feriez qu'empirer
vostre marché d'essayer a le couurir. Vous sçauez bien
telle chose et telle (qui estoient les tenans et aboutissans
des plus secretes pieces de cete menée) : ne faillez, sur
vostre vie, a me confesser la verité de tout ce dessein. »
Quand ce pauure homme se trouua pris et conueincu
(car le tout auoit esté descouuert a la Royne par l'vn
des complices), il n'eust qu'a ioindre les mains et requerir la grace et misericorde de ce Prince, aus piedz
duquel il se voulut ietter; mais il l'en garda, suiuant
ainsi son propos : « Venez ça! Vous ay ie autres-fois
faict desplaisir? ay ie offencé quelqu'vn des vostres par
haine particuliere? Il n'y a pas trois semaines que ie
vous cognois : quelle raison vous a peu mouuoir a

entreprendre ma mort? » Le gentil'homme respondit a
cela, d'vne vois tramblante, que ce n'estoit nulle occasion particuliere qu'il en eust, mais l'interest de la
cause generale de son party; et qu'aucuns luy auoient
persuadé que ce seroit vne execution pleine de pieté
d'extirper, en quelque maniere que ce fut, vn si puissant ennemy de leur religion. « Or, suyuit ce Prince,
ie vous veus monstrer combien la religion que ie tiens
est plus douce que celle dequoy vous faictes profession.
La vostre vous a conseillé de me tuer sans m'ouir,
n'ayant receu de moy aucune offence, et la mienne me
commande que ie vous pardonne, tout conueincu que
vous estez de m'auoir voulu homicider sans raison.
Alez vous en, retirez vous, que ie ne vous voye plus
icy; et, si vous estez sage, prenez doresnauant en voz
entreprinses des conseillers plus gens de bien que
ceus la. »

L'Empereur Auguste, estant en la Gaule, receut
certain aduertissemant d'vne coniuration que luy bras-
soit Lucius Cinna; il delibera de s'en venger, et manda
pour cet effect a lendemain le conseil de ses amis; mais,
la nuict d'entre-deux, il la passa auec grande inquietude, considerant qu'il auoit a faire mourir vn ieune
homme de bonne maison, et nepueu du grand Pompeius; et produisoit en se pleignant plusieurs diuers
discours. « Quoy donq, faisoit il, sera il dict que ie
demeureray en crainte et en alarme; et que ie lairray
mon meurtrier se promener ce pendant a son ayse?
S'en ira il quitte, ayant assailly ma teste, que i'ay
sauuée de tant de guerres ciuiles, de tant de batailles
par mer et par terre? et, apres auoir estably la pais
vniuerselle du monde, sera il absous ayant deliberé,
non de me meurtrir seulement, mais de me sacrifier? »

car la coniuration estoit faicte de le tuer comme il
feroit quelque sacrifice. Apres cela, s'estant tenu coy
quelque espace de temps, il recommançoit d'vne vois
plus forte, et s'en prenoit a soy mesme : « Pourquoy
vis tu, s'il importe a tant de gens que tu meures? N'y
ara il nulle fin a tes vengeances et a tes cruautez? Ta
vie vaut elle que tant de dommage se face pour la conseruer? » Liuia, sa femme, le sentant en ces angoisses :
« Et les conseils des femmes y seront ilz receuz? luy
fit elle : fais ce que font les medecins, quand les receptes
accoustumées ne peuuent seruir, ilz en essayent de
contraires. Par seuerité tu n'as, iusques a cete heure,
rien profité : Lepidus a suiuy Saluidienus; Murena,
Lepidus; Cæpio, Murena; Egnatius, Cæpio. Commance a experimenter commant te succederont la douceur et la clemance. Cinna est conueincu; pardonne
le : de te nuire meshuy il ne pourra, et profitera a ta
gloire. » Auguste fut bien ayse d'auoir trouué vn
aduocat de son humeur, et, ayant remercié sa femme
et contremandé ses amis qu'il auoit assignez au conseil,
commanda qu'on fit venir a luy Cinna tout seul; et,
ayant faict sortir tout le monde de sa chambre et faict
donner vn siege a Cinna, il luy parla en cete maniere : .
« En premier lieu, ie te demande, Cinna, paisible au-
diance. N'interrons pas mon parler; ie te donray temps
et loisir d'y respondre. Tu sçais, Cinna, que, t'ayant
pris au camp de mes ennemis, non seulemant t'estant
faict mon ennemy, mais estant nay tel, ie te sauuay,
ie te mis entre les mains tous tes biens, et t'ay en fin
rendu si accommodé et si aysé que les victorieus sont
enuieus de la condition du vaincu. L'office du sacer-
doce que tu me demandas, ie te l'ottroiay, l'ayant
refusé a d'autres, desquelz les peres auoient tousiours

combatu auec moy. T'ayant si fort obligé, tu as entrepris de me tuer. » A quoy Cinna s'estant escrié qu'il
estoit bien esloigné d'vne si meschante pensée : « Tu
ne me tiens pas, Cinna, ce que tu m'auois promis,
suyuit Auguste; tu m'auois asseuré que ie ne serois
pas interrompu. Ouy, tu as entrepris de me tuer, en
tel lieu, tel iour, en telle compagnie et de telle façon. »
Et le voyant transi de ces nouuelles et en silance, non
plus pour tenir le marché de se taire, mais de la presse
de sa conscience : « Pourquoy, adiouta il, le fais tu?
Est ce pour estre Empereur? Vrayemant, il va bien
mal a la chose publique s'il n'y a que moy qui t'empesche d'arriuer a l'Empire. Tu ne peus pas seulemant
deffandre ta maison, et perdis dernieremant vn proces
en la faueur d'vn simple libertin. Quoy! n'as tu moien
ny pouuoir en autre chose que a entreprendre Cæsar?
Ie le quitte, s'il n'y a que moy qui empesche tes esperances. Penses tu que Paulus, que Fabius Maximus,
que les Cosses et Seruiliens te souffrent, et vne si grande
troupe de nobles, non seulement nobles de nom, mais
qui par leur vertu honorent leur noblesse? » Apres
plusieurs autres propos (car il parla a luy plus de deus
heures entieres) : « Or va, luy dit il, ie te donne,
Cinna, la vie, a traistre et a parricide, que ie te donnay
autresfois a ennemy. Que l'amitié commance des ce
iourd'huy entre nous. Essayons qui de nous deus de
meilleure foy, moy t'aie donné ta vie, ou tu l'ayes re-
ceue. » Et se despartit d'auec luy en cete maniere.
Quelque temps apres, il luy donna le consulat, se pleignant dequoy il ne le luy auoit osé demander. Il l'eut
despuis pour fort amy, et fut seul faict par luy heritier
de ses biens. Or, despuis cet accidant qui aduint a
Auguste au quarantiesme an de son aage, il n'y eut

iamais de coniuration ny d'entreprinse contre luy, et receut vne iuste recompense de cete sienne clemance. Mais il n'en aduint pas de mesmes au nostre : car sa douceur ne le sceut garantir qu'il ne cheut despuis aus lacs de pareille trahison. Tant c'est chose vaine et friuole que l'humaine prudence; et au trauers de tous nos proiects, de nos conseils et precautions, la fortune maintient tousiours la possession des euenemans.

Nous appellons les medecins heureus, quand ilz arriuent a quelque bonne fin; comme s'il n'y auoit que leur art qui ne se peut maintenir d'elle mesme, et qui eust les fondemens trop frailes pour s'appuyer de sa propre force, et comme s'il n'y auoit qu'elle qui aye besoin que le hazart et la fortune preste la main a ses operations. Ie croi d'elle tout le pis ou le mieus qu'on voudra. Car nous n'auons, Dieu mercy, nul commerce ensemble. Ie suis au rebours des autres : car ie la mesprise bien tousiours; mais, quand ie suis malade, au lieu d'entrer en composition, ie commance encore a la haïr et a la craindre, et respons a ceux qui me pressent de prendre medecine, qu'ilz attendent au moins que ie sois rendu a mes forces et a ma santé, pour auoir plus de moyen de soustenir l'effort et le hazart de leur breuuage. Ie laisse faire nature, et presupose qu'elle se soit garnie de dentz et de griffes pour se deffandre des assaus qui luy viennent, et pour maintenir cete contexture dequoy elle fuit la dissolution. Ie crain, au lieu de l'aller secourir, ainsi comme elle est aus prises bien estroites et bien iointes auec la maladie, qu'on secoure son aduersaire au lieu d'elle, et qu'on la recharge de nouueaus affaires.

Or, ie dy que, non en la medecine seulement, mais en plusieurs arts plus certaines, la fortune y a bonne part. Les saillies poetiques, qui emportent leur autheur mesme et le rauissent hors de soy, pourquoy ne les atribuerons nous a son bon heur? puis qu'il confesse luy mesmes qu'elles surpassent sa suffisance et ses forces, et les reconnoit venir d'ailleurs que de soy, et ne les auoir nullement en sa puissance; non plus que les orateurs ne disent auoir en la leur ces mouuemens et agitations extraordinaires qui les poussent au dela de leur dessein. Il en est de mesmes en la peinture, qu'il eschape par fois des traitz de la main du peintre surpassans sa conception et sa science, qui le tirent luy mesmes en admiration et qui l'estonnent. Mais la fortune monstre bien encores plus euidemmant la part qu'elle a en tous ces ouurages, par les graces et beautez qui s'y treuuent, non seulement sans l'inuention, mais sans la cognoissance mesmes de l'ouurier. Vn suffisant lecteur descouure souuant es escritz [1] d'autruy des perfections autres que celles que l'autheur y a mises et aperceües, et y preste des sens et des visages plus riches.

Quant aus entreprinses militaires, chacun void commant la fortune y a bonne part. En nos conseils mesmes et en nos deliberations, il faut certes qu'il y ait du sort et du bonheur meslé parmy : car tout ce que nostre sagesse peut, ce n'est pas grand chose; plus elle est aigue et viue, plus elle trouue en soy de foiblesse, et se deffie d'autant plus d'elle mesme. Et[2], quand ie me prens garde de prez aus plus glorieus exploictz de la guerre, ie voy, ce me semble, que ceux qui les conduisent n'y emploient la deliberation et le conseil que par acquit, et que, la pluspart de l'entreprinse, ils l'abandonnent a la fortune, et, sur la fiance qu'ilz ont

---

[1] *Vulg.* : « esprits ».
[2] *BC* : « Ie suis de l'aduis de Sylla, et ».

a son secours, passent tous les coups au dela des bornes
de tout discours de raison. Il suruient des alegresses
fortuites et des fureurs estrangeres parmy leurs deliberations, qui les poussent le plus souuent a prendre le
party le moins fondé en discours et apparence, et qui
grossissent leur courage au dessus de la raison. D'ou
il est aduenu a plusieurs grandz capitaines anciens,
pour donner credit a ces conseilz temeraires, d'aleguer
a leurs gens qu'ils y estoient conuiés par quelque ins-
piration, par quelque signe et prognostique.

Voila pourquoy, en ceste incertitude et perplexité
que nous apporte l'impuissance de voir et choisir ce
qui est le plus commode, pour les difficultez que les
diuers accidens et circonstances de chaque chose tirent
quand et elle [1], le plus seur, quand autre consideration
ne nous y conduiroit [2], est a mon aduis de se reietter
au party ou il y a plus d'honnesteté et de iustice [3].
Comme, en ces deux exemples, que ie vien de proposer,
il n'y a point de doute qu'il ne fut plus beau et plus
genereux a celuy qui auoit receu l'offence de la par-
donner, que s'il eust faict autrement. S'il en est mesad-
uenu au premier, il ne s'en faut pas prendre a ce sien
bon dessein, et ne sçait on, quand il eust pris le party
contraire, s'il eust eschapé la fin a laquelle son destein
l'appeloit, et si eust perdu la gloire d'vne si notable
bonté.

Il se void, dans les histoires, force gens en cete
crainte, d'ou la plus part ont suyui le chemin de courir
au deuant des coniurations qu'on faisoit contre eus,

___

[1] *Vulg. supp. :* « quand et elle ».

[2] *BC :* « conuieroit ».

[3] *BC aj. :* « et, puis qu'on est en doubte du plus court chemin,
tenir tousiours le droit ».

par vengeance et par supplices; mais i'en voy fort peu
ausquels ce remede ayt seruy, tesmoin tant d'Empereurs Romains. Celuy qui se trouue en ce dangier, il
ne doibt pas beaucoup esperer, ny de sa force, ny de sa
vigilance. Car, combien est il mal aisé de se garentir
d'vn ennemy qui est couuert du visage du plus offi-
cieus amy que nous ayons, et de cognoistre les volontez
et pansemans interieurs de ceus qui nous assistent? Il
a beau employer des nations estrangieres pour sa garde,
et estre tousiours ceint d'vne haïe d'hommes armez ;
quiconque ara sa vie a mespris se rendra tousiours
maistre de celle d'autruy. Et puis ce continuel soupçon, cete deffiance qui met le Prince en doute de tout
le monde, luy doit seruir d'vn merueilleus tourment*.

La voye qu'y tint Iulius Cæsar, ie trouue que c'est
la plus belle qu'on y puisse prendre. Premierement, il
assaya par clemance et douceur a se faire aymer de ses
ennemys mesmes, se contentant, aus coniurations qui
luy estoient descouuertes, de declarer simplement qu'il
en estoit aduerty. Cela faict, il print vne tres-noble
resolution d'attendre, sans effroy et sans solicitude, ce
qui luy en pourroit aduenir, s'abandonnant et se remettant a la garde des Dieus et de la fortune; car
certainement c'est l'estat ou il estoit quand il fut tué*.

Il me souuient d'auoir leu autresfois cete histoire
de quelque Romain, personnage de dignité, lequel,
fuyant la tyrannie du Triumuirat de Rome, auoit
eschapé mille fois les mains de ceux qui le poursui-
uoient, par la subtilité de ses inuentions. Il aduint vn
iour qu'vne troupe de gens de chaual[1], qui auoient
charge de le prendre, passa tout ioignant vn halier ou

---

[1] *BC* : « cheual ».

il s'estoit tapy, et faillit de le descouurir ; mais luy,
sur ce point la, considerant la peine et les difficultez
ausquelles il auoit des-ia si long temps duré, pour se
sauuer des continuelles et curieuses recerches qu'on
faisoit de luy par tout le monde, le peu de plaisir qu'il
pouuoit esperer d'vne telle vie, et combien il luy valoit
mieux de passer vne fois le pas que de demeurer tousiours en cete trampe, luy mesme les rapella et leur
trahit sa cachete, s'abandonnant volontairement a leur
cruauté, pour oster eux et luy d'vne plus longue peine.
D'appeler les mains ennemies, c'est vn conseil vn peu
gaillart et hardy. Si croy ie qu'encore vaudroit il
mieus le prandre que de demeurer en la fieure continuelle d'vn accidant qui n'a point de remede ; et,
puisque les prouisions qu'on y peut apporter sont pleines d'inquietude, de tourment et d'incertitude, il vaut
mieux, d'vne belle asseurance, se preparer a tout ce
qui en pourra aduenir, et tirer quelque consolation de
ce qu'on n'est pas asseuré qu'il auienne.

CHAPITRE VINTCINQVIESME.

DV PEDANTISME.

Ie me suis souuent despité en mon enfance de voir
es comedies Italienes tousiours vn pedante pour badin,
et le surnom de magister n'auoir [1] guiere plus honnorable signification parmy nous. Car, leur estant donné
en gouuernement et en garde, que pouuois ie moins
faire que d'estre ialous de leur reputation ? Ie cherchois

---

[1] *BC :* « de mon magister n'auoit ».

bien de les excuser par la disconuenance naturelle
qu'il y a entre le vulgaire et les personnes rares et
excellentes en iugement et en sçauoir : d'autant qu'ils
vont vn train entierement contraire les vns des autres.
Mais en ceci perdois ie mon Latin, que les plus galans
hommes, c'estoient ceux qui les auoient le plus a mespris, tesmoing nostre bon du Bellay :

Mais ie hay par sur tout vn sçauoir pedantesque.

*Depuis, auec l'eage, i'ay trouué qu'on auoit vne gran-
dissime raison, et que *magis magnos clericos non sunt
magis magnos sapientes*. Mais d'ou il puisse aduenir
qu'vne ame garnie de la connoissance de tant de choses
n'en deuiene pas plus viue et plus esueillée, et qu'vn
esprit grossier et vulgaire puisse loger en soy, sans
s'amender, les discours et les iugemens des plus excellens espritz que le monde ait porté, i'en suis encore en
doute*. Ie dirois volontiers que, comme les plantes
s'estouffent de trop d'humeur*, aussi l'action de l'esprit
par trop d'estude, et que l'ame, saisie et embarrassée
de tant de diuersité de choses, perde le moyen de se
desmeller, et que cete grande charge la tienne comme
courbe et croupie[1]. Mais il en va autrement; car nostre
ame s'eslargit d'autant plus qu'elle se remplit, et, aux
exemples des vieux temps, il se voit, tout au rebours,
que les plus suffisans hommes au maniemens des
choses publiques, les plus grands capitaines et les
meilleurs conseillers aux affaires d'estat ont esté ensemble les plus sçauans. Et, quant aux philosophes, retirez
de toute occupation publique, ils ont esté aussi quelquefois, a la verité, mesprisés par la liberté comique

---

[1] *Vulg. modifie cette fin de phrase.*

de leur temps*.; mais au rebours des nostres. Car on
enuioit ceux la comme estans au dessus de la commune
façon, comme mesprisans les actions publiques, comme
ayant dressé vne vie particuliere et inimitable, reglée
a certains discours hautains et hors d'vsage; ceux cy
on les desdeigne, comme estans au dessoubs de la
commune façon, comme incapables des charges publiques, comme trainans vne vie et des meurs basses et
viles apres le vulgaire*.

Quant a ces philosophes, dis-ie, comme ilz estoient
grands en science, ils estoient encore plus grands en
toute autre perfection et excellance [1]. Et, tout ainsi
qu'on dict de ce geometrien de Siracuse, lequel, ayant
esté destourné de sa contemplation pour en mettre
quelque chose en practique a la deffance de sa patrie,
qu'il mit soudain en train des engins espouuentables
et des effectz surpassant toute creance humaine, desdaignant toute fois luy mesme toute cete siene manu-
facture, et pensant en cela auoir corrompu et gasté la
dignité de son art, de laquelle ses ouurages n'estoient
que l'aprentissage et le iouet; aussi eux, si quelque
fois on les a mis a la preuue de l'action, on les a veu
voler d'vn' aisle si haute, qu'il paroissoit bien leur
cœur et leur ame s'estre merueilleusement grossie et
enrichie par l'intelligence des choses. Mais* leurs imaginations, logées au dessus de la fortune et du monde,
leur faisoit trouuer les sieges de la iustice et les thrones
mesmes des Roys bas et viles*. Vn d'entr'eux, Thales,
accusant quelque fois le soing du mesnage et de s'enrichir, on luy reprocha que c'estoit a la mode du
renard, pour n'y pouuoir aduenir. Il luy print enuie.

---

[1] *Vulg. :* « plus grands en toute action ».

par passetemps, d'en monstrer l'experience, et, aiant
pour ce coup raualé son sçauoir au seruice du proffit
et du gaing, dressa vne trafique, qui, dans vn an,
raporta telles richesses qu'a peine, en toute leur vie, les
plus experimentés de ce mestier la en pouuoient faire
de pareilles*.

Par ainsi, ie quitte cete raison, et croy qu'il vaut
mieux dire que cela vienne a nos maistres d'escole [1] de
leur mauuaise façon de se prendre aux sciences; et,
qu'a la mode dequoy nous sommes instruictz, il n'est
pas merueille si ny les escoliers, ny les maistres, n'en
deuienent pas plus habiles, quoy qu'ilz s'y facent plus
sçauans. De vray, le soing et la despence de nos peres
ne vise qu'a nous garnir la teste de science; du iugement et de la vertu, nulles nouuelles*. Nous nous
enquerons volontiers : sçait il du Grec ou du Latin?
escrit il en vers ou en prose? Mais s'il est deuenu
meilleur ou plus aduisé, c'estoit le principal, et c'est
ce qui demeure derriere. Il falloit s'enquerir qui est
mieux sçauant, non qui est plus sçauant.

Nous ne trauaillons qu'a remplir la memoire, et
laissons l'entendement vuide. Tout ainsi que les oy-
seaus vont quelquefois a la queste du grein, et le portent au bec sans le taster, pour en faire bechée a leurs
petitz, ainsi nos pedantes vont pillotant la science
dans les liures, et ne la logent qu'au bout de leurs
leures, pour la degorger seulement et mettre au vent*.
Mais, qui pis est, leurs escoliers et leurs petits ne s'en
nourrissent et alimentent non plus; ains elle passe de
main en main, pour cete seule fin d'en faire parade,
d'en entretenir autruy, et d'en faire des contés, comme

---

[1] *Vulg. supp. :* « a nos maistres d'escole ».

vne vaine monnoie inutile a tout autre vsage et em-
ploite qu'a conter et ietter*. Nous sauons dire : « Cicero
dit ainsi; voila l'opinion de Platon; ce sont les motz
mesmes d'Aristote. » Mais nous, que disons nous nous
mesmes? qu'opinons nous[1]? que iugeons nous? Autant
en feroit bien vn parroquet.

Cete façon me fait iustement souuenir de ce riche
Romain qui auoit esté soigneux, a fort grande despence, de recouurer des hommes suffisans en tout genre
de sciences, qu'il tenoit continuelement autour de luy,
affin que, quand il escheoit[2] entre ses amis quelqu'occasion de parler d'vne chose ou d'autre, ilz supplissent
sa place, et fussent tous pretz a luy fournir, qui d'vn
discours, qui d'vn vers d'Homere, chacun selon son
gibier; et pensoit ce sçauoir estre sien, par ce qu'il estoit
en la teste de ses gens. Et comme font aussi ceux desquelz
la suffisance loge en leurs somptueuses librairies*.

Nous de mesmes, nous prenons en garde les opinions
et le sçauoir d'autruy, et puis c'est tout : il les faut
faire nostres. Nous semblons proprement celuy qui,
ayant besoing de feu, en iroit querir chez son voisin,
et y en ayant trouué vn beau et grand, s'arresteroit la
a se chauffer, sans plus se souuenir d'en raporter chez
soy. Que nous sert il d'auoir la panse pleine de viande,
si elle ne se digere, si elle ne se trans-forme en nous,
si elle ne nous augmente et fortifie? Pensons nous que
Lucullus, que les lettres rendirent et formarent si
grand capitaine et si aduisé sans l'essay et[3] sans l'experience, les eut prisez[4] a nostre mode?* Quand bien

---

[1] *Vulg. supp.* : « qu'opinons nous? ».
[2] *BC :* « escheroit ».
[3] *Vulg. supp.* : « et si aduisé sans l'essay et ».
[4] *Vulg. :,* « prinses ».

nous pourrions estre sçauans du sçauoir d'autruy, au moins sages ne pouuons nous estre que de nostre propre sagesse.

Μισῶ σοφιστήν, ὅστις οὐχ αὑτῷ σοφός.

Ie haï, dict il, le sage qui n'est pas sage pour soy mesmes*. Si nostre ame n'en va vn meilleur bransle, si nous n'en auons le iugement plus sain, i'aymeroy aussi cher que mon escolier eut passé le temps a ioüer a la paulme; au moins le corps en seroit plus allegre. Voiés le reueuir de la, apres quinze ou seze ans employez : il n'est rien si mal propre a mettre en besongne. Tout ce que vous y reconnoissez d'auantage, c'est que son Latin et son Grec l'ont rendu plus fier et plus outre-cuidé qu'il n'estoit party de la maison*. Mon vulgaire Perigordin les appelle fort plaisamment : *Lettre ferits ;* comme si vous disiez : lettre ferus, ausquels les lettres ont donné vn coup de marteau, comme on dict. De vray, le plus souuent ils semblent estre raualez [1] mesmes du sens commun. Car, le paisant et le cordonnier, vous leur voyez aller simplement et naifuement leur train, parlant de ce qu'ilz sçauent : ceux cy, pour se vouloir esleuer et iandarmer de ce sçauoir qui nage en la superficie de leur ceruelle, vont s'ambarrassant et empetrant sans cesse. Il leur eschappe de belles parolles, mais qu'vn autre les accommode ; ilz connoissent bien Galien, mais nullement le malade ; ilz vous ont des-ia rempli la teste de loix, et si n'ont encore conceu le neud de la cause ; ilz sçauent la theorique de toutes choses, cherchez qui la mette en practique.

---

[1] *BC :* « reualez ».

I'ay veu chez moy vn mien amy, par maniere de
passetemps, aiant affaire a vn de ceux cy, contrefaire
vn iargon de propos sans suite, et tissu de toutes pieces
rapportées, sauf qu'il estoit souuent entrelardé de mots
propres a leur dispute, amuser ainsi tout vn iour ce
sot a debatre, pensant tousiours respondre aux obiections qu'on luy faisoit; et si estoit homme de lettres et
de reputation *. Qui regardera de bien pres a ce genre
de gens, qui s'estand bien loing, il trouuera, comme
moy, que le plus souuent ils ne s'entendent, ny autruy,
et qu'ils ont la souuenance assés pleine, mais le iugement entierement creux, sinon que leur nature d'elle
mesme le leur ait autrement façonné; comme i'ay veu
Adrianus Turnebus, qui, n'ayant fait autre profession
que des lettres, en laquelle c'estoit a mon opinion le
plus grand homme qui fut il y a mil' ans, n'auoit
toutesfois rien de pedantesque que le port de sa robe,
et quelque façon externe, qui pouuoit n'estre pas ciui-
lisée a la courtisane, qui sont choses de neant * : car,
au dedans, c'estoit l'ame la plus polie du monde. Ie
l'ay souuent, a mon esciant, ietté en propos eslongnés
de son gibier et de son vsage; il y voioit si cler, d'vne
apprehension si prompte, d'vn iugement si sain, qu'il
sembloit qu'il n'eut iamais faict autre mestier que la
guerre et affaires d'estat. Ce sont natures belles et
fortes *, qui se maintiennent au trauers d'vne mauuaise
institution. Or ce n'est pas assez que nostre institution
ne nous gaste pas : il faut qu'elle nous change en mieux
et qu'elle nous amende, ou elle est vaine et inutile ¹.

Il y a aucuns de nos Parlemens, quand ils ont a
receuoir des officiers, qui les examinent seulement sur

¹ Vulg. supp. : « et qu'elle... inutile ».

la science; les autres y adioutent encores l'essai du
sens, en leur presentant le iugement de quelque cause.
Ceux cy me semblent auoir vn beaucoup meilleur
stile; et, encore que ces deux pieces soient necessaires
et qu'il faille qu'elles s'y trouuent toutes deux, si est
ce qu'a la verité celle du sçauoir est moins prisable
que celle du iugement. Céte icy se peut passer de l'autre, et non l'autre de céte icy : car, comme dict ce vers
Grec :

Ὡς οὐδὲν ἡ μάθησις, ἢν μὴ νοῦς παρῇ,

a quoy faire la science, si l'entendement n'y est? Pleut
a Dieu que, pour le bien de nostre iustice, ces compagnies la se trouuassent aussi bien fournies d'entendement et de conscience comme elles sont encore de
science*. Or, il ne faut pas atacher le sçauoir a l'ame,
il l'y faut incorporer; il ne l'en faut pas arrouser, il
l'en faut teindre; et, s'il ne la change, et amende son
premier estat imparfaict, certainement il vaut beaucoup mieux le laisser la; c'est vn dangereux glaiue, et
qui empesche et offence son maistre mesme, s'il est en
main foible, et qui n'en sçache l'vsage*.

A l'aduenture, est ce la cause que et nous et la théo-
logie ne requerons pas beaucoup de science aux fames,
et que François, Duc de Bretaigne, filz de Iean cinquiesme, comme on luy parla de son mariage auec
Isabeau, fille d'Escosse, et qu'on luy adiouta qu'elle
auoit esté nourrie simplement et sans aucune instruction de lettres, respondit qu'il l'en aymoit mieux, et que
vne fame estoit assez sçauante quand elle sçauoit mettre
difference entre la chemise et le pourpoint de son mary.

Aussi, ce n'est pas si grande merueille comme on
crie, que nos ancestres n'ayent pas faict grand estat

des lettres, et qu'encore auiourd'huy elles ne se trouuent que par rencontre aux principaux conseils de nos
Roys; et, si céte fin de s'en enrichir, qui seule nous est
auiourd'huy en bute par le moyen de la iurisprudence,
de la medecine, du pedantisme, et de la theologie encore, ne les tenoit en credit, vous les verriés sans
doubte aussi marmiteuses qu'elles furent onques. Quel
domage, puis qu'elles ne nous aprenent ny a bien penser, ny a bien faire?*

En cete belle institution que Xenophon preste aux
Perses, nous trouuons qu'ilz aprenoient la vertu a
leurs enfans, comme les autres nations font les lettres*.
Et m'a semblé chose digne de tres-grande consideration
que, en cete excellente police de Licurgus, et a la verité monstrueuse par sa perfection, si songneuse pourtant de la nouriture des enfans, comme de sa principale
charge, et au gitte mesmes des Muses, il s'y face si peu
de mention de l'apprentissage des lettres, comme si
céte genereuse ieunesse, desdaignant tout autre ioug
que de la vertu mesmes, on luy aye deu fournir, au
lieu de nos maistres de science, seulement des maistres
de vaillance, prudence et iustice*. La façon de leur
discipline, c'estoit leur faire des questions sur le iugement des hommes et de leurs actions; et, s'ils condamnoient et loüoient ou ce personnage ou ce faict, il
failloit raisonner leur dire, et, par ce moyen, ils aigui-
soient ensemble leur entendement et apprenoient la
iustice. Astiages, en Xenophon, demande a Cyrus conte
de sa derniere leçon. « C'est, dict il, qu'en nostre
escole vn grand garson, ayant vn petit saye, le donna a
vn de ses compaignons de plus petite taille, et luy osta
son saye, qui estoit plus grand. Nostre precepteur
m'ayant faict iuge de ce different, ie iugeay qu'il falloit

laisser les choses en cet estat, et que l'vn et l'autre
sembloit estre mieux accommodé en ce point. Sur
quoy, il me remonstra que i'auois mal fait : car ie
m'estois arresté a considerer la bien seance, et il failloit
premierement auoir proueu a la iustice, qui vouloit
que nul ne fut forcé en ce qui luy apartenoit. » Et dict
qu'il en fut foité, tout ainsi que nous sommes en nos
vilages pour auoir oblié le premier aoriste de τύπτω.
Mon regent me feroit vne belle harengue, *in genere
demonstratiuo,* auant qu'il me persuadat que son escole vaut céte la. Ils ont voulu couper chemin ; et, puis
qu'il est ainsi que les sciences, lors mesmes qu'on les
prent de droit fil, ne peuuent que nous apprendre la
prudence, la prud'hommie et la resolution, ils ont voulu
d'arriuée mettre leurs enfans au propre des effectz, et
les instruire, non par ouir dire, mais par l'essay mesmes
de l'action, en les formant et moulant vifuement, non
seulement de preceptes et parolles, mais principalement d'exemples et d'œuures ; affin que ce ne fut pas
vne science en leur ame, mais sa complexion et habitude ; que ce ne fut pas vn acquet, mais vne naturelle
possession. A ce propos, on demandoit a Agesilaus ce
qu'il seroit d'aduis que les enfans aprinsent : « Ce
qu'ils doiuent faire encore estants hommes », respondit
il. Ce n'est pas merueille si vne telle institution a produit des effects si admirables. On aloit, dict on, aus
autres villes de Grece chercher des rhetoriciens, des
peintres et des musiciens ; mais en Lacedemone, des
legislateurs, des magistrats et empereurs d'armée. A
Athenes, on aprenoit a bien dire, et icy, a bien faire :
la, a se desmeler d'vn argument sophistique, et a rabat-
tre l'imposture des motz captieusement entrelassez ; icy,
a se desmeler des appats de la volupté, et à rabatre,

d'vn courage inuincible, les menasses de la fortune et
de la mort : ceux la s'embesongnoient apres les parolles ;
ceux cy apres les choses : la, c'estoit vne continuelle
exercitation de la langue ; icy vne continuelle exercitation de l'ame. Parquoy il n'est pas estrange si, Antipater leur demandant cinquante enfans pour ostages,
ils respondirent, tout au rebours de ce que nous ferions,
qu'ilz aymeroient mieux donner deux fois autant
d'hommes faicts, tant ils estimoient la perte de l'edu-
cation de leur païs. Quand Agesilaus conuie Xenophon
d'enuoier nourrir ses enfans a Sparte, ce n'est pas pour
y apprendre la rhetorique ou dialectique, mais pour
apprendre (ce dict il) la plus belle science qui soit,
asscauoir la science d'obeir et de commander *.

CHAPITRE VINTSIXIESME.

DE L'INSTITVTION DES ENFANS, A MADAME DIANE DE FOIX, CONTESSE DE GVRSON.

Ie ne vis iamais pere, pour bossé ou boiteux [1] que
fut son fils, qui laissast de l'auoüer. Non pourtant,
s'il n'est du tout eniuré de cet' affection, qu'il ne s'a-
perçoiue de sa defaillance ; mais tant y a qu'il est sien.
Aussy moy, ie voy, mieux que tout autre, que ce ne
sont icy que resueries d'homme qui n'a gousté des
sciences que la crouste premiere, en son enfance, et
n'en a retenu qu'vn general et informe visage : vn peu
de chasque chose, et rien du tout ; a la Françoise. Car,
en somme, ie sçai qu'il y a vne medecine, vne iuris-

---

[1] *Vulg.* : « teigneux ».

prudence, quatre parties en la mathematicque, et, en
gros, ce a quoi elles visent*; mais de y enfoncer plus
auant, de m'estre rongé les ongles a l'estude de Platon
ou ¹ d'Aristote*, ou opiniatré apres quelque science
solide, ie ne l'ay iamais faict; ce n'est pas mon occupation ²*.

L'histoire, c'est mon gibier en matiere de liures,
ou la pœsie, que i'aime d'vne particuliere inclination.
Car, comme disoit Cleantes, tout ainsi que la voix
contrainte dans l'etroit canal d'vne trompete sort plus
aigue et plus forte, ainsi me semble il que la sentence
pressée aus pieds nombreus de la poësie s'eslance bien
plus brusquement, et me fiert d'vne plus viue secousse.
Quant aux facultez natureles qui sont en moy, dequoy
c'est icy l'essay, ie les sens flechir sous la charge : mes
conceptions et mon iugement ne marche qu'a tatons,
chancelant, bronchant et chopant; et, quand ie suis
allé le plus auant que ie puis, si ne me suis ie aucunement satisfaict : ie voy encore du païs au dela, mais
d'vne veüe trouble et en nuage, que ie ne puis desmeler; et puis, me meslant de parler indifferemment
de tout ce qui se presente a ma fantasie, et n'y em-
ploiant que mes propres et naturelz moiens, s'il m'a-
uient, comme il faict a tous coups, de rencontrer de
fortune, dans les bons autheurs, ces mesmes lieus que
i'ay entrepris de traiter, comme ie vien de faire ches
Plutarque tout presentement son discours de la force
de l'imagination, a me reconnoistre, au prix de ces
gens la, si foible et si chetif, si poisant et si endormy,
ie me fay pitié ou desdain a moy mesmes. Si me gra-
tifie-ie de cecy, que mes opinions ont cet honneur de

---

¹ *Vulg. supp.* : « de Platon ou ».
² *Vulg. supp.* : « ce... occupation ».

rencontrer aux leurs*, et dequoy aussi i'ay au moins
cela, qu'vn chacun n'a pas, de connoistre l'extreme
difference d'entre eux et moy ; et laisse, ce neantmoins,
courir mes inuentions ainsi foibles et basses, comme ie
les ay produites, sans en replastrer et resouder [1] les
defaus que cete comparaison m'y a descouuers*. Car
autrement i'engendrerois des monstres, comme font [2]
les escriuains indiscretz de nostre siecle, qui, parmy
leurs ouurages de neant, vont semant des lieus entiers
des antiens autheurs, pour se faire honneur de ce
larrecin. Et c'est au contraire ; car cet' infinie dissemblance de lustres rend vn visage si pasle, si terni et si
laid a ce qui est du leur, qu'ils y perdent beaucoup
plus qu'ilz n'y gaignent*.

Il m'auint, l'autre iour, de tomber sur vn tel passage : i'auois trainé languissant apres des parolles
Françoises, si exangues, si descharnées et si vuides de
matiere et de sens que ce n'estoient voirement que
parolles Françoises. Au bout d'vn long et ennuïeus
chemin, ie vins a rencontrer vne piece haute, riche et
esleuée iusques aux nuës ; si i'eusse trouué la pente
douce et la montée vn peu alongée, cela eut esté vn
peu [3] excusable ; c'estoit vn precipice si droit et si coupé
que, des six premieres parolles, ie conneus que ie
m'enuolois en l'autre monde. De la ie descouuris la
fondriere d'ou ie venois, si basse et si profonde que ie
n'eus onques plus le cœur de m'y raualer. Si ie fardois
l'vn de mes discours de ces riches peintures, il esclai-
reroit par trop la bestise des autres*.

---

[1] B : « reçoudre », et C : « recoudre ».

[2] Vulg. supp. : « Car... comme font », et remanie la fin de
ce paragraphe.

[3] BC supp. : « un peu ».

Quoy qu'il en soit, veux-ie dire, et quelles que soient ces inepties, ie n'ay pas deliberé de les cacher, non plus qu'vn mien pourtraict, chauue et grisonnant, ou le peintre auroit mis, non vn visage parfaict, mais le mien. Car aussi ce sont icy mes humeurs et opinions; ie les donne pour ce qui est en ma creance, non pour ce qui est a croire; ie ne vise icy qu'a decouurir moy mesmes, qui seray par aduenture autre demain, si nouueau aprentissage me change. Ie n'ay point l'authorité d'estre creu, ny ne le desire, me sentant trop mal instruit pour instruire autruy.

Quelcun donq, ayant veu l'article precedant, me disoit ches moy, l'autre iour, que ie me deuoy estre vn peu estendu sur le discours de l'institution des enfans. Or, Madame, si i'auoy quelque suffisance en ce subiect, ie ne pourroy la mieux employer que d'en faire vn present a ce petit homme qui vous menasse de faire tantost vne belle sortie de ches vous (vous estez trop genereuse, Madame, pour commencer autrement que par vn masle); car, ayant eu tant de part a la conduite de vostre mariage, i'ay quelque droit et interrest a la grandeur et prosperité de tout ce qui en viendra; outre ce que l'anciene possession que vous auez de tout temps sur ma seruitude m'obligent assez a desirer honneur, bien et aduantage a tout ce qui vous touche; mais, a la verité, ie n'y entens sinon cela que la plus grande difficulté et importante de l'humaine science semble estre en cet endroit, ou il se traite de la nourriture et institution des enfans*. La montre de leurs inclinations est si tendre en ce bas aage, et si obscure, et les promesses si incertaines et fauces, qu'il est malaisé d'y establir nul solide iugement*. Si est il difficile de forcer les propensions natureles; d'ou il aduient que, par faute d'auoir bien choisi leur route, pour neant se trauaille on souuent et employe l'on beaucoup d'aage a dresser des enfans aux choses ausquelles ils ne peuuent prendre nul goust. Toutesfois, en cete difficulté, mon opinion est de les acheminer tousiours aux meilleures choses et plus profitables, et qu'on ne doit s'appliquer aucunement[1] a ces legieres diuinations et prognostiques que nous prenons des mouuemens de leur enfance*.

Madame, c'est vn grand ornement que la science, et vn vtil de merueilleux seruice, et notamment aux personnes eleuées en tel degré de fortune comme vous estez. A la verité, elle n'a point son vray vsage en mains viles et basses. Elle est bien plus fiere de prêter ses moyens a conduire vne guerre, a commander vn peuple, a pratiquer l'amitié d'vn Prince ou d'vne nation estrangiere, qu'a dresser vn argument dialectique, ou a plaider vn appel, ou ordonner vne masse de pillules. Ainsi, Madame, par ce que ie croy que vous n'oublierez pas cete partie en l'institution des votres, vous qui en auez bien auant sauouré la douceur, et qui estes d'vne race lettrée (car nous auons encore en main des escrits de ces antiens Contes de Foix, d'ou monsieur le Conte, vostre mary, et vous estez descendus ; et François, monsieur de Candale, vostre oncle, en faict naitre tous les iours d'autres, qui estendront la connoissance de cete qualité de vostre famille a plusieurs siecles), ie vous veux dire la dessus vne seule fantasie que i'ay contraire au commun vsage : c'est tout ce que ie puis conferer a vostre seruice en cela.

La charge du gouuerneur que vous luy donrés, du

_____

[1] *Vulg.* : « et qu'on se doit peu appliquer ».

chois duquel dépend tout l'effect de son institution,
ell' a plusieurs autres grandes parties, mais ie n'y touche point, pour n'y sçauoir rien apporter qui vaille. Et,
de cet article, sur lequel ie me mesle de luy donner
aduis, il m'en croira autant qu'il y verra d'apparence.
A vn enfant de maison, qui recherche les lettres et la
discipline [1], non pour le gaing (car vne si vile fin et si
abiecte est indigne de la grace et faueur des Muses, et
puis elle regarde et depend d'autruy), ny tant pour les
commoditez externes que pour les sienes propres, et
pour s'en enrichir et parer au dedans, ayant plustost
enuie d'en tirer vn habil' homme qu'vn homme sçauant, ie voudrois aussi qu'on fut soigneus de luy choisir
vn conducteur qui eut plustost la teste bien faicte que
bien pleine, et qu'on y requit tous les deux, mais plus
les meurs et l'entendement que la science ; et qu'il se
conduisit en sa charge d'vne nouuelle maniere.

On ne cesse de criailler a nos oreilles, comme qui
verseroit dans vn antonnoir, et nostre charge ce n'est
que de redire ce qu'on nous a dict. Ie voudrois qu'il
corrigeat vn peu cete partie, et que, de belle arriuée,
selon la portée de l'ame qu'il a en main, il commençast
a la mettre sur le trottoer, luy faisant gouster les choses, les choisir et discerner d'elle mesme : quelquefois
luy monstrant chemin, quelquefois luy laissant prendre le deuant. Ie ne veux pas qu'il inuente et parle
seul ; ie veux qu'il escoute son disciple parler a son
tour*, qu'il ne luy demande pas seulement compte des
mots de sa leçon, mais du sens et de la substance, et
qu'il iuge du profit qu'il aura fait, non par le tesmoin-
gnage de sa memoire, mais de son iugement. Que ce

1 *Vulg. supp.* : « et la discipline ».

qu'il viendra d'apprendre, il le luy face mettre en cent visages, et accommoder a autant de diuers subietz, pour voir s'il l'a encore bien pris et bien faict sien*. C'est tesmoignage de crudité et d'indigestion que de regorger la viande comme on l'a aualée : l'estomac n'a pas faict son operation, s'il n'a faict changer la façon et la forme a ce qu'on luy auoit donné a cuire*.

Qu'il luy face tout passer par l'estamine, et ne loge rien en sa teste par authorité et a credit. Les principes d'Aristote ne luy soient principes, non plus que ceux des Stoiciens ou Epicuriens. Qu'on luy propose cête diuersité de iugemens : il choisira s'il peut; sinon il en demeurera en doubte [1]. Car s'il embrasse les opinions de Xenophon et de Platon par son propre discours, ce ne seront plus les leurs, cè seront les siennes*. Il faut qu'il emboiue leurs humeurs, non qu'il apprenne leurs preceptes ; et qu'il oblie hardiment, s'il veut, d'ou il les tient, mais qu'il se les sçache approprier. La verité et la raison sont communes a vn chacun, et ne sont, non plus a qui les a dites premierement, qu'a qui les dict apres*. Les abeilles pillotent, deça, de la, les fleurs; mais elles en font apres le miel, qui est tout leur : ce n'est plus thin, ny mariolaine; ainsi, les pieces empruntées d'autruy, il les transformera et confondra pour en faire vn ouurage tout sien, asçauoir son iugement. Son institution, son trauail et estude ne vise qu'a le former*.

C'est, disoit Epicharmus, l'entendement qui voit et qui oyt; c'est l'entendement qui approfite tout, qui dispose tout, qui agit, qui domine et qui regne : toutes autres choses sont aueugles, sourdes et sans ame.

[1] *BC aj. :*
« *Che non men che saper, dubbiar m'aggrada* ».

Certes nous le rendons seruile et coüard, pour ne luy
laisser la [1] liberté de rien faire de soy. Qui demanda
iamais a son disciple ce qu'il luy semble* de telle ou
telle sentence de Ciceron? On nous les placque en la
memoire toutes empennées, comme des oracles, ou les
lettres et les syllabes sont de la substance de la chose*.
Ie voudrois que Le Paluël ou Pompée, ces beaus dan-
seurs*, apprinsent des caprioles a les voir seulement
faire, sans nous bouger de nos places, comme ceux cy
veulent instruire nostre entendement, sans l'esbranler
et mettre en besogne [2]*. Or, a cet apprentissage, tout
ce qui se presente a nos yeux sert de liure suffisant.
La malice d'vn page, la sottise d'vn valet, vn propos
de table, ce sont autant de nouuelles matieres.

A cete cause, le commerce des hommes y est merueilleusement propre, et la visite des païs estrangers [3],
non pour en raporter seulement, a la mode de nostre
noblesse Françoise, combien de pas a *Santa Rotonda,*
ou la richesse des calessons de la signora Liuia, ou,
comme d'autres, combien le visage de Neron, de quelque vielle ruine de la, est plus long ou plus large que
celuy de quelque pareille medaille; mais pour en raporter principalement les humeurs de ces nations et
leur façons, et pour frotter et limer nostre ceruelle
contre celle d'autruy. Ie voudrois qu'on commençast
a le promener des sa tendre enfance; et premierement,
pour faire d'vne pierre deux coups, par les nations
voisines qui ont le langage plus esloigné du nostre, et
auquel, si vous ne la formés de bon heure, la langue
ne se peut façonner.

---

[1] *BC* : « sa ».
[2] *Vulg. supp.* : « et mettre en besogne ».
[3] *BC* : « estranges ».

Aussi bien est ce vne opinion receüe d'vn chacun, que ce n'est pas raison de nourrir vn enfant au gyron de ses parens. Cet' amour naturelle les attendrist trop et relasche, voire les plus sages. Ils ne sont capables ny de chatier ses fautes, ny de le voir nourri grossierement, comm' il faut, et sans delicatesse. Ils ne le sçauroient souffrir reuenir suant et pouldreux de son exercice, ny le voir hazarder, tantost sur vn cheual farouche, tantost vn floret au poing, tantost vn' harquebouse[1]. Car il n'y a remede : qui en veut faire vn homme de bien, sans doubte il le faut hazarder vn peu en céte ieunesse, et souuent choquer les regles de la medecine*. Et puis l'authorité du gouuerneur, qui doit estre souueraine sur luy, s'interrompt et s'empesche par la presence des parens ; ioint que ce respect que la famille luy porte, la connoissance des moyens et grandeurs de sa maison, ce ne sont, a mon opinion, pas legieres incommodités en cet aage.

En céte escole du commerce des hommes, i'ay souuent remarqué ce vice, qu'au lieu de prendre connoissance d'autruy, nous ne trauaillons qu'a la donner de nous, et sommes plus en peine d'emploiter nostre marchandise que d'en acquerir de nouuelle. Le silence et la modestie sont qualitez tres-commodes a la conuersation des hommes. On dressera cet enfant a estre espargnant et mesnagier de sa suffisance, quand il l'ara acquise ; a ne se fourmalizer point des sottises et fables qui se diront en sa presence : car c'est vne inciuile importunité de choquer tout ce qui n'est pas de nostre goust*. On luy apprendra· a n'entrer en discours et contestation que ou il verra vn champion digne de sa

---

[1] *Vulg. modifie ce passage.*

luite; et, la mesmes, à n'employer pas tous les tours
qui luy peuuent seruir, mais ceux la seulement qui
luy peuuent le plus seruir. Qu'on le rende delicat au
chois et triage de ses raisons, et aymant la pertinence,
et par consequent la briefueté. Qu'on l'instruise sur
tout a se rendre et a quitter les armes a la verité tout
aussi tost qu'il l'aperceura, soit qu'elle naisse es mains
de son aduersaire, soit qu'elle naisse en luy mesmes
par quelque rauisement : car il ne sera pas mis en
chaise pour dire vn rolle prescript; il n'est engagé a
nulle cause que par ce qu'il l'appreuue, ny ne sera du
mestier ou se vent, a purs deniers contans, la liberté
de se pouuoir rauiser et reconnoistre*.

Que sa conscience et sa vertu reluisent iusques a
son parler. Qu'on luy face entendre que de confesser
la faute qu'il descouurira en son propre discours, encore qu'elle ne soit aperceüe que par luy, c'est vn effect
de iugement et de sincerité, qui sont les principales
qualitez qu'il cherche*. On l'aduisera, estant en compagnie, d'auoir les yeux par tout : car ie trouue que
les premiers sieges sont communement saisis par les
hommes moins capables, et que les grandeurs de fortune ne se trouuent guieres meslées a la suffisance :
i'ay veu, ce pendant qu'on s'entretenoit au haut bout
d'vne table de la beauté d'vne tapisserie ou du goust
de la maluoisie, se perdre beaucoup de beaus traitz a
l'autre bout. Il sondera la portée d'vn chacun : vn
bouuier, vn masson, vn passant, il faut tout mettre
en besongne, et emprunter chacun selon sa marchandise, car tout sert a mesnage; la sottise mesmes et
foiblesse d'autruy luy sera instruction. A controller
les graces et façons d'vn chacun, il s'engendrera enuie
des bonnes et mespris des mauuaises.

Qu'on luy mette en fantasie vne honeste curiosité de s'enquerir de toutes choses. Tout ce qu'il y aura de singulier autour de luy, il le verra : vn bastiment, vne fontaine, vn homme, le lieu d'vne bataille ancienne, le passage de Cæsar ou de Charlemaigne*. Il s'enquerra des meurs, des moyens et des alliances de ce Prince et de celuy la : ce sont choses tres-plaisantes a apprendre et tres-vtiles a sçauoir.

En céte pratique des hommes, i'entens y comprendre, et principalement, ceux qui ne viuent qu'en la memoire des liures. Il pratiquera, par le moyen des histoires, ces grandes ames des meilleurs siecles. C'est vn vain estude, qui veut et qui ne se propose autre fin que le plaisir [1] : mais qui veut aussi, c'est vn estude de fruit inestimable*. Quel profit ne fera il, en céte part-la, a la lecture des vies de nostre Plutarque? Mais que mon guide se souuienne ou vise sa charge, et qu'il n'imprime pas tant a son disciple* ou morut Marcellus, que pourquoy il fut indigne de son deuoir qu'il mourut la. Qu'il ne luy apprenne pas tant les histoires, qu'a en iuger*. Il y a, dans cet autheur, beaucoup de discours estandus, tres-dignes d'estre sceuz; car, a mon gré, c'est le maistre ouurier de telle besongne. Mais il y en a mille et mille qu'il n'a que touché simplement; il guygne seulement au doigt par ou nous irons, s'il nous plait, et se contente quelquefois de ne donner qu'vne attainte dans le plus vif d'vn propos. Il les faut arracher de la, et mettre en place marchande*. Cela mesme de voir Plutarque trier vne legiere action en la vie d'vn homme, ou vn mot qui semble ne porter pas, cela [2] c'est vn discours. C'est dommage que les gens

[1] *Vulg. supp. :* « et qui... le plaisir ».
[2] *Vulg. :* « pas cela, c'est ».

d'entendement ayment tant la briefueté : sans doute
leur reputation en vaut mieux, mais nous en valons
moins. Plutarque aime mieux que nous le vantons de
son iugement que de son sçauoir; il ayme mieux nous
laisser desir de soi que sacieté. Il sçauoit qu'es choses
bonnes mesmes on peut trop dire, et que Alexandridas
reprocha iustement a celuy qui tenoit aux Ephores de
bons propos, mais trop longs : « O estrangier, tu dis
ce qu'il faut autrement qu'il ne faut.» *.

Il se tire vne merueilleuse clarté pour le iugement
humain de ce commerce des hommes. Nous sommes
tous contraints et amoncellez en nous mesmes, et auons
la veüe racourcie a la longueur de nostre nez. On demandoit a Socrates d'ou il estoit; il ne respondit pas,
d'Athenes; mais, du monde. Luy, qui auoit son imagination plus plaine et plus estandue, embrassoit l'vniuers comme sa ville, iettoit ses connoissances, sa societé
et ses affections a tout le genre humain; non pas comme
nous, qui ne regardons qu'a nos piedz. Quand les
vignes gelent en son vilage, mon prestre en argumente
l'ire de Dieu sur la race humaine, et iuge que la pepie
en tienne des-ia les Cannibales. A voir nos gueres
ciuiles, qui ne crie que céte machine se bouleuerse, et
que le iour du iugement nous tient au colet, sans s'aduiser que plusieurs pires choses se sont veües, et que
les dix mille parts du monde ne laissent pas de galler
le bon temps ce pendant? * A qui il gresle sur la teste,
tout l'hemisphere semble estre en tempeste et orage;
et disoit le Sauoiart que, si ce sot de Roy de France
eut sceu bien conduire sa fortune, il estoit homme
pour deuenir maistre d'hostel de son Duc : son imagination ne conceuoit nulle plus esleuée grandeur que
celle de son maistre*. Mais qui se presente, comme

dans vn tableau, céte grand' image de nostre mere nature en son entiere magesté; qui lit, en son visage, vne
si generale et constante varieté; qui se remarque la
dedans, et non soy, mais tout vn royaume, comme vn
traict d'vne pointe tresdelicate, celuy la seul estime
les choses selon leur iuste grandeur.

Ce grand monde, que les vns multiplient encore
comme especes soubs vn genre, c'est le miroüer ou il
nous faut regarder pour nous connoistre de bon biaiz.
Somme, ie veux que ce soit le liure de mon escolier. Tant
d'humeurs, de sectes, de iugemens, d'opinions, de loix
et de coustumes, nous apprennent a iuger sainement
des nostres, et apprennent nostre iugement a reconnoistre son imperfection et sa naturelle foiblesse : qui n'est
pas vn legier apprentissage. Tant de remuementz d'estat
et changementz de fortune, nous instruisent a ne faire
pas grande recepte de la nostre. Tant de noms, tant
de victoires et conquestes enseuelies soubz l'obliance
rendent ridicule l'esperance d'eterniser nostre nom par
la prise de dix argoletz et d'vn poullailler, qui n'est
conneu que de sa cheute. L'orgueil et la fierté de tant
de pompes estrangieres, la magesté si enflée de tant de
cours et de grandeurs nous fermit et assure la veüe a
soustenir l'esclat des nostres, sans siller les yeux. Tant
de milliasses d'hommes enterrez auant nous nous en-
coragent a ne craindre d'aller trouuer si bonne compagnie en l'autre monde; ainsi du reste*.

Aux exemples se pourront proprement assortir tous
les plus profitables discours de la philosophie, a laquelle
se doiuent toucher les actions humaines, comme a leur
reigle. On lui dira* que c'est que sçauoir et ignorer;
qui doit estre le but de l'estude; que c'est que vaillance,
temperance et iustice; ce qu'il y a a dire entre l'ambi-

tion et l'auarice, la seruitude et la subiection, la licence
et la liberté; a quelles marques on connoit le vray et
solide contentement; iusques ou il faut craindre la
mort, la douleur et la honte*; quels ressors nous meuuent, et le moyen de tant de diuers branles en nous :
car il me semble que les premiers discours dequoy on
luy doit abreuuer l'entendement, ce doiuent estre ceux
qui reglent ses meurs et son sens, qui luy apprendront
a se connoistre et a sçauoir bien mourir et bien viure*.

> *Sapere aude,*
> *Incipe : viuendi qui recte prorogat horam,*
> *Rusticus expectat dum defluat amnis; at ille*
> *Labitur, et labetur in omne volubilis æuum.*

C'est vne grande simplesse d'apprendre a nos enfans*
le mouuement de la huitiesme sphere, auant que les
leurs propres.

> Τί Πλειάδεσσι κἀμοί;
> Τί δ'ἀστράσι Βοώτεω;

*Apres qu'on luy aura apris ce qui sert a le faire
plus sage et meilleur, on l'entretiendra que c'est que
logique, musique, geometrie, rhetorique; et la science
qu'il choisira, ayant des-ia goust et iugement formé,
il en viendra bien tost a bout. Sa leçon se fera tantost
par deuis, tantost par liure; tantost son gouuerneur
luy fournira de l'autheur mesme, propre a céte fin de
son institution; tantost il luy en donnera la moelle et
la substance toute maschée. Et, si de soy mesme il
n'est assez familier des liures pour y trouuer tant de
beaus discours qui y sont, pour l'effect de son dessein,
on luy pourra ioindre quelque homme de letres, de
qui, a chasque besoing, il retire les munitions qu'il luy

I. 8

faudra, pour apres, a sa mode, les distribuer et dispenser a son nourrisson. Et que céte leçon, qui est la philosophie [1], ne soit plus aisée et naturelle que celle de Gaza, qui y peut faire doubte? Ce sont la preceptes espineux et mal plaisans, et des motz vains et descharnés, ou il n'y a nulle prise, rien qui vous esueille l'esprit, rien qui vous chatouille [2]. En céte cy, l'ame trouue ou mordre, ou se paistre et ou se gendarmer [3]. Ce fruit est plus grand, sans comparaison, et si sera plustot meury.

C'est grand cas que les choses en soient la, en nostre siecle, que la philosophie, ce soit, iusques aus gens d'entendement, vn nom vain et fantastique, de nul vsage et de nul pris [4]. Ie croy que ces ergotismes en sont cause, qui ont saisi toutes ses auenues. On a grand tort de la peindre inaccessible aux enfans, et d'vn visage refrongné, sourcilleux et horrible. Qui me l'a masquée de ce faux visage, pasle et hideux? Il n'est rien plus gay, plus gaillard, plus enioué, et a peu que ie ne die follastre. Elle ne presche que feste et bontemps. Vne mine triste et transie monstre que ce n'est pas la son giste. Demetrius le grammairien, rencontrant dans le temple de Delphes vne trouppe de philosophes assis ensemble, il leur dit : « Ou ie me trompe, ou, a vous voir la contenance si paisible et si gaye, vous n'estes pas en grand discours entre vous. » A quoy l'vn d'eux, Heracleon le Megarien, respondit : « C'est a faire a ceux qui cherchent si le futur du verbe βάλλω a double λ, ou qui cherchent la deriuation des compa-

---

[1] Vulg. supp. : « qui est la philosophie ».
[2] Vulg. supp. : « rien qui vous chatouille ».
[3] Vulg. supp. : « ou se gendarmer ».
[4] Vulg. remanie cette phrase.

ratifs χεῖρον et βέλτιον, et des superlatifs χείριστον et
βέλτιστον, qu'il faut rider le front, s'entretenant de leur
science; mais, quant aux discours de la philosophie, ils
ont accoustumé d'esgayer et resiouir ceux qui les traictent, non les refroigner et contrister »*. L'ame qui
loge la philosophie doit, par sa santé, rendre sain encores le corps. Elle doit faire luire iusques au dehors
son contentement, son repos et son aise; doit former a
son mole le port exterieur, et le garnir, par consequent,
d'vne gratieuse fierté, d'vn maintien actif et allegre,
et d'vne contenance rassise et debonnaire*. C'est Ba-
roco et Baralipton qui rendent leurs suppostz ainsi
marmiteus et enfumés; ce n'est pas elle : ils ne la connoissent que par ouir dire. Comment? elle faict estat
de serainer les tempestes de la fortune, et d'apprendre
la fain et les fiebures a rire, et non par quelques epi-
cycles imaginaires, mais par raisons grossieres, mania-
bles et palpables*. Puis que c'est elle qui nous instruict
a viure, et que l'enfance y a sa leçon comme les autres
eages, pourquoy ne la luy communique l'on?* On
nous apprent a viure quand la vie est passée. Cent
escoliers ont pris la verolle auant que d'estre arriués a
leur leçon d'Aristote, de la temperance*. Ce sont abus :
ostez toutes ces subtilitez espineuses de la dialectique,
dequoy nostre vie ne se peut amender, prenés les simples discours de la philosophie, sçachés les choisir et
traitter a point : ils sont plus aisez a conceuoir qu'vn
conte de Boccace; vn enfant en est capable au partir
de la nourrisse, beaucoup mieus que d'aprendre a lire
ou escrire. La philosophie a des discours pour la naissance des hommes, comme pour la decrepitude.

Ie suis de l'aduis de Plutarche, qu'Aristote n'amusa
pas tant son grand disciple a l'artifice de composer

syllogismes, ou aux principes de geometrie, comme a
l'instruire des bons preceptes touchant la vaillance,
proüesse, la magnanimité et temperance, et l'asseurance de ne rien craindre; et, auec cete munition, il
l'enuoia encores enfant subiuguer l'empire du monde
auec seulement 30,000 hommes de pied, 4,000 cheuaux et quarante deux mille escuz. Les autres arts et
sciences, dict il, Alexandre les honoroit bien, et loüoit
leur excellence et gentillesse; mais, pour plaisir qu'il y
prit, il n'estoit pas facile a se laisser surprendre a l'affection de les vouloir excercer*.

Pour tout cecy, ie ne veux pas qu'on emprisonne
cet enfant dans vn colliege; ie ne veux pas qu'on l'a-
bandonne a la colere et humeur melancholique d'vn
furieux maistre d'escole; ie ne veux pas corrompre son
esprit a le tenir a la ghene et au trauail, a la mode des
autres, quatorze ou quinze heures par iour, comme
vn portefaiz*; ny ne veux gaster ses meurs genereuses
par l'inçiuilité et barbarie d'autruy. La sagesse Françoise a esté anciennement en prouerbe, pour vne sagesse qui prenoit de bon'heure et n'auoit guieres de
tenue. A la verité, nous voions encores qu'il n'est rien
si gentil que les petitz enfans en France; mais ordinairement ils trompent l'esperance qu'on en a conceüe,
et, hommes faicts, on n'y voit nulle excellence. I'ay ouy
tenir a gens d'entendement que ces colleges, ou on les
enuoye, dequoy ils ont foison, les abrutissent ainsi.

Au nostre, vn cabinet, vn iardin, la table et le lit,
la solitude, la compagnie, le matin et le vespre, toutes
heures luy seront vnes; toutes places luy seront estude:
car la philosophie, qui, comme formatrice des iugemens
et des meurs, sera sa principale leçon, a ce priuilege
de se mesler par tout. Isocrates, l'orateur, estant prié

en vn festin de parler de son art, chacun trouue qu'il
eut raison de respondre : « Il n'est pas maintenant
temps de ce que ie sçay faire, et ce dequoy il est maintenant temps, ie ne le sçay pas faire. » Car de presenter
des harangues ou des disputes de rhetorique a vne
compagnie assemblée pour rire et faire bonne chere,
ce seroit vn meslange de trop mauuais accord ; et
autant en pourroit on quasi dire de toutes les autres
sciences ; mais, quant a la philosophie, en la partie ou
elle traite de l'homme et de ses deuoirs et offices, ça
esté le iugement commun de tous les sages que, pour
la douceur de sa conuersation, elle ne deuoit estre
refusée ny aux festins ny aux ieux ; et Platon l'ayant
conuiée a son Conuiue, nous voions comme elle entre-
tient l'assistence d'vne façon molle et accommodée au
temps et au lieu, quoy que ce soit de ces plus hauts
discours et plus salutaires.

Æque pauperibus prodest, locupletibus æque ;
Et, neglecta, æque pueris senibusque nocebit.

Ainsi, sans doute, il chomera moins que les autres.
Mais, comme les pas que nous emploions a nous promener dans vne galerie, quoy qu'il y en ait trois fois
autant, ne nous lassent pas comme ceux que nous
mettons a quelque chemin desseigné, aussi nostre leçon,
se passant comme par rencontre, sans obligation de
temps et de lieu, et se meslant a toutes nos actions, se
coulera sans se faire sentir ; les ieuz mesmes et les
exercices seront vne partie de l'estude : la course, la
luite*, la danse, la chasse, le maniement des cheuaux
et des armes. Ie veux que la bien seance exterieure et
l'entregens* se façonnent quant et quant l'ame. Ce
n'est pas vne ame, ce n'est pas vn corps qu'on dresse :

c'est vn homme ; il n'en faut pas faire a deux. Et, comme
dict Platon, il ne faut pas les exercer l'vn sans l'autre,
mais les conduire également, comme vne couple de
cheuaux attelez a mesme timon *.

Au demeurant, toute céte institution se doit conduire par vne seuere douceur, non comme aux colleges,
ou, au lieu de conuier les enfans aux lettres et leur en
donner goust, on ne leur presente, a la verité, qu'horreur et cruauté. Ostés moy la violence et la force : il
n'est rien, a mon aduis, qui abastardisse et estourdisse
si fort vne nature bien née. Si vous auez enuie qu'il
craingne la honte et le chastiment, ne l'y endurcissez
pas. Endurcissés le a la sueur et au froid, au vent et
au soleil, et aux hazards qu'il luy faut mespriser.
Ostez luy toute mollesse et delicatesse au vestir et
coucher, au menger et au boire. Accoustumés le a tout.
Que ce ne soit pas vn beau garson et dameret, mais vn
garson vert et vigoureux *.

Toute estrangeté et particularité en nos meurs et
conditions est euitable, comme ennemie de communication et de societé *. I'en ay veu fuir la senteur des
pomes plus que les harquebusades ; d'autres, s'effrayer
pour vne souris ; d'autres rendre leur [1] gorge a voir de
la creme *. Il y peut auoir a l'aduenture a cela quelque
proprieté occulte ; mais on l'estaindroit, a mon aduis,
qui s'y prendroit de bon' heure. L'institution a gaigné
cela sur moy (il est vray que ce n'a point esté sans
quelque soing) que, sauf la biere, mon goust est accommodable a toutes choses dequoy on se paist.

Le corps encore souple, on le doit a céte cause plier
a toutes façons et coustumes. Et, pourueu qu'on puisse

---

[1] *BC* : « la ».

tenir l'appetit et la volonté soubz boucle, qu'on rende hardiment vn ieune homme commode a toutes nations et compagnies, voire au desreglemeut et aux exces, si besoing est*. Qu'il puisse faire toutes choses, et n'ayme a faire que les bonnes. Les philosophes mesmes ne treuuent pas loüable en Callisthenes d'auoir perdu la bonne grace du grand Alexandre, son maistre, pour n'auoir voulu boire d'autant a luy. Il rira, il folastrera, il se desbauchera auec son Prince. Ie veux qu'en la desbauche mesme il surpasse en vigueur et en fermeté ses compaignons, et qu'il ne laisse a faire le mal ny a faute de force, ny de science, mais a faute de volonté*. Ie pensois faire honneur a vn seigneur aussi eslongné de ces debordemens qu'il en soit en France, de m'enquerir a luy en bonne compaignie combien de fois en sa vie il s'estoit enyuré. pour la necessité des affaires du Roy, en Allemaigne; il le print de céte mesme façon, et me respondit que c'estoit trois fois, lesquelles il recita. I'en sçay qui, a faute de céte faculté, se sont mis en grand peine, ayantz a praticquer céte nation. I'ay souuent remarqué auec grand' admiration céte merueilleuse nature d'Alcibiades, de se transformer si ayséement a façons si diuerses, sans interest de sa santé : surpassant tantost la somptuosité et pompe Persienne, tantost l'austerité et frugalité Lacedemoniene; autant reformé en Sparte, comme voluptueux en Ionië.

Omnis Aristippum decuit color, et status, et res.

Tel voudrois-ie former mon disciple.

> *Quem duplici panno patientia velat,*
> *Mirabor, vitæ via si conuersa decebit,*
> *Personamque feret non inconcinnus vtramque.*

Voicy mes leçons, ou le faire va auec le dire. Car a
quoy sert il qu'on presche l'esprit, si les effectz ne vont
quant et quant? On verra a ses entreprises s'il y a de
la prudence, s'il y a de la bonté en ses actions, de
l'indifference en son goust, soit chair, poisson, vin ou
eau. Il ne faut pas seulement qu'il die sa leçon, mais
qu'il la face [1]. Zeuxidamus respondit a vn qui luy demanda pourquoy les Lacedemoniens ne redigeoyent
par escrit les ordonnances de la prouësse, et ne les
donnoient a lire a leurs ieunes gens, que c'estoit par
ce qu'ils les vouloient acoustumer aus faicts, non pas
aus escritures. Comparés, au bout de quinze ou seze
ans, a cestuy cy vn de ces Latineurs de college, qui aura
mis autant de temps a n'apprendre simplement qu'a
parler. Le monde n'est que babil, et ne vis iamais
homme qui ne die plustot plus que moins qu'il ne doit.
Toutes-fois la moitié de nostre aage s'en va la. On
nous tient quatre ou cinq ans a entendre les mots et
les coudre en clauses; encores autant a en propor-
tionner vn grand corps, estandu en quatre ou cinq
parties; et autres cinq, pour le moins, a les sçauoir
brefuement mesler et entrelasser de quelque subtile
façon. Laissons cela a ceux qui en font profession expresse.

Allant vn iour a Orleans, ie trouuay, dans cete plaine
au deça de Clery, deus regens qui venoient a Bourdeaux, enuiron a cinquante pas l'vn de l'autre; plus
loing, derriere eux, ie descouuris vne troupe et vn
maistre en teste, qui estoit feu monsieur le Conte de
La Rochefoucaut. Vn de mes gens s'enquit au premier
de ces regens, qui estoit ce gentil'homme qui venoit

---

[1] *Vulg. remanie et développe ce passage, depuis : « Voicy mes
leçons », exclusivement.*

apres luy. Luy, qui n'auoit pas veu ce trein qui le
suiuoit, et qui pensoit que on luy parlast de son compagnon, respondit plaisamment : « Il n'est pas gentil'
homme : c'est vn grammairien, et ie suis logicien. »
Or, nous qui cerchons icy, au rebours, de former, non
vn grammairien ou logicien, mais vn gentil'homme,
laissons les abuser de leur loisir : nous auons affaire
ailleurs. Mais que nostre disciple soit bien garny de
choses, les parolles ne suiuront que trop. Il les trai-
nera, si elles ne veulent suiure. I'en oy qui s'excusent
de ne se pouuoir exprimer, et font contenance d'auoir
la teste pleine de plusieurs belles choses, mais, a faute
d'eloquence, ne les pouuoir mettre en euidence : c'est
vne baye. Sçaués vous, a mon aduis, que c'est que
cela? Ce sont des ombrages qui leur vienent de quelques conceptions informes, qu'ils ne peuuent desmeler
et esclarcir au dedans, ny par consequant produire au
dehors. Ils ne s'entendent pas encores eux mesmes; et
voyez les vng peu begayer sur le point de l'enfanter,
vous iugés que leur trauail n'est nullement a l'acou-
chement, mais qu'ilz ne font que lecher encores céte
matiere imparfaicte. De ma part, ie tiens* que qui a
en l'esprit vne viue imagination et claire, il la pro-
duira, soit en Bergamasque, soit par mines, s'il est muet,

Verbaque præuisam rem non inuita sequentur.

Et comme disoit cet autre, aussi poetiquement en sa
prose : *Cum res animum occupauere, verba ambiunt*.*
Il ne sçait pas ablatif, coniunctif, substantif, ny la
grammaire; ne faict pas son laquais ou vne harangiere
du petit pont, et si vous entretiendront tout vostre
soul, si vous en auez enuie, et se desferreront aussi
peu a l'aduenture aux regles de leur langage que le

meilleur maistre es arts de France. Il ne sçait pas la
rhetorique, ny, pour auant ieu, capter la beneuolance
du candide lecteur, ny ne luy chaut de le sçauoir. De
vray, toute céte belle peinture s'efface aiséement par le
lustre d'vne verité simple et naifue. Ces gentilesses ne
séruent que pour amuser le vulgaire incapable de
gouster la viande plus massiue et plus ferme, comme
Afer monstre bien clairement ches Tacitus. Les Ambassadeurs de Samos estoient venus a Cleomenes, Roy
de Sparte, preparez d'vne belle et longue oraison, pour
l'esmouuoir a la guerre contre le tyran Polycrates..
Apres qu'il les eust bien laissé dire, il leur respondit :
« Quant a vostre commancement et exorde, il ne m'en
souuient plus, ny par consequent du milieu ; et quant
a vostre conclusion, ie n'en veux rien faire. » Voila
vne belle responce, ce me semble, et des harangueurs
bien cameus *. Au fort de l'eloquence de Cicero, plusieurs en estoient tirés en admiration ; mais Caton n'en
faisant que rire : « Nous auons, disoit il, vn plaisant
Consul. » Aille deuant ou apres, vn vif argument, vn
beau traict est tousiours de saison *. Ie ne suis pas de
ceux qui pensent la bonne rime faire le bon poesme :
laissez luy allonger vne courte syllabe, s'il veut, pour
cela non force ; si les inuentions y rient, si l'esprit et
le iugement y ont bien ioué leur rolle, voila vn bon
poëte, diray ie, mais vn mauuais versificateur *. Qu'on
face, dict Horace, perdre a son ouurage toutes ces [1]
coustures et mesures *, il ne se démentira point pour
cela ; les pieces mesmes en seront belles. C'est ce que
respondit Menander, comme on le tensat, approchant
le iour auquel il auoit promis vne comedie, dequoy il

---

[1] *A BC donnent* : « ces » ; *mais il faudrait* : « ses », *qui a été
rétabli par Montaigne, en 1588.*

n'y auoit encore mis la main : « Elle est composée et
preste, il ne reste qu'a y adiouster les vers. » Ayant les
choses et la matiere en l'ame disposée et rangée, il
mettoit en peu de compte les mots, les pieds et les
cesures, qui sont, a la verité, de fort peu au pris du
reste [1]. Et qu'il soit ainsi, despuis que Ronsard et du
Bellay ont mis en honneur nostre poësie Françoise, ie
ne vois si petit apprentis qui n'enfle des motz, qui ne
renge les cadences a plus pres comme eus mesmes*.
Pour le vulgaire, il ne fut iamais tant de poëtes; mais,
comme il leur a esté bien aisé de representer leurs
rimes, ils demeurent bien aussi court a imiter les riches descriptions de l'vn, et les delicates inuentions de
l'autre.

Voire mais, que fera il si on le presse de la subtilité
sophistique de quelque syllogisme? Le iambon fait
boire; le boire desaltere : parquoy le iambon desaltere*.
Si ces sottes finesses* luy doiuent persuader vne mensonge, cela est dangereux; mais si elles demeurent sans
effect, et ne l'esmeuuent qu'a rire, ie ne voy pas pourquoy il s'en doiue donner garde. Il en est de si sots
qui se destournent de leur voie vn quart de lieüe, pour
courir apres vn beau mot*. Au rebours, c'est aux parolles a seruir et a suiure, et que le Gascon y arriue,
si le François n'y peut aller. Ie veux que les choses
surmontent, et qu'elles remplissent de façon l'imagination de celuy qui escoute, qu'il n'aie nulle souuenance des motz. Le parler que i'ayme, c'est vn parler
simple et naif, tel sur le papier qu'a la bouche. Vn
parler succulent et nerueux, court et serré*, plustot
difficile que enüieux; esloingné d'affectation et d'arti-

---

[1] *Vulg. abrége cette phrase et modifie le commencement de la
suivante.*

fice, desreglé, descousu et hardy; chaque lopin y face
son corps; non pedantesque, non fratresque, non plei-
deresque, mais plustost soldatesque, comme Suetone
appelle celuy de Iulius Cæsar*. Qu'on luy reproche
hardiment ce qu'on reprochoit a Senecque, que son
langage estoit de chaux viue, mais que le sable en estoit a dire [1]*.

Ie n'ayme point de tissure ou les liaisons et les cou-
tures paroissent; tout ainsi qu'en vn corps, il ne faut
qu'on y puisse conter les os et les veines*. Les Atheniens (dict Platon) ont, pour leur part, le soing de
l'abondance et elegance du parler; les Lacedemoniens,
de la briefueté; et ceux de Crete, de la fecundité des
conceptions plus que du langage. Ceux cy sont les
miens [2]. Zenon disoit qu'il auoit deux sortes de disci-
ples : les vns, qu'il nommoit φιλολόγους, curieux d'apprendre les choses, qui estoient ses mignons; les autres,
λογοφίλους, qui n'auoient soing que du langage. Ce n'est
pas a dire que ce ne soit vne belle et bonne chose que
le bien dire; mais non pas si bonne qu'on la faict, et
suis despit dequoy nostre vie s'embesongne tout' a cela.
Ie voudrois premierement bien sçauoir ma langue, et
celle de mes voisins, ou i'ay plus ordinaire commerce :
c'est vn bel et grand agencement sans doubte que le
Grec et Latin, mais on l'achepte trop cher. Ie diray
icy vne façon d'en auoir meilleur marché que de coustume, qui a esté essayée en moy mesmes; s'en seruira
qui voudra.

Feu mon pere, ayant faict toutes les recherches
qu'homme peut faire, parmy les gens sçauans et d'entendement, d'vne forme d'institution exquise, fut aduisé

---

[1] *Vulg. supp. cette phrase.*
[2] *Vulg. : « les meilleurs ».*

de cet inconuenient qui estoit en vsage ; et luy disoit
on que céte longueur que nous mettions a apprendre
les langues estoit la seule cause pourquoy [1] nous ne
pouuions arriuer a la* perfection de sciance des anciens
Grecs et Romains, d'autant que le langage ne leur
coutoit rien. Ie ne les en croy pas, que ce en soit la
seule cause [2]. Tant y a que l'expedient que mon pere
y trouua, ce fut que, iustement au partir de la nourrice [3]*, il me donna en charge a vn Alleman, qui depuis
est mort fameux medecin en France, du tout ignorant
de nostre langue et tres-bien versé en la Latine. Cetuy-
cy, qu'on [4] auoit faict venir expres, et qui estoit bien
cherement gagé, m'auoit continuelement entre les bras.
Il en eut aussi auec luy deux autres, moindres en sçauoir, pour m'accompagner et seruir, et soulager le
premier ; ceux cy ne m'entretenoient d'autre langue
que Latine. Quant au reste de sa maison, c'estoit vne
regle inuiolable que ny luy mesme, ny ma mere, ny
valet, ny chambriere, ne parloint en ma compagnie
qu'autant de mots de Latin que chacun auoit apris
pour iargonner auec moy. C'est merueille du fruict
que chacun y fit : mon pere et ma mere y apprindrent
assez de Latin pour l'entendre, et en acquirent a suffisance pour s'en seruir a la necessité, comme firent
aussi les autres domestiques qui estoient plus attachés
a mon seruice. Somme, nous nous latinizâmes tant
qu'il en regorgea iusques a nos villages tout au tour,
ou il y a encores et ont pris pied par l'vsage plusieurs
appellations Latines d'artisans et d'vtils. Quant a moy,

[1] *C* : « dequoy ».
[2] *Vulg. remanie ce passage.*
[3] *Vulg. :* « ce fut qu'en nourrice ».
[4] *BC :* « qu'il ».

i'auois plus de six ans auant que i'entendisse non plus
de François ou de Perigordin que d'Arabesque; et,
sans art, sans liure, sans grammaire ou precepte, sans
fouët et sans contrainte, i'auois appris du Latin tout
aussi pur que mon maistre d'escole le sçauoit : car ie
ne le pouuois auoir meslé ny alteré. Si, par essay, on
me vouloit donner vn theme, a la mode des colleges, on
le donne aux autres en François, mais a moy il me le
falloit donner en mauuais Latin pour le tourner en
bon. Et Nicolas Grouchi, qui a escrit *de comitiis Ro-*
manorum, Guillaume Guerente, qui a commenté
Aristote, George Bucanan, ce grand poëte Escossois [1],
qui m'ont esté precepteurs, m'ont dict souuent despuis
que i'auois ce langage, en mon enfance, si prest et si
a main qu'ils craignoient eux mesmes a m'acointer.
Bucanan, que ie vis depuis a la suite de feu monsieur
le Mareschal de Brissac, me dict qu'il estoit apres a
escrire de l'institution des enfans, et qu'il prenoit le
patron de la mienne. Car il auoit lors en charge ce
Conte de Brissac que nous auons veu depuis si valeu-
reux et si braue.

Quant au Grec, duquel ie n'ai quasi du tout point
d'intelligence, mon pere desseignoit me le faire apprendre par art, mais d'vne voie nouuelle, par forme d'ebat
et d'exercice. Nous pelotions nos declinaisons a la maniere de ceux qui, par certains ieus de tablier, apprennent l'aritmetique et la geometrie. Car, entre autres
choses, il auoit esté conseillé sur tout de me faire
gouster la science et le deuoir par vne volonté non
forcée et de mon propre desir, et d'esleuer mon ame en
toute douceur et liberté, sans rigueur et contrainte; ie

[1] *BC aj.* : « Marc Antoine Muret* ».

dis iusques a telle superstition que, par ce que aucuns
tiennent que cela trouble la ceruelle tendre des enfans de
les esueiller le matin en effroy et en sursault, et [1] de les
arracher du sommeil (auquel ils sont plongés beaucoup
plus que nous ne sommes) tout a coup et par violence,
il me faisoit esueiller par le son de quelque instrument,
et auoit vn ioüeur d'espinette pour cet effect [2*].

Cest exemple suffira pour en iuger le reste, et pour
recommander aussi et le iugement et l'affection d'vn
si bon pere, auquel il ne se faut nullement prendre,
s'il n'a recueilli nuls fruitz respondans a vne si exquise
culture. Deux choses en furent cause : le champ sterile
et incommode ; car, quoy que i'eusse la santé ferme et
entiere, et quant et quant vn naturel doux et traitable,
i'estois parmy cela si poisant, mol et endormi, qu'on
ne me pouuoit arracher de l'oisiueté, non pas mesme
pour me mener ioüer. Ce que ie voiois, ie le voiois
d'vn iugement bien seur et ouuert, et, sous céte complexion endormie, nourrissois des imaginations bien
hardies et des opinions esleuées au dessus de mon aage.
L'esprit, ie l'auois mousse [3], et qui n'aloit qu'autant
qu'on le guidoit ; l'apprehention, tardiue ; l'inuention,
stupide [4] ; et, apres tout, vn incroiable defaut de memoire.
De tout cela, il n'est pas merueille s'il ne sceut rien
tirer qui vaille. Secondement, comme ceux que presse
vn furieux desir de guerison se laissent aller a toute
sorte de conseil, le bon homme, ayant extreme peur
de faillir en chose qu'il auoit tant a cœur, se laissa en
fin emporter a l'opinion commune, qui suit tousiours

[1] *BC supp.* : « et ».
[2] *BC supp.* : « et auoit... cet effect ».
[3] *BC* : « moussé ».
[4] *Vulg.* : « lasche ».

ceux qui vont deuant, comme les gruës, et se rengea a
l'vsage et a la coustume, n'ayant plus autour de luy
ceux qui luy auoient donné ces premieres institutions
qu'il auoit aportées d'Italie; et m'enuoia, enuiron mes
six ans, au college de Guienne, tres-florissant pour
lors, et le meilleur de France. Et la, il n'est possible
de rien adiouster au soing qu'il eut, et a me choisir des
precepteurs* tres-suffisans, et a toutes les autres circonstances de ma nourriture, en laquelle il reserua
plusieurs façons particulieres, contre l'vsage des colleges; mais tant y a que c'estoit tousiours college. Mon
Latin s'abastardit incontinent; duquel, depuis, par
desacoustumance, i'ay perdu tout l'vsage, et ne me
seruit céte mienne nouuelle institution que de me faire
eniamber d'arriuée aux premieres classes : car a treize
ans, que ie sortis du college, i'auoy acheué mon cours
(qu'ils appellent), et, a la verité, sans nul fruict que ie
peusse a present mettre en conte.

Le premier goust que i'eus aus liures, il me vint du
plaisir des fables de la Metamorphose d'Ouide ; car,
enuiron l'eage de sept ou huict ans, ie me desrobois
de tout autre plaisir pour les lire; d'autant que céte
langue estoit la mienne maternelle, et que c'estoit le
plus aisé liure que ie coneusse, et le plus accommodé
a la foiblesse de mon aage, a cause de la matiere : car
des Lancelotz du Lac*, des Huons de Bourdeaux, et
tels fatras de liures a quoy la ieunesse s'amuse, ie n'en
connoissois pas seulement le nom, ny ne fais encore le
corps, tant exacte estoit le soing qu'on auoit a mon
institution. Ie m'en rendois plus lâche a l'estude de
mes autres leçons contraintes. La il me vint singulierement a propos d'auoir affaire a vn homme d'entendement de precepteur, qui sceut dextrement conniuer

a céte mienne desbauche, et autres pareilles. Car, par la, i'enfilay tout d'vn train Vergile, en l'Æneide, et puis Terence, et puis Plaute et des comedies Italienes, lurré tousiours par la douceur du subiect. S'il eut esté si fol de me rompre ce train, i'estime que ie n'eusse raporté du college que la haine des liures, comme fait quasi toute nostre noblesse. Il s'y porta bien dextrement : car, faisant semblant de n'en voir rien, il aiguisoit ma faim, ne me laissant que, a la desrobée, gourmander ces liures, et me tenant doucement en office pour les autres estudes plus necessaires. Car les principales parties que mon pere cherchoit a ceux a qui il donnoit charge de moy, c'estoit la douceur et facilité des meurs; aussi n'auoint les mienes autre vice que la pesanteur et mollesse. Le dangier n'estoit pas que ie fisse mal, mais que ie ne fisse rien. Nul ne prognostiquoit que ie deusse deuenir mauuais, mais inutile. On y preuoyoit de la stupidité [1], non pas de la malice*.

Mon ame ne laissoit pourtant, en mesme temps, d'auoir, a part soy, des remuemens fermes*, qu'elle digeroit seule et sans aucune communication. Et, entre autres, ie croy a la verité qu'elle eut esté du tout incapable de se rendre a la force et a la violence*. Il n'y a tel que d'allecher l'appetit et l'affection; autrement on ne faict que des asnes chargés de liures : on leur donne, a coup de fouët, en garde leur pochette pleine de science; laquelle, pour bien faire, il ne faut pas seulement loger ches soy, il la faut espouser.

---

[1] *Vulg.* : « faineantise ».

I.

9

CHAPITRE VINTSETIESME.

C'EST FOLLIE DE RAPPORTER LE VRAY ET LE FAUX A* NOSTRE SVFFISANCE.

Ce n'est pas, a l'aduenture, sans raison que nous attribuons a simplesse et a ignorance la facilité de croire et de se laisser persuader : car il me semble auoir apris autrefois que la creance c'estoit comm' vn impression qui se faisoit en nostre ame; et, a mesure qu'elle se trouuoit plus molle et de moindre resistance, il estoit plus aysé a y empreindre quelque chose*. Voila pourquoy les enfans, le vulgaire, les fames et les malades estoient plus subiectz a estre menés par les oreilles; mais aussi, de l'autre part, c'est vne sotte presumption d'aller desdeignant et condamnant pour faux ce qui ne nous samble pas vray semblable : qui est vn vice ordinaire de ceus qui pansent auoir quelque suffisance outre la commune. I'en faisoy ainsi autrefois, et si i'oyois parler ou des espritz qui reuiennent, ou du prognostique des choses futures, des enchantemens, des sorceleries, ou faire quelque autre compte [1] ou ie ne peusse pas mordre,

> Somnia, terrores magicos, miracula, sagas,
> Nocturnos lemures, portentaque Thessala...

il me venoit compassion du pauure peuple abusé de ces follies. Et, a present, ie treuue que i'estoy pour le moins autant a plaindre moy mesme ; non que l'ex-

---

[1] C : « conte ».

perience m'aie depuis rien fait voir au dessus de mes
premieres creances, et si n'a pas tenu a ma curiosité;
mais la raison m'a instruit que de condamner ainsi
resoluement vne chose pour faulce et impossible, c'est
se donner l'aduantage d'auoir dans là teste les bornes
et limites de la volonté de Dieu et de la puissance de
nostre mere nature; et qu'il n'y a point de plus notable
follie au monde que de les ramener a la mesure de
nostre capacité et suffisance. Si nous appellons monstres ou miracles ce ou nostre raison ne peut aller,
combien s'en presente il continuellement a nostre veuë?
Considerons au trauers de combien de nüages et commant a tastons on nous meine a la connoissance de la
pluspart des choses qui nous sont entre mains : certes
nous trouuerons que c'est plustost accoustumance que
la science qui nous en oste l'estrangeté*, et que ces
choses la, si elles nous estoint presantées de nouueau,
nous les trouuerions autant ou plus incroiables que
nulles autres.

> *Si nunc primum mortalibus adsint*
> *Ex improuiso, ceu sint obiecta repente,*
> *Nil magis his rebus poterat mirabile dici,*
> *Aut minus ante quod auderent fore credere gentes.*

Celuy qui n'auoit iamais veu de riuiere, a la premiere
qu'il r'encontra, il pensa que ce fut l'Ocean; et les
choses qui sont a nostre connoissance les plus grandes,
nous les iugeons estre les extremes que nature face en
ce genre.

> *Et omnia de genere omni*
> *Maxima quæ vidit quisque, hæc ingentia fingit.*

*Il faut iuger des choses auec plus de reuerence de céte

infinie puissance de Dieu [1], et plus de reconnoissance de nostre ignorance et foiblesse. Combien y a il de choses peu vray semblables tesmoignées par gens dignes de foy, desquelles, si nous ne pouuons estre persuadés, au moins les faut il laisser en suspens? Car de les condamner impossibles, c'est se faire fort, par vne temeraire presumption, de sçauoir iusques ou va la possibilité*.

Quant on trouue, dans Froissard, que le Conte de Foix sceut, en Bearn, la defaite du Roy Iean de Castille, a Iuberoth, le lendemain qu'elle fut aduenue, et les moyens qu'il en allegue, on s'en peut moquer; et de ce mesme que nos annales disent que le Pape Honorius, le propre iour que le Roy Philippe Auguste mourut*, fit faire ses funerailles publiques, et les manda faire par toute l'Italie : car l'authorité de ces tesmoins n'a pas, a l'aduenture, assez de rang pour nous tenir en bride. Mais quoy? Si Plutarche, outre plusieurs exemples qu'il allegue de l'antiquité, dict sçauoir, de certaine science, que, du temps de Domitian, la nouuelle de la bataille perdue par Antonius, en Allemaigne, a plusieurs iournées de la, fut publiée a Rome et semée par tout le monde le mesme iour qu'elle auoit esté perdue; et si Cæsar tient qu'il est souuent aduenu que la nouuelle a deuancé l'accident : dirons nous pas que ces simples gens la se sont laissés piper apres le vulgaire, pour n'estre pas clair-uoians comme nous? Est il rien plus délicat, plus net et plus vif que le iugement de Pline, quand il lui plait de le mettre en ieu, rien plus esloingné de vanité? ie laisse a part l'excellence de son sçauoir, duquel ie fay moins de conte : en quelle partie de ces deux la le surpassons

[1] *Vulg.* : « de nature ».

nous? Toutefois, il n'est si petit escolier qui ne le con-
uainque de mensonge, et qui ne luy face sa leçon sur
le progres des ouurages de nature.

Quand nous lisons, dans Bouchet, les miracles des
reliques de sainct Hilaire, passe : son credit n'est pas
assez grand pour nous oster [1] la licence d'y contredire ;
mais de condamner d'vn train toutes pareilles histoires
me semble singuliere impudence. Ce grand sainct
Augustin tesmoigne auoir veu, sur les reliques sainct
Geruais et Protaise, a Milan, vn enfant aueugle recouurer la veüe ; vne femme, a Carthage, estre guerie
d'vn cancer par le signe de croix qu'vne femme nou-
uellement baptisée luy fit dessus ; Hesperius, vn sien
familier, auoir chassé les espritz qu'infestoient [2] sa
maison, auec vn peu de terre du sepulchre de nostre
Seigneur, et, céte terre depuis transportée a l'eglise, vn
paralitique, y estant apporté [3], auoir esté soudain gueri ;
vne fame, en vne procession, ayant touché a la chasse
saint Estienne d'vn bouquet, et de ce bouquet s'estant
frottée les yeux, auoir recouuré la veüe qu'elle auoit
pieça perdue ; et plusieurs autres miracles, ou il dict
luy mesmes auoir assisté. Dequoy accuserons nous et
luy et deux saincts Euesques, Aurelius et Maximinus,
qu'il appelle pour ses recors ? sera ce d'ignorance, simplesse, facilité, ou de malice et imposture ? Est il
homme, en nostre siecle, si impudent qui pense leur
estre comparable, soit en vertu et pieté, soit en sçauoir,
iugement et suffisance ?*

C'est vne hardiesse dangereuse et de consequence,
outre l'absurde temerité qu'elle traine quant et soy,

---

[1] C : « laisser ».

[2] B : « qui infestoient ».

[3] *Vulg. supp.* : « y estant apporté ».

de mespriser ce que nous n'entendons pas. Car apres
que, selon vostre beau entendement, vous auez estably
les limites de la verité et de la mensonge, et qu'il se
treuue que vous auez necessairement a croire des choses
ou il y a encores plus d'etrangeté qu'en ce que vous
niez, vous vous estés des-ia obligé de les abandonner.
Or, ce qui me semble aporter autant de desordre en
nos consciences, en ces troubles ou nous sommes de la
religion, c'est céte dispensation que les catholiques
font de leur creance : il leur semble qu'ils font bien
les moderés et les entendus quand ils quittent et cedent
aus aduerseres aucuns articles de ceux qui sont en
debat. Mais, outre ce qu'ils ne voient pas quel auantage c'est a celuy qui vous charge de commancer a luy
ceder et vous tirer arriere, et combien cela l'anime a
poursuiure sa victoire, ces articles la qu'ils choisissent
pour les plus legiers sont aucunefois tres-importans.
Ou il faut se submettre du tout a l'authorité de nostre
police ecclesiastique, ou du tout s'en dispenser; ce
n'est pas a nous a establir la part que nous luy debuons
d'obeissance. Et dauantage, ie le puis dire pour l'auoir
essayé, ayant autrefois vsé de céte liberté de mon chois
et triage particulier, en mettant a nonchaloir certains
points de l'obseruance de nôtre Eglise qui semblent
auoir vn visage ou plus vain ou plus estrange, venant
a en communiquer aus hommes sçauans et bien fondés[1],
i'ay trouué que ces choses la ont vn fondement massif
et tressolide, et que ce n'est que betise et ignorance
qui nous faict les receuoir auecq moindre reuerence
que le reste. Que ne nous souuient il combien nous
sentons de contradiction en nostre iugement mesmes?

---

[1] *Vulg. supp. :* « bien fondés ».

Combien de choses nous seruoient hier d'articles de foy qui nous sont auiourd'huy vaines mensonges? La gloire et la curiosité, ce sont les deux fleaux de nostre ame : céte cy nous conduit a mettre le nez par tout; et celle la nous defant de rien laisser irresolu et indecis.

CHAPITRE VINTHVITIESME.

DE L'AMITIÉ.

Considerant la conduicte de la besoingne d'vn peintre que i'ay, il m'a pris enuie de l'ensuiure. Il choisit le plus noble endroit et milieu de chasque paroy pour y loger vn tableau elabouré de toute sa suffisance, et, le vuide tout au tour, il le remplit de crotesques, qui sont peintures fantasques, n'ayants grace qu'en la varieté et estrangeté. Que sont-ce icy aussi, a la verité, que crotesques et corps monstrueux, rappiecez de diuers membres, sans certaine figure, n'ayants ordre, suite ny proportion que fortuite?

Desinit in piscem mulier formosa superne.

Ie vay bien iusques a ce segond point auec mon peintre; mais ie demeure court en l'autre et meilleure partie : car ma suffisance ne va pas si auant que d'oser entreprendre vn tableau riche, poly et formé selon l'art. Ie me suis aduisé d'en emprunter vn d'Estienne de La Boitie, qui honorera tout le reste de céte besogne. C'est vn discours auquel il donna nom : *De la seruitude volontaire;* mais ceus qui l'ont ignoré l'ont bien proprement depuis rebaptisé : *Le contre vn.* Il l'escriuit par maniere d'essay, en sa premiere ieunesse,

n'ayant pas attaint le dix-huitiesme an de son aage [1],
a l'honneur de la liberté contre les tyrans. Il court
pieça es mains des gens d'entendement, non sans bien
grande et meritée recommandation : car il est gentil et
plein tout ce qu'il est possible. Si y a il bien a dire
que ce ne soit le mieux qu'il peut faire, et si, en l'aage
que ie l'ay conneu plus auancé, il eut pris vn tel
desseing que le mien, de mettre par escrit ses fantasies,
nous verrions plusieurs choses rares et qui nous appro-
cheroient bien pres de l'honneur de l'antiquité. Car,
notamment en céte partie des dons de nature, ie n'en
connois nul qui luy soit comparable. Mais il n'est demeuré de lui que ce discours, encore par rancontre, et
croy qu'il ne le veit onques puis qu'il luy eschapa, et
quelques memoires sur cet edit de Ianuier, fameus
par nos guerres ciuiles, qui trouueront encores ailleurs [2]
leur place. C'est tout ce que i'ay peu recouurer de ses
reliques*, outre le liuret de ses œuures que i'ay faict
mettre en lumiere ; et si suis obligé particulierement
a céte piece, d'autant qu'elle a serui de moien a nostre
premiere accointance. Car elle me fut monstrée auant [3]
que ie l'eusse veu, et me donna la premiere connoissance de son nom, acheminant ainsi céte amitié que
nous auons nourrie, tant que Dieu a voulu, entre nous,
si entiere et si parfaite que certainement il ne s'en lit
guiere de pareilles. Entre nos hommes, il ne s'en voit
nulle trace en vsage. Il faut que tant de choses se rencontrent pour la bastir que c'est beaucoup si la fortune
y arriue vne fois en trois siecles.

Il n'est rien a quoy il semble que nature nous aye

---

[1] *Vulg. supp.* : « n'ayant... son aage ».
[2] *Vulg.* : « ailleurs peut estre ».
[3] *Vulg.* : « longue espace auant ».

plus acheminé qu'a la societé*. Or le dernier point de
sa perfection c'est cetuy-cy*. Car des enfans aux peres,
c'est plustost respect qu'amitié : l'amitié se nourrit de
communication, qui ne peut se trouuer entre eux pour
la trop grande disparité, et offenceroit a l'aduenture
les deuoirs de nature. Car, ni toutes les secretes pensées des peres ne se peuuent communiquer aux enfans,
pour n'y engendrer vne messeante priuauté; ny les
aduertissemens et corrections, qui est vn des premiers
offices d'amitié, ne se pourroient exercer des enfans
aux peres. Il s'est trouué des nations ou, par vsage,
les enfans tuoient leurs peres, et d'autres ou les peres
tuoient leurs enfans pour euiter l'empeschement qu'ils
se peuuent quelquefois entreporter, et naturelement
l'vn depend de la ruine de l'autre. L'amitié n'en vient
iamais la [1]. Il s'est trouué iusques a des philosophes
desdaignans céte cousture naturelle, tesmoing celuy
qui [2], quand on le pressoit de l'affection qu'il deuoit a
ses enfans pour estre sortis de luy, se mit a cracher :
« Et cela, dict il, en est aussi bien sorty*; » et
cet autre que Plutarche vouloit induire a s'accorder
auec son frere : « Ie n'en fais pas, dict il, plus grand
estat pour estre sorty de mesme trou. » C'est, a la
verité, vn beau nom, et plein de dilection, que le nom
de frere, et, a céte cause, en fimes nous, luy et moy,
nostre alliance. Mais ce meslange de biens, ces partages, et que la richesse de l'vn soit la pauureté de
l'autre, cela detrampe merueilleusement et relasche
céte soudure fraternelle : les freres ayantz a conduire
le progrez de leur auancement en mesme sentier et

---

[1] *Vulg. supp. :* « L'amitié n'en vient iamais la ».
[2] *Vulg. :* « tesmoings Aristippus qui ».

mesme train, il est forcé qu'ils se hurtent et se [1] choquent souuent. Dauantage, la correspondance et relation qui engendre ces vrayes et parfaites amitiez,
pourquoy se trouuera elle en ceux ci? Le pere et le
fils peuuent estre de complexion entierement eslongnée, et les freres aussi. C'est mon fils, c'est mon parent,
mais c'est vn homme farouche, vn meschant ou vn sot.
Et puis, a mesure que ce sont amitiés que la loy et
l'obligation naturelle nous commande, il y a d'autant
moins de nostre chois et liberté volontaire. Et nostre
liberté volontaire n'a point de production qui soit plus
proprement siene que celle de l'affection et amitié. Ce
n'est pas que ie n'aye essayé de ce costé la tout ce qui
en peut estre, ayant eu le meilleur pere qui fut onques
et le plus indulgent iusques a son extreme vieillesse,
et estant d'vne famille fameuse de pere en fils et
exemplaire en céte partie de la concorde fraternelle *.

D'y comparer l'affection enuers les fames, quoy
qu'elle naisse a la verité de nostre choix, on ne peut,
ny la loger en ce rolle. Son feu, ie le confesse,

(Neque enim est Dea nescia nostri
Quæ dulcem curis miscet amaritiem)

est plus actif, plus cuisant et plus aspre. Mais c'est vn
feu temeraire et volage, ondoiant et diuers, feu de
fiebure, subiect a accez et remises, et qui ne nous tient
qu'a vn coing. En l'amitié, c'est vne chaleur generale
et vniuersele, temperée au demeurant et egale; vne
chaleur constante et rassize, toute douceur et polissure,
qui n'a rien d'aspre et de poignant. Qui plus est, en l'a-
mour, ce n'est qu'vn desir forcené apres ce qui nous fuit.

---

[1] *BC supp.* : « se ».

Come segue la lepre il cacciatore
Al freddo, al caldo, alla montagna, al lito;
Nè più l'estima poi che presa vede,
E sol dietro a chi fugge affretta il piede.

Aussi tost qu'il entre aux termes de l'amitié, c'est a dire en la conuenance des volontez, il s'esuanouist et s'alanguist; la iouissance le perd, comme ayant la fin corporelle et subiecte a sacieté. L'amitié, au rebours, est iouie a mesure qu'elle est desirée, ne s'esleue, se nourrit, ny ne prend accroissance qu'en la iouissance, comme estant spirituelle, et l'ame s'affinant par l'vsage. Sous céte parfaicte amitié, ces affections volages ont autrefois trouué place ches moy, affin que ie ne parle de luy, qui n'en confesse que trop par ses vers. Ainsi ces deux passions sont entrées chez moy en connoissance l'vne de l'autre, mais en comparaison iamais : la premiere, maintenant sa route d'vn vol hautain et superbe, et regardant desdaigneusement céte cy passer ses pointes bien loing au dessous d'elle.

Quant aux mariages, outre ce que c'est vn marché qui n'a que l'entrée libre, sa durée estant contrainte et forcée, dependant d'ailleurs que de nostre vouloir, et marché qui ordinairement se faict a autres fins : comme de la generation, alliances, richesses [1]; il y suruient mille fusées estrangeres a desmeler parmy, suffisantes a rompre le fil et troubler le cours d'vne viue affection; la ou, en l'amitié, il n'y a affaires ny commerce que d'elle mesme; ioint qu'a dire le vray, la suffisance ordinaire des fames n'est pas pour respondre a céte conference et communication, nourrisse de céte sainte couture, ny leur ame ne semble estre

---

[1] *Vulg. supp.* : « comme de... richesses ».

assez ferme pour soustenir l'estreinte d'vn neud si
pressé et si durable. Et certes, sans cela, s'il se pouuoit
dresser vne tele accointance libre et volontaire, ou non
seulement les ames eussent céte entiere iouyssance,
mais encore ou les corps eussent part a l'aliance*, il
est vray semblable que l'amitié en seroit plus pleine
et plus comble. Mais ce sexe par nul exemple n'y est
encore peu arriuer*; et cet autre licence Greque est
iustement abhorrée par nos meurs*.

Au demeurant, ce que nous appellons ordinairement
amis et amitiez, ce ne sont qu'accoinctances et fami-
liarités nouées par quelque occasion ou commodité,
par le moyen de laquelle nos ames s'entretiennent. En
l'amitié dequoy ie parle, elles se meslent et se confon-
dent l'vn' en l'autre d'vn melange si vniuersel qu'elles
effacent et ne retrouuent plus la couture qui les a
iointes. Si on me presse de dire pourquoy ie l'aymois,
ie sens que cela ne se peut exprimer*; il y a, ce semble,
au dela de tout mon discours et de ce que i'en puis
dire, ie [1] ne sçay quelle force diuine et fatale media-
trice de céte vnion*. Ce n'est pas vne particuliere
consideration, ny deux, ny trois, ny quatre, ny mille:
c'est ie ne sçay quelle quint'essence de tout ce melange, qui, ayant saisi toute ma volonté, l'amena se
plonger et se perdre dans la sienne*. Ie dis perdre a la
verité, ne luy reseruant rien qui luy fut propre, ne
qui fut sien.

Quand Lælius, en presence des Consuls Romains,
lesquelz, apres la condemnation de Tiberius Gracchus,
poursuyuoient tous ceux qui auoient esté de son intelligence, vint a s'enquerir de Caius Blosius (qui

[1] *BC supp.* : « ie ».

estoit le principal de ses amis) combien il eut voulu
faire pour luy, et qu'il eut respondu : « Toutes choses », « Comment, toutes choses? suiuit il; et quoy
s'il t'eut commandé de mettre le feu en nos temples? »
« Il ne me l'eut iamais commandé, » replica Blosius.
« Mais, s'il l'eut fait? » adiouta Lælius : « I'y eusse
obey, » respondit il. S'il estoit si parfaictement amy
de Gracchus comme disent les histoires, il n'auoit que
faire d'offenser les Consulz par céte derniere et hardie
confession, et ne se deuoit départir de l'asseurance
qu'il auoit de la volonté de Gracchus, de laquelle il se
pouuoit respondre comme de la sienne [1]. Mais toutes-
fois ceux qui accusent céte responce comme sedicieuse
n'entendent pas bien ce mystere, et ne presupposent
pas, comme il est, qu'il tenoit la volonté de Gracchus
en sa manche, et par puissance, et par connoissance*;
et qu'ainsi sa responce ne sonne non plus que feroit la
mienne a qui s'enquerroit a moy de céte façon : « Si
vostre volonté vous commandoit de tuer vostre fille, la
tueriés vous? » et que ie l'accordasse : car cela ne porte
nul tesmoignage de consentement a ce faire, par ce
que ie ne suis en nul doute de ma volonté, et tout
aussi peu de celle d'vn tel amy. Il n'est pas en la puissance de tous les discours du monde de me desloger de
la certitude que i'ay des intentions et iugemens du
mien; nulle de ses actions ne me sçaroit estre presentée, quelque visage qu'elle eut, que ie n'en trouuasse
incontinent le vray resort. Nos ames ont charrié si
long temps ensemble, elles se sont considerées d'vne si
ardante affection, et, de pareille affection, descouuertes
iusques au fin fond des entrailles l'vne a l'autre, que,

---

[1] *Vulg. supp. :* « de laquelle... la sienne ».

non seulement ie connoissoi la siene comme la mienne,
mais ie me fusse certainement plus volontiers fié a luy
de moy qu'a moy mesme.

Qu'on ne me mette pas en ce reng ces autres amitiés
communes, car i'en ay autant de connoissance qu'vn
autre, et des plus parfaictes de leur genre*. En ce noble
commerce, les offices et les bienfaits, nourrissiers des
autres amitiés, ne meritent pas seulement d'estre mis
en conte. Céte confusion si pleine de nos volontez en
est cause : car, tout ainsi que l'amitié que ie me porte
ne reçoit nulle augmentation pour le secours que ie
me donne au besoin, quoy que dient les Stoiciens, et
comme ie ne me sçay nul gré du seruice que ie me
fay, aussi l'vnion de telz amis estant veritablemant
parfaicte, elle leur faict perdre le sentiment de tels
deuoirs, et haïr et chasser d'entre eux ces motz de
diuision et de difference, comme : bien faict, obligation,
reconnoissance, priere, remerciement et leurs pareils.
Tout estant par effect commun entre eux : volontez,
pensemens, iugemens, biens, femmes, enfans, honneur
et vie*, ils ne se peuuent ny prester, ny donner rien.
Voila pourquoy les faiseurs de loix, pour honorer le
mariage de quelque imaginaire resemblance de céte
diuine liaison, defendent les donations entre le mary
et la fame, voulant inferer par la que tout doit estre a
chacun d'eux, et qu'ils n'ont rien a diuiser et partir
ensemble.

Si, en l'amitié de quoy ie parle, l'vn pouuoit donner
a l'autre, ce seroit celuy qui receuroit le bien faict qui
obligeroit son compagnon. Car, cherchant l'vn et l'autre, plus que toute autre chose, de s'entrebienfaire,
celuy qui en préte la matiere et l'occasion, c'est celuy
la qui faict l'honeste et le courtois, donnant ce conten-

tement a son amy d'effectuer en son endroit ce qu'il
desire le plus*. Et, pour montrer comment cela se
pratique par effect, i'en reciteray vn antien exemple
qu'y est singulierement propre. Eudamidas, Corinthien, auoit deux amis : Charixenus, Sycionien, et
Aretheus, Corinthien; venant a mourir, estant pauure
et ses deux amis riches, il fit ainsi son testament : « Ie
legue a Aretheus de nourrir ma mere et de l'entretenir
en sa viellesse; a Charixenus, de marier ma fille et
luy donner le douaire le plus grand qu'il pourra; et,
au cas que l'vn d'eux vienne a defaillir, ie substitue
en sa part celuy qui suruiura. » Ceux qui premiers
virent ce testament s'en moquerent; mais ses heritiers,
en ayant esté aduertis, l'accepterent auec vn singulier
contentement. Et, l'vn d'entre eux, Charixenus, estant
trespassé cinq iours apres, la substitution estant ouuerte en faueur d'Aretheus, il nourrit curieusement
céte mere, et, de cinq talens qu'il auoit en ses biens,
il en donna les deux et demy en mariage a vne sienne
fille vnique, et deux et demy pour le mariage de la
fille d'Eudamidas; desquelles il fit les nopces en mesme
iour.

Cet exemple est bien plein, si vne condition en estoit a dire, qui est la multitude d'amys : car céte
parfaicte amitié dequoy ie parle est indiuisible; chacun se donne si entier a son amy qu'il ne luy reste
rien a departir ailleurs. Au rebours, il est marri qu'il
ne soit double, triple ou quadruple, et qu'il n'ait plusieurs ames et plusieurs volontez pour les conferer
toutes a ce subiet. Les amitiez communes, on les peut
departir : on peut aymer en cetuy cy la beauté, en cet
autre la facilité de ses meurs, en l'autre la liberalité,
en celui la la paternité, en cet autre la fraternité,

ainsi du reste; mais céte amitié qui possede l'ame et la regente en toute souueraineté, il est impossible qu'elle soit double*. Le demeurant de céte histoire conuient tresbien a ce que ie disois : car Eudamidas donne pour grace et pour faueur a ses amis de les employer a son besoin; il les laisse heritiers de céte sienne liberalité, qui consiste a leur mettre en main les moiens de luy bien faire ; et sans doute la force de l'amitié se monstre bien plus richement en son faict qu'en celuy d'Aretheus. Somme, ce sont effectz inimaginables, a qui n'en a gousté*; et tout ainsi que celuy qui fut rencontré a cheuauchons sur vn baton, se ioüant auec ses enfans, priat celuy qui l'y surprint de n'en rien dire iusques a ce qu'il fut pere luy mesme, estimant que la passion qui luy naistroit lors en l'ame le rendroit iuge equitable d'vne telle action, ie souhaiterois aussi parler a des gens qui eussent essayé ce que ie dis. Mais, sçachant combien c'est chose eslongnée du commun vsage qu'vne telle amitié, et combien elle est rare, ie ne m'attens pas d'en trouuer nul bon iuge. Car les discours mesmes que l'antiquité nous a laissé sur ce subiect me semblent laches, au pris du goust que i'en ay. Et, en ce seul point, les effectz surpassent les preceptes mesmes de la philosophie.

Nil ego contulerim iucundo sanus amico.

L'antien Menander disoit celui-la heureux qui auoit peu rencontrer seulement l'ombre d'vn ami; il auoit certes raison de le dire, mesme s'il en auoit tasté : car, a la verité, si ie compare tout le reste de ma vie, quoy que, par la grace de Dieu, ie l'aye passée douce, aisée, et, sauf la perte d'vn tel ami, exempte d'affliction poisante, pleine de contentemant et de tranquillité

d'esprit, ayant prins en paiemant mes commodités
naturelles et origineles, sans en rechercher d'autres,
si ie la compare, dis-ie, toute aux quatre ou cinq[1]
années qu'il m'a esté donné de iouïr de la douce compagnie et societé de ce personnage, ce n'est que fumée,
ce n'est qu'vne nuit obscure et ennuyeuse; depuis le
iour que ie le perdi,

> quem semper acerbum
> Semper honoratum (sic Dij voluistis) habebo,

ie ne fay que trainer languissant, et les plaisirs mesmes qui se offrent a moy, au lieu de me consoler, me
redoublent le regret de sa perte. Nous estions a moitié
de tout; il me semble que ie luy desrobe sa part :

> Nec fas esse vlla me voluptate hic frui
> Decreui, tantisper dum ille abest meus particeps.

I'estois des-ia si faict et accoustumé a estre deuxiesme
par tout, qu'il me semble n'estre plus qu'a demy*; il
n'est action ou imagination ou ie ne le trouue a dire,
comme si eut il bien faict a moy; car, de mesme qu'il
me surpassoit d'vne distance infinie en toute autre
suffisance et vertu, aussi faisoit il au deuoir de l'amitié.

> Quis desiderio sit pudor aut modus
> Tam chari capitis?

> O misero frater ademte mihi :
> Omnia tecum vna perierunt gaudia nostra,
> Quæ tuus in vita dulcis alebat amor.
> Tu mea, tu moriens fregisti commoda, frater ;
> Tecum vna tota est nostra sepulta anima.

---

[1] *Vulg. supp.* : « ou cinq ».

Cuius ego interitu tota de mente fugaui
  Hæc studia, atque omnes delicias animi.

Alloquar? audiero nunquam tua verba loquentem?
  Nunquam ego te, vita frater amabilior,
Aspiciam posthac? at certe semper amabo.

Mais oions vn peu parler ce garson de dixhuict [1] ans.

. . . .

Parce que i'ay trouué que cet ouurage a esté depuis
mis en lumiere, et a mauuaise fin, par ceux qui cherchent a troubler et changer l'estat de nostre police,
sans se soucier s'ils l'amenderont, qu'ils ont melé a
d'autres escris de leur farine, ie me suis dedit de le
loger icy. Et, affin que la memoire de l'auteur n'en
soit interessée en l'endroit de ceux qui n'ont peu connoistre de pres ses opinions et ses actions, ie les aduise
que ce subiect fut traité par luy en son enfance, par
maniere d'exercitation seulement, comme subiect vulgaire et tracassé en mille endroicts des liures. Ie ne
fay nul doubte qu'il ne creut ce qu'il escriuoit, car
il estoit asses conscientieux pour ne mentir pas mesmes
en se iouant, et sçay d'auantage que, s'il eut eu a
choisir, il eut mieux aymé estre nay a Venise qu'a
Sarlac [2]; mais il auoit vn' autre maxime souueraine-
ment empreinte en son ame, d'obeir et de se soubmettre
tres-religieusement aus loix sous lesquelles il estoit
nay. Il ne fut iamais vn meilleur citoyen, ny plus
affectionné au repos de sa patrie, ny plus ennemy des
remuemens et nouuelletez de son temps : il eut bien
plustost employé sa suffisance a les esteindre que a leur

---

[1] *Vulg.* : « seize ».
[2] *BC aj.* : « et auoit raison ».

fournir dequoi les emouuoir dauantage [1]; il auoit son
esprit moulé au patron d'autres siecles que ceux cy.
Or, en eschange de cet ouurage serieux, i'en substi-
tueray vn autre, produit en céte mesme saison de son
aage, plus gaillard et plus enioüé : ce sont vint et neuf
sonnets que le sieur de Poiferré, homme d'affaires et
d'entendement, qui le connoissoit longtemps auant
moy, a retrouué par fortune ches luy, parmy quelques
autres papiers, et me les vient d'enuoier, dequoy ie
luy suis tres-obligé, et souhaiterois que d'autres qui
detiennent plusieurs lopins de ses escris, par cy, par la,
en fissent de mesmes [2].

CHAPITRE VINTNEVFIESME [3].

VINGT NEVF SONNETZ D'ESTIENNE DE LA BOËTIE, A MADAME DE GRAMMONT, CONTESSE DE GVISEN.

Madame, ie ne vous offre rien du mien, ou par ce
qu'il est des-ia vostre, ou par ce que ie n'y trouue
rien digne de vous. Mais i'ay voulu que ces vers, en
quelque lieu qu'ils se vissent, portassent vostre nom
en teste, pour l'honneur que ce leur sera d'auoir pour
guide céte grande Corisande d'Andoins. Ce present
m'a semblé vous estre propre, d'autant qu'il est peu
de dames en France qui iugent mieus et se seruent
plus a propos que vous de la poësie ; et, puis qu'il n'en

---

[1] *BC :* « emouuoir : dauantage il ».

[2] *Vulg. supp. les sept dernières lignes :* « ce sont vint et neuf...
en fissent de mesmes ».

[3] *Ce chapitre est intitulé par erreur :* CHAPITRE VINTHVITIESME,
dans les deux premières éditions.

est point qui la puissent rendre viue et animée comme vous faites par ces beaus et riches accords dequoy, parmi vn milion d'autres beautés, nature vous a es-trenée, Madame, ces vers meritent que vous les cherissez [1]; car vous serez de mon aduis, qu'il n'en est point sorty de Gascoigne qui eussent plus d'inuention et de gentilesse, et qui tesmoignent estre sortis d'vne plus riche main. Et n'entrez pas en ialousie dequoy vous n'auez que le reste de ce que, pieça, i'en ay faict imprimer sous le nom de monsieur de Foix, vostre bon parent; car certes ceus cy ont ie ne sçay quoy de plus vif et de plus bouillant : comme il les fit en sa plus verte ieunesse, et eschaufé d'vne belle et noble ardeur que ie vous diray, Madame, vn iour a l'oreille [2]. Les autres furent faictz despuis, comme il estoit a la poursuite de son mariage, en faueur de sa fame, et sentent des-ia ie ne sçay quelle froideur maritale. Et moy, ie suis de ceux qui tiennent que la poësie ne rid point ailleurs, comme elle faict en vn subiect folatre et des-reglé.

SONET

I.

Pardon, Amour, pardon : ô seigneur, ie te voüe
 Le reste de mes ans, ma voix et mes escris,
  Mes sanglots, mes souspirs, mes larmes et mes cris :
  Rien, rien tenir d'aucun que de toy ie n'aduoüe.
Helas! comment de moy ma fortune se ioue!
  De toy, n'a pas long temps, Amour, ie me suis ris :
  J'ay failly, ie le voy, ie me rends, ie suis pris;

---

[1] *C* : « cherissiez ».
[2] *BC* : « Madame, vn' autrefois ».

J'ay trop gardé mon cœur ; or ie le desaduoïie.
Si i'ay, pour le garder, retardé ta victoire,
 Ne l'en traite plus mal : plus grande en est ta gloire ;
Et si du premier coup tu ne m'as abbatu,
 Pense qu'vn bon vainqueur, et nay pour estre grand,
 Son nouueau prisonnier, quand vn coup il se rend,
 Jl prise et l'ayme mieux, s'il a bien combatu.

II.

C'est Amour, c'est Amour, c'est luy seul, ie le sens :
 Mais le plus vif amour, la poison la plus forte
 A qui onq pauure cœur ait ouuerte la porte.
 Ce cruel n'a pas mis vn de ses traictz perçans,
Mais arcq, traits et carquois, et luy tout, dans mes sens.
 Encor vn mois n'a pas que ma franchise est morte,
 Que ce venin mortel dans mes veines ie porte,
 Et des-ia i'ay perdu et le cœur et le sens.
Et quoy ? si cet amour a mesure croissoit,
 Qui en si grand tourment dedans moy se conçoit !
O croistz, si tu peuz croistre, et amande en croissant.
 Tu te nourris de pleurs : des pleurs ie te prometz,
 Et, pour te refreschir, des souspirs pour iamais ;
 Mais que le plus grand mal soit au moings en naissant.

III.

C'est faict, mon cœur, quitons la liberté.
 Dequoy mes'huy seruiroit la deffence,
 Que d'agrandir et la peine et l'offence ?
 Plus ne suis fort, ainsi que i'ay esté.
La raison feust vn temps de mon costé ;
 Or, reuoltée, elle veut que ie pense
 Qu'il faut seruir, et prendre en recompence
 Qu'oncq d'vn tel neud nul ne feust arresté.
S'il se faut rendre, alors il est saison,

Quand on n'a plus deuers soy la raison.
Je voy qu'Amour, sans que ie le deserue,
    Sans aucun droict, se vient saisir de moy ;
    Et voy qu'encor il faut a ce grand Roy,
    Quand il a tort, que la raison luy serue.

IIII.

C'estoit alors, quand, les chaleurs passées,
    Le sale automne aux cuues va foulant
    Le raisin gras dessoubᵹ le pied coulant,
    Que mes douleurs furent encommencées.
Le paisan bat ses gerbes amassées,
    Et aux caueaus ses bouillans muis roulant,
    Et des fruitiers son autonne croulant,
    Se vange lors des peines aduancées.
Seroit ce point vn presage donné
    Que mon espoir est des-ia moissonné?
Non certes, non! Mais pour certain ie pense,
    J'auray, si bien a deuiner i'entends,
    Si l'on peut rien prognostiquer du temps,
    Quelque grand fruict de ma longue esperance.

V.

J'ay veu ses yeux perçans, i'ay veu sa face claire
    (Nul iamais sans son dam ne regarde les Dieux) :
    Froit, sans cœur, me laissa son œil victorieux,
    Tout estourdy du coup de sa forte lumiere.
Comme vn surpris de nuit aux champs, quand il esclaire,
    Estonné, se pallist, si la fleche des cieux,
    Sifflant, luy passe contre et luy serre les yeux,
    Il tremble, et veoit, transi, Iupiter en colere.
Dy moy, Madame, au vray, dy moy si tes yeux vertᵹ
    Ne sont pas ceux qu'on dit que l'Amour tient couuerts?
Tu les auois, ie croy, la fois que ie t'ay veüe ;

Au moins, il me souuient qu'il me feust lors aduis
Qu'Amour, tout a vn coup, quand premier ie te vis,
Desbanda dessus moy et son arc et sa veüe.

VI.

Ce dict maint vn de moy : « Dequoy se plaint il tant,
Perdant ses ans meilleurs en chose si legiere?
Qu'a il tant a crier, si encore il espere?
Et, s'il n'espere rien, pourquoy n'est il content? »
Quand i'estois libre et sain, i'en disois bien autant ;
Mais certes celuy la n'a la raison entiere,
Ains a le cœur gasté de quelque rigueur fiere,
S'il se plaint de ma plainte, et mon mal il n'entend.
Amour, tout a vn coup, de cent douleurs me point :
Et puis l'on m'aduertit que ie ne crie point!
Si vain ie ne suis pas que mon mal i'agrandisse
A force de parler : s'on m'en peut exempter,
Je quitte les sonnetʒ, ie quitte le chanter.
Qui me deffend le deuil, celuy la me guerisse.

VII.

Quant a chanter ton los par fois ie m'aduenture,
Sans oʒer ton grand nom dans mes vers exprimer,
Sondant le moins profond de ceste large mer,
Je tremble de m'y perdre, et aux riues m'assure.
Je crains, en loüant mal, que ie te face iniure.
Mais le peuple, estonné d'ouir tant t'estimer,
Ardant de te cognoistre, essaie a te nommer,
Et, cerchant ton sainct nom ainsi a l'aduenture,
Esbloui, n'attaint pas a veoir chose si claire ;
Et ne te trouue point ce grossier populaire
Qui, n'aiant qu'vn moien, ne veoit pas celuy la :
C'est que, s'il peut trier, la comparaison faicte
Des parfaictes du monde, vne la plus parfaicte,
L'ors, s'il a voix, qu'il crie hardimant : « La voyla! »

VIII.

Quand viendra ce iour la, que ton nom au vray passe
    Par France dans mes vers? Combien et quantesfois
    S'en empresse mon cœur, s'en demangent mes doits?
    Souuent dans mes escris de soy mesme il prend place.
Maulgré moy ie t'escris; maulgré moy ie t'efface.
    Quand Astrée viendroit, et la foy, et le droit,
    Alors, ioyeux, ton nom au monde se rendroit.
    Ores, c'est a ce temps, que cacher il te face,
C'est a ce temps maling vne grande vergoigne :
    Donc, Madame, tandis, tu seras ma Dourdouigne.
Toutesfois laisse moy, laisse moy ton nom mettre,
    Ayez [1] pitié du temps : si au iour ie te metz,
    Si le temps te [2] cognoist, lors, ie te le prometz,
    Lors il sera doré, s'il le doit iamais estre.

IX.

O, entre tes beautez, que ta constance est belle!
    C'est ce cœur asseuré, ce courage constant,
    C'est, parmy tes vertus, ce que l'on prise tant;
    Aussi qu'est il plus beau qu'vne amitié fidelle?
Or, ne charge donc rien de ta sœur infidele,
    De Vesere, ta sœur : elle va s'escartant,
    Tousiours flotant mal seure en son cours inconstant :
    Voy tu comme, a leur gré, les vans se ioüent d'elle?
Et ne te repent point, pour droict de ton aisnage,
    D'auoir des-ia choisi la constance en partaige.
Mesme race porta l'amitié souueraine
    Des bons iumeaux, desquelz l'vn a l'autre despart
    Du ciel et de l'enfer la moitié de sa part,
    Et l'amour diffamé de la trop belle Heleine.

---

[1] C : « A ies ».
[2] Vulg. : « ce ».

X.

Je voy bien, ma Dourdouigne, encor humble tu vas :
   De te monstrer Gasconne, en France, tu as honte.
   Si du ruisseau de Sorgue on fait ores grand conte,
   Si a il bien esté quelque fois aussi bas.
Voys tu le petit Loir comme il haste le pas?
   Comme des-ia parmy les plus grands il se conte?
   Comme il marche hautain d'vne course plus prompte
   Tout a costé du Mince, et il ne s'en plaint pas?
Vn seul oliuier d'Arne, enté au bord de Loire,
   Le faict courir plus braue et luy donne sa gloire.
Laisse, laisse moy faire, et vn iour, ma Dourdouigne,
   Si ie deuine bien, on te cognoistra mieux :
   Et Garonne, et le Rhone, et ces autres grands Dieux
   En auront quelque enuie, et, possible, vergoigne.

XI.

Toy qui oys mes souspirs, ne me sois rigoureux,
   Si mes larmes a part, toutes mienes, ie verse,
   Si mon amour ne suit en sa douleur diuerse
   Du Florentin transi les regretz languoreux,
Ny de Catulle aussi, le foulastre amoureux,
   Qui le cœur de sa dame en chatouillant luy perce,
   Ny le sçauant amour du migregeois Properce :
   Ils n'aiment pas pour moy, ie n'ayme pas pour eux.
Qui pourra sur autruy ses douleurs limiter,
   Celuy pourra d'autruy les plaintes imiter :
Chacun sent son tourment et sçait ce qu'il endure.
   Chacun parla d'amour ainsi qu'il l'entendit ;
   Je dis ce que mon cœur, ce que mon mal me dict.
   Que celuy ayme peu, qui ayme a la mesure!

XII.

Quoy? qu'est ce? ô vans, ô nues, ô l'orage!
   A point nommé, quand moy d'elle aprochant [1]
   Les bois, les monts, les baisses vois tranchant,
   Sur moy, d'aguest, vous passez [2] *vostre rage.*
Ores mon cœur s'embrase d'auantage.
   Allez, allez faire peur au marchant
   Qui dans la mer les thresors va cherchant :
   Ce n'est ainsi qu'on m'abbat le courage.
Quand i'oy les ventz, leur tempeste et leurs cris,
   De leur malice, en mon cœur, ie me ris.
Me pensent ils pour cela faire rendre?
   Face le ciel du pire, et l'air aussi :
   Je veux, ie veux, et le declaire ainsi,
   S'il faut mourir, mourir comme Leandre.

XIII.

Vous qui aimer encore ne sçauez,
   Ores, m'oyant parler de mon Leandre,
   Ou iamais non, vous y debuez aprendre,
   Si rien de bon dans le cœur vous auez.
Il oza bien, branlant ses bras lauez,
   Armé d'amour, contre l'eau se deffendre
   Qui pour tribut la fille voulut prendre,
   Ayant le frere et le mouton sauuez.
Vn soir, vaincu par les flos rigoureux,
   Voyant des-ia, ce vaillant amoureux,
Que l'eau maistresse a son plaisir le tourne,
   Parlant aux flos, leur iecta ceste voix :
   « *Pardonnez moy, maintenant que i'y veois,*
   Et gardez moy la mort, quand ie retourne. »

[1] *BC* : « *quand d'elle m'approchant* ».
[2] *BC* : « *poussez* ».

XIIII.

O cœur leger, o courage mal seur,
   Penses tu plus que souffrir ie te puisse?
   O bonté creuʒe, o couuerte malice,
   Traitre beauté, venimeuse doulceur!
Tu estois donc tousiours seur de ta sœur?
   Et moy, trop simple, il failloit que i'en fisse
   L'essay sur moy, et que tard i'entendisse
   Ton parler double et tes chantʒ de chasseur?
Despuis le iour que i'ay prins a t'aimer,
   J'eusse vaincu les vagues de la mer.
Qu'est ce meshuy que ie pourrois attendre?
   Comment de toy pourrois i'estre content?
   Qui apprendra ton cœur d'estre constant,
   Puis que le mien ne le luy peut aprendre?

XV.

Ce n'est pas moy que l'on abuʒe ainsi :
   Qu'a quelque enfant, ces ruʒes on emploie,
   Qui n'a nul goust, qui n'entend rien qu'il oye :
   Je sçay aymer, ie sçay hayr aussi.
Contente toi de m'auoir iusqu'ici
   Fermé les yeux : il est temps que i'y voie,
   Et que meshui las et honteux ie soye
   D'auoir mal mis mon temps et mon souci.
Oserois tu, m'ayant ainsi traicté,
   Parler a moi iamais de fermeté?
Tu prendʒ plaisir a ma douleur extreme;
   Tu me deffends de sentir mon tourment,
   Et si veux bien que ie meure en t'aimant :
   Si ie ne sens, commant veux tu que i'aime?

XVI.

O l'ai ie dict? helas! l'ai ie songé?
 Ou si, pour vrai, i'ai dict blaspheme telle?
 Ça, faulce langue, il faut que l'honneur d'elle
 De moi, par moi, desus moi, soit vangé.
Mon cœur chez toi, o Madame, est logé :
 Là, donne lui quelque geine nouuelle ;
 Fais lui souffrir quelque peine cruelle ;
 Fais, fais lui tout, fors lui donner congé.
Or seras tu (ie le sçai) trop humaine,
 Et ne pourras longuement voir ma peine.
Mais vn tel faict, faut il qu'il se pardonne?
 A tout le moings, hault ie me desdiray
 De mes sonnetz, et me desmentiray,
 Pour ces deux faux, cinq cent vrais ie t'en donne.

XVII.

Si ma raison en moi s'est peu remettre,
 Si recouurer asthure ie me puis,
 Si i'ay du sens, si plus homme ie suis,
 Je t'en mercie, o bien heureuse lettre.
Qui m'eust (helas), qui m'eust sceu recognoistre
 Lors qu'enragé, vaincu de mes ennuys,
 En blasphemant, Madame ie poursuis?
 De loing, honteux, ie te vis lors paroistre,
O sainct papier; alors ie me reuins,
 Et deuers toy deuotement ie vins.
Je te donrois vn autel pour ce fait
 Qu'on vist les traictz de ceste main diuine;
 Mais de les veoir aucun homme n'est digne
 Ni moi aussi, s'elle ne m'en eust faict.

XVIII.

J'estois prest d'encourir pour iamais quelque blasme,
    De colere eschaufé, mon courage brusloit,
    Ma fole voix au gré de ma fureur branloit,
    Je despitois les Dieux, et encore Madame.
Lors qu'elle, de loing, iecte vn brefuet dans ma flamme :
    Je le sentis soudain comme il me rabilloit
    Qu'aussi tost deuant lui ma fureur s'en alloit,
    Qu'il me rendoit, vainqueur, a sa place mon ame.
Entre vous qui de moy ces merueilles oiés,
    Que me dites vous d'elle? et ie vous prie [1] voiez
S' ainsi comme ie fais, adorer ie la dois?
    Quels miracles en moi pensés vous qu'elle fasse
    De son œil tout puissant, ou d'vn rai de sa face,
    Puis qu'en moi firent tant les traces de ses doigtz?

XIX.

Je tremblois deuant elle, et attendois, transi,
    Pour venger mon forfaict quelque iuste sentence,
    A moi mesme consent du poids de mon offence,
    Lors qu'elle me dict : « Va, ie te prens a merci.
Que mon loz desormais par tout soit esclarci :
    Emploie la tes ans, et, sans plus, meshuy pence
    D'enrichir de mon nom par tes vers nostre France.
    Couure de vers ta faulte et paie moi ainsi. »
Sus donc, ma plume! Il faut, pour iouir de ma peine,
    Courir par sa grandeur d'vne plus large veine.
Mais regarde a son œil, qu'il ne nous abandonne ;
    Sans ses yeux, nos espritz se mourroient languissans :
    Ilz nous donnent le cœur, ilz nous donnent le sens :
    Pour se paier de moy, il faut qu'elle me donne.

[1] BC : « pry ».

XX.

O vous, mauditჳ sonnetჳ, vous qui prinstes l'audace
    De toucher a Madame : o malings et peruers,
    Des Muses le reproche, et honte de mes vers :
    Si ie vous feis iamais, il [1] faut que ie me fasse
Ce tort de confesser vous tenir de ma race,
    Lors, pour vous, les ruisseaux ne furent pas ouuerts
    D'Apollon le doré, des Muses aux yeux vertჳ,
    Mais vous receut naissants Tisiphone en leur place.
Si i'ay oncq quelque part a la posterité,
    Je veux que l'vn et l'autre en soit desherité.
Et si au feu vangeur des or ie ne vous donne,
    C'est pour vous diffamer : viueჳ chetifჳ, viueჳ,
    Viueჳ aux yeux de tous, de tout honneur priueჳ :
    Car c'est pour vous punir, qu'ores ie vous pardonne.

XXI.

N'aiés plus, mes amis, n'aieჳ plus ceste enuie
    Que ie cesse d'aimer ; laissés moi, obstiné,
    Viure et mourir ainsi, puis qu'il est ordonné :
    Mon amour, c'est le fil auquel se tient ma vie.
Ainsi me dict la fée ; ainsi en Æagrie
    Elle feit Meleagre a l'amour destiné :
    Et alluma sa souche a l'heure qu'il fust né,
    Et dict : « Toy et ce feu, teneჳ vous compagnie. »
Elle le dict ainsi : et la fin ordonnée
    Suyuit apres le fil de ceste destinée.
La souche (ce dict l'on) au feu fut consommée.
    Et des lors (grand miracle!) en vn mesme momant
    On veid, tout a vn coup, du miserable amant
    La vie et le tison s'en aller en fumée!

[1] BC : « s'il ».

XXII.

Quand tes yeux conquerans estonné ie regarde,
    J'y veoy dedans a clair tout mon espoir escript :
    J'y veoy dedans Amour luy mesme qui me rit,
    Et m'y monstre, mignard, le bon heur qu'il me garde.
Mais, quand de te parler par fois ie me haʒarde,
    C'est lors que mon espoir desseiché se tarit ;
    Et d'auouer iamais ton œil, qui me nourrit
    D'vn seul mot de faueur, cruelle, tu n'as garde.
Si tes yeux sont pour moy, or voy ce que ie dis,
    Ce sont ceux la, sans plus, a qui ie me rendis.
Mon Dieu, quelle querelle en toi mesme se dresse,
    Si ta bouche et tes yeux se veulent desmentir?
    Mieux vaut, mon doux tourment, mieux vaut les despartir :
    Et que ie prenne au mot de tes yeux la promesse.

XXIII.

Ce sont tes yeux tranchans qui me font le courage.
    Je veoy saulter dedans la gaïe liberté,
    Et mon petit archer, qui mene [1] a son costé
    La belle gaillardise et plaisir le volage ;
Mais apres, la rigueur de ton triste langage
    Me monstre dans ton cœur la fiere honesteté ;
    Et, condemné, ie veoy la dure chasteté
    Là grauement assise, et la vertu sauuage.
Ainsi mon temps diuers par ces vagues se passe.
    Ores son œil m'appelle, or sa bouche me chasse.
Helas ! en cest estrif combien ay ie enduré !
    Et puis qu'on pense auoir d'amour quelque asseurance :
    Sans cesse, nuict et iour, a la seruir ie pense,
    Ny encor de mon mal ne puis estre assuré.

[1] C : « met ».

XXIIII.

Or dis ie bien, mon esperance est morte.
 Or est ce faict de mon aise et mon bien.
 Mon mal est clair : maintenant ie veoy bien,
 J'ay espousé la douleur que ie porte.
Tout me court sus, rien ne me reconforte,
 Tout m'abandonne, et d'elle ie n'ay rien,
 Sinon tousiours quelque nouueau soustien
 Qui rend ma peine et ma douleur plus forte.
Ce que i'attends, c'est vn iour d'obtenir
 Quelques souspirs des gens de l'aduenir :
Quelqu'vn dira dessus moy par pitié :
 « Sa dame et luy nasquirent destinés
 Egalement de mourir obstinés
 L'vn en rigueur, et l'autre en amitié. »

XXV.

J'ay tant vescu, chetif, en ma langueur,
 Qu'or i'ay veu rompre, et suis encor en vie,
 Mon esperance auant mes yeux rauye,
 Contre l'esqueulh de sa fiere rigueur.
Que m'a seruy de tant d'ans la longueur?
 Elle n'est pas de ma peine assouuie ;
 Elle s'en rit, et n'a point d'autre enuie
 Que de tenir mon mal en sa vigueur.
Donques i'auray, mal'heureux en aimant,
 Tousiours vn cœur, tousiours nouueau tourment.
Je me sens bien que i'en suis hors d'alaine,
 Presi a laisser la vie soubz le faix :
 Qui [1] feroit on, sinon ce que ie fais?
 Piqué du mal, ie m'obstine en ma peine.

[1] BC : « Qu'y ».

XXVI.

Puis qu'ainsi sont mes dures destinées,
J'en saouleray, si ie puis, mon soucy ;
Si i'ay du mal, elle le veut aussi :
J'accompliray mes peines ordonnées.
Nymphes des bois, qui auez, estonnées,
De mes douleurs, ie croy, quelque mercy,
Qu'en pensez vous ? Puis-ie durer ainsi,
Si a mes maux tresues ne sont données ?
Or, si quelqu'vne a m'escouter s'encline,
Oyés, pour Dieu, ce qu'orez ie deuine.
Le iour est prez que mes forces ia vaines
Ne pourront plus fournir a mon tourment ;
C'est mon espoir ; si ie meurs en aimant,
A donc, ie croy, failliray ie a mes peines.

XXVII.

Lors que lasse est de me lasser ma peine,
Amour, d'vn bien mon mal refrechissant,
Flate au cœur mort ma plaie languissant,
Nourrit mon mal, et luy faict prendre alaine.
Lors ie conçoy quelque esperance vaine ;
Mais, aussi tost, ce dur tiran, s'il sent
Que mon espoir se renforce en croissant,
Pour l'estoufer, cent tourmans il m'ameine
Encor tous frez : lors ie me veois blasmant
D'auoir esté rebelle a mon tourmant.
Viue le mal, o Dieux, qui me deuore,
Viue a son gré mon tourmant rigoureux.
O bien heureux, et bien heureux encore
Qui sans relasche est tousiours mal'heureux !

XXVIII.

Si contre Amour ie n'ay autre deffence,
    Je m'en plaindray, mes vers le maudiront,
    Et apres moy les roches rediront
    Le tort qu'il faict a ma dure constance.
Puis que de luy i'endure ceste offence,
    Au moings tout haut mes rithmes le diront.
    Et nos neueus, a lors qu'ilz me liront,
    En l'outrageant, m'en feront la vengeance.
Ayant perdu tout l'aise que i'auois,
    Ce sera peu que de perdre ma voix.
S'on sçait l'aigreur de mon triste soucy,
    Et fut celuy qui m'a faict ceste playe,
    Jl en aura, pour si dur cœur qu'il aye,
    Quelque pitié, mais non pas de mercy.

XXIX.

Ja reluisoit la benoiste iournée
    Que la nature au monde te deuoit,
    Quand des thresors qu'elle te reseruoit
    Sa grande clef te feust abandonnée.
Tu prins la grace a toy seule ordonnée,
    Tu pillas tant de beautez qu'elle auoit,
    Tant qu'elle, fiere, a lors qu'elle te veoit
    En est par fois elle mesme estonnée.
Ta main de prendre en fin se contenta;
    Mais la nature encor te presenta,
Pour t'enrichir, ceste terre ou nous sommes.
    Tu n'en prins rien; mais, en toy, tu t'en ris:
    Te sentant bien en auoir assez pris
    Pour estre icy royne du cœur des hommes.

CHAPITRE TRENTIEME[1].

DE LA MODERATION.

Comme si nous auions l'attouchement infaict, nous corrompons par nostre maniement les choses qui d'elles mesmes sont belles et bonnes. Nous pouuons saisir la vertu de façon qu'elle en deuiendra vicieuse : comme il aduient quand nous l'embrassons d'vn desir trop aspre et trop violant. Ceux qui disent qu'il n'y a iamais d'exces en la vertu, d'autant que ce n'est plus vertu si l'exces y est, ils se ioüent de la subtilité des parolles.

Insani sapiens nomen ferat, æquus iniqui,
Vltra quam satis est virtutem si petat ipsam.

C'est vne subtille consideration de la philosophie. On peut et trop aimer la vertu, et se porter immoderement en vne action iuste et vertueuse. A ce biaiz se peut accommoder la parolle diuine : Ne soyez pas plus sages qu'il ne faut ; mais soyez sobrement sages*.

L'amitié que nous portons a nos femmes, elle est tres legitime ; la theologie ne laisse pas de la brider pourtant et de la restraindre. Il me semble auoir leu autres-fois ches saint Thomas, en vn' endroit ou il condempne les mariages des parantes es degrés deffandus, ceste raison parmy les autres, qu'il y a danger que l'amitié qu'on porte a vne telle femme soit immoderée : car, si l'affection maritalle s'y trouue entiere et

---

[1] *Ce chapitre est intitulé par erreur :* CHAPITRE VINTNEVFIESME, *dans la première édition.*

parfaicte, comme elle doit, et qu'on la surcharge encore
de celle qu'on doit a la parantelle, il n'y a point de
doubte que ce surcroist n'emporte vn tel mary hors
les barrieres de la raison, soit en l'amitié, soit aux
effaitz de la iouissance [1].

Les sciences qui reglent les meurs des hommes,
comme la religion et la philosophie, elles se meslent
de tout. Il n'est null' action, si priuée et si secrete,
qui se desrobe de leur cognoissance et iurisdiction *. Ie
veux donc, de leur part, apprandre encore cecy aux
maris (car il y a grand dangier qu'ils ne se perdent en
ce debordement [2]), c'est que les plaisirs mesmes qu'ilz
ont a l'acointance de leurs femmes, ils sont merueilleusement reprouuez si la moderation n'y est obseruée;
et qu'il y a dequoy faillir en licence et desbordement en
ce suiet la, comme en vn suiect estrangier et illegitime*.

C'est vne religieuse liaison et deuote que le mariage.
Voila pourquoy le plaisir qu'on en tire, ce doit estre vn
plaisir retenu, serieus et meslé a quelque peu de seuerité ; ce doit estre vne volupté aucunement conscientieuse. Et, par ce que sa principale fin c'est la generation,
il y en a qui mettent en doute si, lors que nous sommes
sans l'esperance de cet vsage, comme lors que les femmes
sont hors d'aage, ou en ceinte, il est permis d'en recer-
cher céte acointance. Cela tiens ie pour certain qu'il est
beaucoup plus saint de s'en abstenir [3] *. Les Roys de
Perse appelloint leurs femmes a la compaignie de leurs
festins ; mais, quand le vin venoit a les eschaufer en
bon escient, et qu'il falloit tout a fait lascher la bride
a la desbauche, ils les renuoioint en leur priué, pour

[1] *Vulg. supp.* : « soit en... iouissance ».
[2] *Vulg. change cette parenthèse.*
[3] *Vulg. supp. cette phrase.*

ne les faire participantes des excez de leurs appetits
desreglez et immoderez, et faisoient venir en leur lieu
des femmes ausquelles ils n'eussent point cete obligation et ce respect*. Ælius Verus, l'Empereur, respondit
a sa femme sur ce propos, comme elle se plaignoit
dequoy il se laissoit aler a l'amitié d'autres femmes,
qu'il le faisoit par occasion conscientieuse, d'autant
que le mariage estoit vn nom d'honneur et dignité,
non de folastre et lasciue volupté*. Il n'est, en somme,
nulle si iuste volupté en laquelle l'excez et l'intempe-
rance ne nous soit reprochable. Mais, a parler en bon
escient, est ce pas vn miserable animal que l'homme?
A peine est il en son pouuoir, par sa condition naturelle, de gouter vn seul plaisir entier et pur, encore se
met il en peine de le retrencher par discours. Il n'est
pas assez chetif si, par art et par estude, il n'augmente
sa misere*, quoi que nos medecins spirituels et corporels, comme par complot fait entre eux, ne trouuent
nulle voye a la guerison, ny remede aus maladies du
corps et de l'ame, que par le torment, la douleur et la
peine. Les veilles, les ieusnes, les haires, les exils loin-
tains et solitaires, les prisons perpetuelles, les verges
et autres aflictions ont esté introduites pour cela; mais
en telle condition que ce soint veritablement aflictions, et qu'il y ait de l'aigreur poignante*. Car, a qui
le ieusne aisguiseroit la santé et l'alegresse, a qui le
poisson seroit plus appetissant que la chair, ce ne seroit
plus recepte salutaire; non plus qu'en l'autre medecine
les drogues n'ont point d'effect a l'endroit de celuy qui
les prend auec goust et plaisir. L'amertume et la difficulté sont circonstances seruants a leur operation. Le
naturel qui accepteroit la rubarbe comme familiere,
en corromproit l'vsage : il faut que ce soit chose qui

blesse nostre estomac, pour le guerir. Et icy faut la regle commune, que les choses se guerissent par leurs contraires; car le mal y guerit le mal*.

CHAPITRE TRENTEVNIEME[1].

DES CANNIBALES.

Quand le Roy Pyrrhus passa en Italie, apres qu'il eut reconu l'ordonnance de l'armée que les Romains luy enuoioint au deuant : « Ie ne sçay, dit il, quelz barbares sont ceus cy (car les Grecs appelloient toutes les nations barbares); mais la disposition de céte armée que ie voy n'est aucunement barbare. » Autant en dirent les Grecs de celle que Flaminius fit passer en leur païs*. Voila comment il se faut garder de s'atacher aus opinions vulgaires, et faut iuger les choses par la voie de la raison, non de la voix commune.

I'ay eu long temps auec moy vn homme qui auoit demeuré dix ou douze ans en cet autre monde qui a esté descouuert en nostre siecle, en l'endroit ou Vilegaignon print terre, qu'il surnomma la France Antartique. Céte descouuerte d'vn païs infini de terre ferme semble de grande consideration. Ie ne sçay si ie me puis respondre que céte cy soit encore la derniere qui se fera, tant de grands personnages ayans esté trompez en l'autre[2]. I'ay peur que nous auons les yeus plus grands que le ventre, comme on dict, et le dit on de

---

[1] *Ce chapitre est intitulé par erreur* : CHAPITRE TRENTIEME, *dans la première édition.*

[2] *BC* : « respondre que il ne s'en face a l'aduenir quelqu' autre, tant de grands personnages ayans esté trompez en ceste-ci ».

ceus ausquels l'appetit et la faim font plus desirer de viande qu'ils n'en peuuent empocher. Ie crains aussi que nous auons beaucoup [1] plus de curiosité que nous n'auons de capacité : nous embrassons tout ; mais ie crains que nous n'estreignons rien que du vent.

Platon introduit Solon racontant auoir apris des prestres de la ville de Saïs, en Ægypte, que, iadis et auant le deluge, il y auoit vne grande isle, nommée Athlantide, droict a la bouche du destroit de Gibaltar, qui tenoit plus de païs que l'Afrique et l'Asie toutes deux ensemble ; et que les Rois de céte contrée la, qui ne possedoint pas seulement céte isle, mais s'estoint estendus dans la terre ferme [2] si auant qu'ilz tenoint de la largeur d'Afrique, iusques en Ægypte, et de la longueur de l'Europe, iusques en la Toscane, entre-prindrent d'eniamber iusques sur l'Asie, et subiuguer toutes les nations qui bordent la mer Mediterranée iusques au golfe de la mer Maiour ; et, pour cet effect, trauerserent les Espaignes, la Gaule, l'Italie, iusques en la Grece, ou les Atheniens les soustindrent ; mais que, quelque temps apres, et les Atheniens, et eus, et leur isle furent engloutis par le deluge. Il est bien vrai-semblable que cet extreme rauage d'eaux ait faict des changemens estranges aus habitations de la terre, comme on tient que la mer a retranché la Sycile d'auec l'Italie* ; Chipre d'auec la Surie ; l'isle de Negrepont de la terre ferme de la Beoce ; et ioint ailleurs les terres qui estoint diuisées, comblant de limon et de sable les fossez d'entre-deus :

Sterilisque diu palus aptaqué remis
Vicinas vrbes alit, et graue sentit aratrum.

[1] *Vulg. supp. :* « comme on dit... empocher. Ie... beaucoup ».
[2] *C supp. :* « ferme ».

Mais il n'y a pas grande apparence que céte isle soit [1]
ce monde nouueau que nous venons de descouurir;
car elle touchoit quasi l'Espaigne, et ce seroit vn effect
incroyable d'inundation de l'en auoir reculée, comme
elle est, de plus de douze cens lieues; outre ce que les
nauigations des modernes ont des-ia presque descouuert que ce n'est point vne isle, ains terre ferme et
continente auec l'Inde orientale, d'vn costé, et auec
les terres qui sont sous les deux poles, d'autre part;
ou, si elle en est separée, que c'est d'vn si petit destroit
et interualle qu'elle ne merite pas d'estre nommée isle
pour cela *.

L'autre tesmoignage de l'antiquité auquel on veut
raporter céte descouuerte est dans Aristote, au moins
si ce petit liuret des merueilles inouies est a luy. Il
raconte la que certains Cartaginois, s'estant iettez au
trauers de la mer Athlantique, hors le destroit de Gibaltar, et nauigué long temps, auoint descouuert en fin
vne grande isle fertile, toute reuestue de bois, et ar-
rousée de grandes et profondes riuieres, fort esloignée
de toutes terres fermes; et qu'eus et autres depuis,
atirez par la bonté et fertilité du terroir, s'i en allerent,
auec leurs femmes et enfans, et commencerent a s'i
habituer. Les seigneurs de Cartage, voians que leur
païs se depeuploit peu a peu, firent deffence expresse,
sur peine de mort, que nul n'eut plus a aller la, et en
chasserent ces nouueaus habitans, craignants, a ce que
l'on dit, que, par succession de temps, ils ne vinsent a
multiplier tellement qu'ils les suplantassent eus mesmes et ruinassent leur estat. Céte narration d'Aristote
n'a non plus de accord auec nos terres neufues.

[1] C : « en ce ».

Cet homme que i'auoy estoit homme simple et grossier, qui est vne condition propre a rendre veritable
tesmoignage. Car les fines gens remerquent bien plus
curieusement, et plus de choses, mais ils les glosent,
et, pour faire valoir leur interpretation et la persuader,
ils ne se peuuent garder d'alterer vn peu l'histoire. Ils
ne vous representent iamais les choses pures : ils les
inclinent et masquent selon le visage qu'ils les ont
goustées; et, pour donner credit a leur iugement et
vous y attirer, prestent volontiers de ce costé la a la
matiere, l'alongent et l'amplifient. Ou il faut vn homme
tres-fidele, ou si simple qu'il n'ait pas dequoy bastir et
donner de la vrai-semblance a des inuentions fauces,
et qui n'ait rien espousé. Le mien estoit tel; et, outre
cela, il m'a fait voir, a diuerses fois, plusieurs matelotz
et marchans qu'il auoit cogneus en ce voyage. Ainsi
ie me contente de cete information, sans m'enquerir
de ce que les cosmografes en disent. Il nous faudroit
des topographes qui nous fissent des narrations particulieres des endroitz ou ils ont esté. Mais, pour auoir
cet auantage sur nous d'auoir veu la Palestine, ilz
veulent auoir ce priuilege de nous conter nouueles de
tout le demeurant du monde. Ie voudroy que chacun
escriuit ce qu'il sçait, et autant qu'il en sçait, non en
cela seulement, mais en tous autres subiectz : car tel
peut auoir quelque particuliere science ou experiance
de la nature d'vne riuiere ou d'vne fontaine, qui ne
sçait au reste que ce que chacun sçait; il entreprendra
toutes-fois, pour faire courir ce petit lopin, d'escrire
toute la physique. De ce vice sourdent plusieurs grandes incommoditez.

Or ie trouue, pour reuenir a mon propos, qu'il n'y
a rien de barbare et de sauuage en céte nation, a ce

qu'on m'en a rapporté; sinon que chacun appelle barbarie ce qui n'est pas de son vsage; comme de vray
il semble que [1] nous n'auons autre touche de la verité
et de la raison que l'exemple et idée des opinions et
vsances du païs ou nous sommes. La est tousiours la
perfaicte religion, la perfaite police, perfect et accom-
ply vsage de toutes choses. Ils sont sauuages, de mesme
que nous appelons sauuages les fruits que nature, de
soy et de son progrez ordinaire, a produitz; la ou, a
la verité, ce sont ceus que nous auons alterez par
nostre artifice, et detournez de l'ordre commun, que
nous deurions appeller plustost sauuages. En ceus la
sont viues et vigoureuses les vrayes, et plus vtiles, et
naturelles vertus et proprietés, lesquelles nous auons
abastardies en ceus cy, et les auons seulement [2] accom-
modées au plaisir de nostre goust corrompu*. Ce n'est
pas raison que l'art gaigne le point d'honneur sur nostre grande et puissante mere nature. Nous auons tant
rechargé la beauté et richesse de ses ouurages par noz
inuentions, que nous l'auons du tout estoufée. Si est
ce que, par tout ou sa pureté reluyt, elle fait vne merueilleuse honte a nos vaines et friuoles entreprinses*.
Tous nos efforts ne peuuent seulement arriuer a representer le nid du moindre oyselet, sa contexture, sa
beauté et l'vtilité de son vsage; non pas la tissure de
la chetiue et vile araignée*.

Ces nations me semblent donq ainsi barbares, pour
auoir receu fort peu de façon de l'esprit humain, et
estre encore fort voisines de leur naifueté originelle.
Les lois naturelles leur commandent encore, fort peu
abastardies par les nostres; mais c'est en telle pureté

[1] *Vulg. supp.* : « il semble que ».
[2] *C supp. :* « seulement ».

qu'il me prend quelque fois desplaisir dequoy la connoissance n'en soit venue plustost, du temps qu'il y
auoit des hommes qui en eussent sceu mieus iuger que
nous. Il me desplait que Licurgus et Platon ne l'ayent
euë; car il me semble que ce que nous voyons par
experience en ces nations la surpasse, non seulement
toutes les peintures de quoi la poesie a embely l'age
doré, et toutes ses inuentions a feindre vne heureuse
condition d'hommes, mais encore la conception et le
desir mesme de la philosophie. Ils n'ont peu imaginer
vne naifueté si pure et si simple comme nous la voyons
par experience, ny n'ont peu croire que nostre societé
se peut maintenir auec si peu d'artifice et de soudeure
humaine. C'est vne nation, diroy ie a Platon, en laquelle il n'y a nulle espece de trafique, nulle cognoissance de lettres, nulle science de nombres, nul nom
de magistrat ni de superiorité politique, nul goust de
seruice, de richesse ou de pauureté, nuls contrats,
nulles successions, nuls partages, nulles occupations
qu'oisiues, nul respect de parenté que commun, nuls
vestemens, nulle agriculture, nul metal, nul vsage de
vin ou de bled. Les paroles mesmes qui signifient la
mensonge, la trahison, la dissimulation, l'auarice,
l'enuie, la detraction, le pardon, inouies. Combien
trouueroit il la republique qu'il a imaginée esloignée
de céte perfection !*

Au demeurant, ils viuent en vne contrée de païs
tres-plaisante et tres-bien temperée; de façon qu'a ce
que m'ont dit mes tesmoins, il est rare d'y voir vn
homme malade; et m'ont asseuré n'en y auoir veu nul
tremblant, chassieus, edenté ou courbé de vieillesse.
Ils sont assis le long de la mer, et fermez du costé de
la terre de grandes et hautes montaignes, ayant, entre

deus, cent lieues ou enuiron d'estendue en large. Ils
ont grande abondance de poisson et de chair[1], qui n'ont
nulle ressemblance aus nostres, et les mangent sans
aucun autre artifice que de les cuyre. Le premier qui
y mena vn cheual, qui les auoit pratiquez a plusieurs
autres [2] voyages, il leur fit tant d'horreur en cete assiete qu'ils le mirent en pieces, a coups de traict,
auant que le pouuoir recognoistre. Leurs bastimens
sont fort longs, et capables de deus ou trois cens ames,
estofés d'escorse de grands arbres, tenans a terre par
vn bout, et se soustenans et appuyans l'vn contre l'autre par le feste, a la mode d'aucunes de nos granges,
desquelles la couuerture pend iusques a terre, et sert
de flanq et de paroy. Ils ont du bois si dur et si ferme
qu'ilz en coupent et en font leurs espées et des grilles
a cuyre leur viande. Leurs litz sont d'vn tissu de coton,
suspenduz contre le toict, comme ceus de nos nauires;
a chacun le sien : car les femmes couchent a part des
maris. Ils se leuent auec le soleil, et mengent, soudein
apres s'estre leuez, pour toute la iournée : car ils ne
font autre repas que celuy la. Ils ne boyuent pas lors[*];
mais ilz boyuent a plusieurs fois sur iour, et d'autant.
Leur breuuage est faict de quelque racine, et est de la
couleur de nos vins clairets. Ils ne le boyuent pas
autrement que tiede. Ce breuuage ne se conserue que
deus ou trois iours. Il a le goust vn peu piquant, nullement fumeus, salutaire a l'estomac, et laxatif a ceus
qui ne l'ont guere accoustumé. C'est vne boisson tres-
agreable a ceus qui y sont duits. Au lieu du pain, ilz
mengent d'vne certaine matiere blanche, comme du
coriandre confit. I'en ay tasté : il a le goust dous et vn

---

1 *BC* : « chairs ».

2 *C supp.* : « autres ».

peu fade. Toute la iournée se passe a dancer. Les plus
ieunes vont a la chasse des bestes, a tout des arcs. Vne
partie des femmes s'amusent, ce pendant, a chaufer
leur breuuage, qui est le principal office qu'ilz reçoiuent d'elles. Il y a quelqu'vn des vieillars qui, le matin,
auant qu'ils se mettent a menger, les presche en commun toute vne grangée, en se promenant d'vn bout a
autre, et redisant vne mesme clause a plusieurs fois,
iusques a ce qu'il ayt acheué le tour (car ce sont bastimens qui ont bien cent pas de longeur) ; il ne leur
recommande que deus choses : la vaillance contre les
ennemis, et l'amitié a leurs femmes ; et ne faillent
iamais de remerquer céte obligation pour leur refrein,
que ce sont celles [1] qui leur maintiennent leur boisson
tiede et assaisonnée. Il se void en plusieurs lieus, et
entre autres chez moy, la forme de leurs lits, de leurs
cordons, de leurs espées et brasseletz de bois, de quoy
ils couurent leurs poignets aus combats, et des grandes
cannes ouuertes par vn bout, par le son desquelles ils
soustiennent la cadence de leur dance. Ils sont ras par
tout, et se font le poil beaucoup plus nettement que
nous, sans rasoüer*. Ils croyent les ames eternelles, et
celles qui ont bien merité des Dieus estre logées a
l'endroit du ciel ou le soleil se leue ; les maudites, du
costé de l'occident.

Ils ont ie ne sçay quels prestres et profetes qui se
presentent bien rarement au peuple, ayant leur demeure aus montaignes. A leur arriuée, il se faict vne
grande feste et assemblée solenne [2] de plusieurs vilages
(chaque grange, comme ie l'ay descrite, faict vn vilage,
et sont enuiron a vne lieue Françoise l'vne de l'autre).

[1] *BC :* « elles ».
[2] *C :* « solennelle ».

Ce profete parle a eus en public, les exhortant a la vertu et a leur deuoir; mais toute leur science ethique ne contient que ces deus articles : de la resolution a la guerre, et affection a leurs femmes. Cetuy cy leur prognostique les choses a venir, et les euenemans qu'ils doiuent esperer de leurs entreprinses; les achemine ou [1] destourne de la guerre. Mais c'est en telle condition que, s'il faut a bien deuiner, et s'il leur aduient autrement qu'il ne leur a predit, il est haché en mille pieces, s'ils l'atrapent, et condamné pour faus profete. A céte cause, celuy qui s'est vne fois mesconté, on ne le void plus*.

Ils ont leurs guerres contre les nations qui sont au-dela de leurs montaignes, plus auant en la terre ferme, ausquelles ils vont tous nuds, n'ayant autres armes que des arcs ou ces [2] espées apointées par vn bout, a la mode des langues de noz espieuz. C'est chose esmerueillable que de la fermeté de leurs combats, qui ne finissent iamais que par meurtre et effusion de sang : car, de routes et d'effroy, ils ne sçauent que c'est. Chacun raporte, pour son trophée, la teste de l'ennemy qu'il a tué, et la plante a l'entrée de son logis. Apres auoir long temps bien traité leurs prisonniers, et de toutes les commoditez dont ils se peuuent aduiser, celuy qui en est le maistre faict vne grande assemblée de ses cognoissans. Il atache vn cordon [3] a l'vn des bras du prisonnier*, et donne au plus fidele de ses amis l'autre bras a tenir de mesme; et eus deus, en presence de toute l'assemblée, l'assomment a coups d'espée. Apres cela, ils le rostissent, et en mengent en

[1] *C :* « et ».
[2] *BC :* « des ».
[3] *BC :* « vne corde ».

commun, et en enuoyent des lopins a ceus de leurs amis qui sont absens. Ce n'est pas, comme on pense, pour s'en nourrir, ainsi que faisoint anciennement les Scytes ; c'est pour representer vne extreme vengeance. Et qu'il soit ainsi : ayant apperceu que les Portuguois qui s'estoint raliez a leurs aduersaires vsoint d'vne autre sorte de mort contre eus, quand ils les prenoint, qui estoit de les enterrer iusques a la ceinture, et tirer au demeurant du corps force coups de traict, et les pendre apres, ils penserent que ces gens icy de l'autre monde, comme ceux qui auoint semé la cognoissance de beaucoup de vices parmi leur voisinage, et qui estoint beaucoup plus grandz maistres qu'eus en toute sorte de malice, ne prenoint pas sans occasion céte sorte de vengeance, et qu'elle deuoit estre plus aigre que la leur, commencerent de quitter leur façon antienne pour suiure céte cy. Ie ne suis pas marri que nous remerquons l'horreur barbaresque qu'il y a en vne telle action ; mais ouy bien dequoy, iugeans bien de leurs fautes, nous soions si aueuglez aus nostres. Ie pense qu'il y a plus de barbarie a menger vn homme viuant qu'a le menger mort, a deschirer par tourmans et par geines vn corps encore plein de sentiment, le faire rostir par le menu, le faire mordre et meurtrir aus chiens et aus porceaux, comme nous l'auons non seulement leu, mais veu de fresche memoire, non entre des ennemis anciens, mais entre des voisins et concitoyens, et, qui pis est, sous pretexte de pieté et de religion, que de le rostir et menger apres qu'il est tres-passé.

Chrisippus et Zenon, chefs de la secte Stoicque, ont bien pensé qu'il n'y auoit nul mal de se seruir de nostre charoigne a quoy que ce fut pour nostre besoing,

et d'en tirer de la nourriture : comme nos ancestres,
estans assiegez par Cæsar, en la ville de Alexia, se reso-
lurent de soustenir la faim de ce siege par les corps des
vieillardz, des femmes et toutes autres personnes inutiles au combat*. Et les medecins ne creignent pas de
s'en seruir a toute sorte d'vsage pour nostre santé, soit
pour l'apliquer au dedans, ou au dehors. Mais il ne s'y
trouua iamais nulle opinion si desreglée qui excusat
la trahison, la desloiauté, la tyrannie, la cruauté, qui
sont nos fautes ordinaires. Nous les pouuons donq
bien appeller barbares, eu esgard aus regles de la raison, mais non pas eu esgard a nous, qui les surpassons
en toute sorte de barbarie. Leur guerre est toute noble
et genereuse, et a autant d'excuse et de beauté que céte
maladie humaine en peut receuoir : elle n'a autre
fondement parmi eus que la seule ialousie de la vertu.
Ils ne sont pas en debat de la conqueste de nouuelles
terres : car ils iouissent encore de céte vberté naturelle
qui les fournit sans trauail et sans peine de toutes
choses necessaires, en telle abondance qu'ilz n'ont que
faire d'agrandir leurs limites. Ils sont encore en cet
heureux point de ne desirer qu'autant que leurs necessitez naturelles leur ordonnent : tout ce qui est au dela
est superflu pour eus. Ils s'entrapelent generalement,
ceus de mesme aage, freres; enfans, ceus qui sont au
dessous; et les vieillartz sont peres a tous les autres.
Ceux cy laissent a leurs suiuans et enfans en commun
céte plaine possession de biens par indiuis, sans autre
titre que celui tout pur que nature donne a ses creatures, les produisant au monde. Si leurs voisins passent
les montaignes pour les venir assaillir, et qu'ils emportent la victoire sur eus, l'aquest du victorieus, c'est
la gloire, et l'auantage d'estre demeuré maistre en

valleur et en vertu ; car autrement ils n'ont que faire
des biens des vaincus, et s'en retournent a leur païs,
ou ils n'ont faute de nulle chose necessaire, ny faute
encore de céte grande partie, de sçauoir heureusement
iouir de leur condition, et s'en contenter. Autant en
font ceux cy a leur tour. Ils ne demandent a leurs
prisonniers autre rançon que la confession et recog-
noissance d'estre vaincus. Mais il ne s'en trouue pas
vn, en tout vn siecle, qui n'aime mieus la mort que
de relascher, ny par contenance, ny de parole, vn seul
point d'vne grandeur de courage inuincible ; il ne s'en
void nul qui n'ayme mieus estre tué et mangé que de
requerir seulement de ne l'estre pas. Ils les traictent
en toute liberté, et leur fournissent de toutes les commoditez dequoy ilz se peuuent aduiser [1], affin que la
vie leur soit d'autant plus chere, et les entretiennent
communement de [2] menasses de leur mort future, des
tourmens qu'ils y auront a souffrir, des aprests qu'on
dresse pour cet effect, du detranchement de leurs membres, et du festin qui se fera a leurs despans. Tout cela
se faict pour céte seule fin d'arracher de leur bouche
quelque parole molle ou rabaissée, ou de leur donner
enuie de s'enfuyr, pour gaigner cet auantage de les
auoir espouuantez, et d'auoir fait force a leur vertu et
leur constance ; car aussi, a le bien prendre, c'est a ce
seul point que consiste la vraye et solide victoire*.
Tous les autres auantages que nous gaignons sur nos
ennemis, ce sont auantages empruntez : ils ne sont pas
nostres [3]. C'est la qualité d'vn portefaix, non de la
vertu, d'auoir les bras et les iambes plus roides ; c'est

---

[1] *Vulg. supp.* : « et leur fournissent... aduiser ».
[2] *BC :* « des ».
[3] *Vulg. modifie cette phrase.*

vne qualité morte et corporelle que la disposition ; c'est
vn coup de la fortune de faire broncher nostre ennemy
et de luy faire siller les yeux par la lumiere du soleil ;
c'est vn tour d'art et de science, et qui peut tumber en
vne personne lâche et de neant, d'estre suffisant a l'escrime. L'estimation et le pris d'vn homme consiste au
cœur et en la volonté : c'est la ou gist son vrai honneur.
La vaillance, c'est la fermeté, non pas des iambes et
des bras, mais du courage et de l'ame. Elle ne consiste
pas en la valeur de nostre cheual, ny de nos armes,
mais en la nostre. Celuy qui tombe obstiné en son
courage *; qui, pour quelque dangier de la mort voisine, ne relasche nul point de sa constance et asseurance ; qui regarde encores, en rendant l'ame, son
ennemy d'vne veüe ferme et desdaigneuse, il est batu,
non pas de nous, mais de la fortune ; il est vaincu par
effect, et non pas par raison : c'est son malheur qu'on
peut accuser, non pas ¹ sa lâcheté ² *.

Pour reuenir a nostre histoire, il s'en faut tant que
ces prisonniers se rendent pour tout ce ³ qu'on leur fait,
qu'au rebours, pendant ces deus ou trois mois qu'on
les garde, ilz portent vne contenance gaye ; ils pressent
leurs maistres de se haster de les mettre en céte
espreuue ; ilz les deffient, les iniurient, leur reprochent
leur lacheté et le nombre des batailles perdues contre
les leurs. I'ay vne chanson faicte par vn prisonnier, ou
il y a ce trect, qu'ilz viennent hardiment tretous, et
s'assemblent pour disner de luy, car ilz mangeront
quant et quant leurs peres et leurs aieus qui ont seruy
d'aliment et de nourriture a son corps. « Ces muscles,

¹ *BC supp. : « pas ».*
² *Vulg. modifie ces dernières lignes.*
³ *Nous donnons ici la leçon de BC ; A porte : « toute qu'on ».*

dict il, céte cher et ces veines, ce sont les vostres, pau-
ures folz que vous estez, vous ne recognoissez pas que
la substance des membres de voz ancestres s'y tient
encore. Sauourez les bien, vous y trouuerez le goust
de vostre propre cher. » Qui est vne inuention qui ne
sent nullement la barbarie. Ceus qui les peignent
mourans, et qui representent céte action quand on les
assomme, ilz peignent le prisonnier crachant au visage
de ceux qui le [1] tuent, et leur faisant la moüe. De
vray, ilz ne cessent, iusques au dernier souspir, de les
brauer et deffier de parole et de contenance. Sans mentir, au pris de nous, voila des hommes bien sauuages ;
car, ou il faut qu'ilz le soint bien, a bon escient, ou que
nous le soions : car [2] il y a vne merueilleuse distance
entre leur constance et la nostre.

Les hommes y ont plusieurs femmes, et en ont
d'autant plus grand nombre qu'ilz sont en meilleure
reputation de vaillance. C'est vne beauté remercable
en leurs mariages que la mesme ialousie que nos femmes ont pour nous empescher de l'amitié et bienueillance d'autres femmes, les leurs l'ont toute pareille
pour la leur acquerir. Estans plus soigneuses de l'honneur de leurs maris que de toute autre chose, cerchent [3]
et mettent toute leur solicitude a auoir le plus de com-
pagnes qu'elles peuuent, d'autaut que c'est vn tesmoignage de la valeur du mary d'auoir plusieurs espousées [4]*. Et, afin qu'on ne panse point que tout cecy se
face par vne simple et seruile obligation a leur vsance,
et par l'impression de l'hauthorité de leur ancienne

---

[1] *BC* : « les ».
[2] *BC supp.* : « car ».
[3] *BC* : « elles cerchent ».
[4] *BC supp.* : « d'auoir plusieurs espousées ».

coustume, sans discours et sans iugement, et pour
auoir l'ame si stupide que de ne pouuoir prendre autre
parti, il faut alleguer quelques traitz de leur suffisance.
Outre celuy que ie vien de reciter de l'vne de leurs
chansons guerrieres, i'en ay vne autre, amoureuse, qui
commence en ce sens : « Coleuure, arreste toy ! Arreste
toy, coleuure, afin que ma sœur tire, sur le patron de
ta peinture, la façon et l'ouurage d'vn riche cordon
que ie puisse donner a m'amie : ainsi soit en tout
temps ta beauté et ta disposition preferée a tous les
autres serpens. » Ce premier couplet, c'est le refrein
de la chanson. Or, i'ay assez de commerce auec la poësie
pour iuger cecy, que, non seulement il n'y a rien de
barbarie en céte imagination, mais qu'elle est tout a
fait Anacreontique. Leur langage, au demeurant, c'est
le plus dous langage du monde, et qui a le son le plus
agreable a l'oreille : il retire fort aux terminaisons
grecques [1].

Trois d'entre eux, ignorans combien coutera vn iour
a leur repos et a leur bon heur la conoissance des corrup-
tions de deça, et que de ce commerce naistra leur ruine,
comme ie presupose qu'elle soit des-ia auancée, bien
miserables de s'estre laissés piper au desir de la nouuelleté, et auoir quitté la douceur de leur ciel pour
venir voir le nostre, furent a Roüan, du temps que le
feu Roy Charles neufiesme y estoit. Le Roy parla a
eus long temps. On leur fit voir nostre façon, nostre
pompe, la forme d'vne belle ville. Apres cela, quelqu'vn
leur en demanda leur auis, et voulut sçauoir d'eus ce
qu'ils y auoint trouué de plus admirable : ils respondirent trois choses, d'ou i'ay perdu la troisiesme, et en

---

[1] *Vulg. modifie cette phrase.*

suis bien marry, mais i'en ai encore deus en memoire.
Ilz dirent qu'ilz trouuoint, en premier lieu, fort estrange que tant de grandz hommes portans barbe,
roides, fortz et armez, qui estoint autour du Roy (il
est vraisemblable qu'ilz parloint des Souisses de sa
garde) se soubzmissent a obeir a vn enfant, et qu'on
ne choisissoit plus tost quelqu'vn d'entre eux pour
commander; secondement, (ilz ont vne façon de leur
langage telle qu'ils nomment les hommes moitié les
vns des autres) qu'ilz auoint aperceu qu'il y auoit
parmy nous des hommes plains et gorgez de toute sorte
de commoditez, et bien soulz, et que leurs moitiez
estoint mendians a leurs portes, décharnez de faim et
de pauureté, et trouuoint estrange comme ces moitiez
icy necessiteuses pouuoint souffrir vne telle iniustice,
qu'ilz ne prinsent les autres a la gorge, ou missent le
feu a leurs maisons.

Ie parlay a l'vn d'eus fort long temps; mais i'auois
vn truchement qui me suyuoit si mal, et qui estoit si
empesché a receuoir mes imaginations par sa bestise,
que ie n'en peus tirer guiere de plaisir. Sur ce que ie
luy demanday quel fruit il receuoit de la superiorité
qu'il auoit parmy les siens (car c'estoit vn Capitaine,
et nos matelots le nommoint Roy) : il me dict que c'estoit marcher le premier a la guerre ; de combien d'hommes il estoit suiui : il me montra vne espace de lieu,
pour signifier que c'estoit autant qu'il en pourroit en
vne telle espace (ce pouuoit estre quatre ou cinq mille
hommes); si, hors la guerre, toute son authorité estoit
expirée : il dict qu'il luy en restoit cela que, quand il
visitoit les vilages qui dépendoint de luy, on luy dres-
soit des sentiers au trauers des haies de leurs bois, par
ou il peut passer bien a l'aise. Tout cela ne va pas

trop [1] mal : mais quoy ! ils ne portent point de haut de chausses.

CHAPITRE TRENTEDEVXIEME.

QV'IL FAVT SOBREMENT SE MESLER DE IVGER DES ORDONNANCES DIVINES.

Le vray champ et subiect de l'imposture sont les choses inconnües, d'autant qu'en premier lieu l'estrangeté mesme donne credit, et puis, n'estant point subiectes a nos discours ordinaires, elles nous ostent le moyen de les combatre *; d'ou il aduient qu'il n'est rien creu si fermement que ce qu'on sçait le moins, ny gens si asseurés que ceux qui nous content des fables, comme alchimistes, prognostiqueurs, iudiciaires, chiromantiens, medecins, *id genus omne*, ausquelz ie ioindrois volontiers, si i'osois, vn tas de gens interpretes et contrerolleurs ordinaires des dessains de Dieu, faisant estat de trouuer les causes de chasque accident, et de veoir dans les secretz de la volonté diuine les motifs incomprehensibles de ses operations ; et, quoy que la varieté et discordance continuelle des euenemens les reiette de coin en coin, et d'orient en occident, ils ne laissent de suiure pourtant leur esteuf, et, de mesme creon, peindre le blanc et le noir *.

Suffit a vn Crestien croire toutes choses venir de Dieu, les receuoir auec reconnoissance de sa diuine et inscrutable sapience, pourtant les prendre en bonne part, en quelque visage et goust qu'elles lui soint enuoyées

---

[1] *C supp.* : « trop ».

Mais ie trouue mauuais ce que ie voy en vsage, de chercher a fermir et appuyer nostre religion par le bon
heur et prosperité de nos entreprises. Nostre creance
a assez d'autres fondemens sans l'authoriser par les
euenemens. Car, le peuple accoustumé a ces argúmens
plausibles et proprement de son goust, il est dangier,
quand les euenemens viennent a leur tour contraires
et desauantageus, qu'il en esbranle sa foi : comme aux
guerres ou nous sommes pour la religion, ceux qui
eurent l'aduantage au rencontre de La Rochelabeille,
faisant grand feste de cet accident, et se seruans de
cête fortune pour certaine approbation de leur party,
quand ils viennent apres a excuser leurs defortunes de
Montcontour et de Iarnac sur ce que ce sont verges et
chastiemens paternelz, s'ilz n'ont vn peuple du tout a
leur mercy, ilz luy font assez aisément sentir que c'est
prendre d'vn sac deux mouldures, et de mesme bouche
souffler le chaud et le froid. Il vaudroit mieux l'entretenir des vrays fondemens de la verité. C'est vne belle
bataille nauale qui s'est gaignée ces mois passez contre
les Turcs, sous la conduite de don Ioan d'Austria, mais
il a bien pleu a Dieu en faire autres-fois voir d'autres
telles a nos despens. Somme, il est mal aysé de ramener
les choses diuines a nostre suffisance, qu'elles n'y souffrent du deschet. Et qui voudroit rendre raison de ce
que Arrius et Leon, son Pape, chefs principaux de cête
heresie, moururent, en diuers temps, de mors si pareilles et si estranges (car, retirés de la dispute, par douleur
de ventre, a la garderobe, tous deux y rendirent subi-
tement l'ame), et exagerer cête vengeance diuine par
la circonstance du lieu, y pourroit bien encore adiouster la mort de Heliogabalus, qui fut aussi tué en vn
retraict : mais quoy ! le martyr Irenée se trouue engagé

en mesme fortune *. Somme, il se faut contenter de la lumiere qu'il plait au soleil nous communiquer par ses rayons; et qui esleuera ses yeux pour en prendre vne plus grande dans son corps mesme, qu'il ne trouue pas estrange si, pour la peine de son outrecuidance, il y perd la veüe *.

CHAPITRE TRENTETROISIEME.

DE FVIR LES VOLVPTÉS AV PRIS DE LA VIE.

I'auois bien veu conuenir en cecy la pluspart des anciennes opinions, qu'il est heure de mourir lors qu'il y a plus de mal que de bien a viure; et que, de conseruer nostre vie a nostre tourment et incommodité, c'est choquer les reigles mesmes de nature, comme disent ces vieilles reigles :

Ἢ ζῆν ἀλύπως, ἢ θανεῖν εὐδαιμόνως.

Καλὸν [τὸ] θνήσκειν οἷς ὕβριν τὸ ζῆν φέρει.

Κρεῖσσον τὸ μὴ ζῆν ἐστὶν ἢ ζῆν ἀθλίως.

Mais de pousser le mespris de la mort iusques a tel degré que de l'employer pour se distraire des honneurs, richesses, grandeurs, et autres faueurs et biens que nous appellons de la fortune, comme si la raison n'auoit pas assez affaire a nous persuader de les abandonner, sans y adiouter céte nouuelle recharge, ie ne l'auois veu ny commander, ny pratiquer, iusques lors que ce passage de Seneca me tomba entre mains, auquel conseillant a Lucilius, personnage puissant et de grande authorité autour de l'Empereur, de changer céte vie voluptueuse et tumultuaire, et de se retirer de

céte presse du monde a quelque vie solitaire, tran-
quille et philosóphique, sur quoy, Lucilius alleguoit
quelques difficultez : « Ie suis d'aduis (dict il) que tu
quites céte vie la, ou la vie tout a faict. Bien te con-
seille-ie de suiure la plus douce voye, et de destacher
plus tot que de rompre ce que tu as mal noüé, pourueu
que, s'il ne se peut autrement destacher, tu le rompes.
Il n'y a homme si couard qui n'ayme mieux tomber
vne fois, que de demeurer tousiours en branle. » I'eusse
trouué ce conseil sortable a la rudesse Stoique ; mais
il est plus estrange qu'il soit emprunté d'Epicurus, qui
escrit a ce propos choses toutes pareilles a Idomeneus
Si est ce que ie pense auoir remerqué quelque traict·
semblable parmi nos gens, mais auec la moderation
Chrestienne.

S. Hilaire, Euesque de Poitiers, ce fameux ennemy de
l'heresie Arriene, estant en Syrie, fut aduerti qu'Abra,
sa fille vnique, qu'il auoit laissée par deça auecques
sa mere, estoit poursuiuie en mariage par les plus ap-
parens seigneurs du pais, comme fille tresbien nourrie,
belle, riche et en la fleur de son aage. Il luy escriuit
(comme nous voyons) qu'elle ostat son affection de
tous ces plaisirs et aduantages qu'on luy presentoit ;
qu'il luy auoit trouué, en son voiage, vn parti bien plus
grand et plus digne, d'vn mary de bien autre pouuoir
et magnificence, qui luy feroit presens de robes et de
ioyaux de pris inestimable. Son dessain estoit de luy
faire perdre le goust et l'vsage des plaisirs mondains,
pour la ioindre toute a Dieu. Mais, a cela, le plus court
et plus certain moien luy semblant estre la mort de sa
fille, il ne cessa, par veus, prieres et oraisons, de faire
requeste a Dieu de l'oster de ce monde, et de l'apeller
a soy : comme il aduint. Car, bien-tost apres son re-

tour, elle luy mourut; dequoy il monstra vne singuliere allegresse. Cestuy cy semble encherir sur les
autres de ce qu'il s'adresse a ce moyen de prime face,
qu'ilz ne prennent que subsidieremant, et puis que
c'est a l'endroit de sa fille vnique. Mais ie ne veux
obmettre le bout de céte histoire, encore qu'il ne soit
pas de mon propos. La femme de sainct Hilaire, ayant
entendu par luy comme la mort de leur fille s'estoit
conduite par son dessain et volonté, et combien elle
auoit plus d'heur d'estre deslogée de ce monde que d'y
estre, print vne si viue apprehension de la beatitude
eternelle et celeste, qu'elle solicita son mary, auec extreme instance, d'en faire autant pour elle. Et Dieu, a
leurs prieres communes, l'ayant retirée a soy bien tost
apres, il ne fut iamais mort embrassée auec si grand
contentement [1].

CHAPITRE TRENTEQVATRIEME.

LA FORTVNE SE RENCONTRE SOVVENT AV TRAIN DE LA RAISON.

L'inconstance du bransle diuers de la fortune faict
qu'elle nous doiue presenter toute espece de visages.
Y a il nulle action de iustice plus expresse que celle
icy? Le Duc de Valentinois, ayant enuie d'empoisonner
Adrian, Cardinal de Cornete, ches qui le Pape Alexandre sixiesme, son pere, et luy alloient souper au Vatican,
enuoya deuant quelque bouteille de vin empoisonné,
et commanda au someillier qu'il la gardast bien soigneusement. Le Pape y estant arriué auant le fis, et

---

[1] *Vulg. modifie cette fin.*

ayant demandé a boire, ce sommelier, qui pensoit ce vin ne luy auoir esté recommandé que pour sa bonté, en seruit au Pape, et le Duc mesme, y arriuant sur le point de la collation et se fiant qu'on n'auroit pas touché a sa bouteille, en prit a son tour, en maniere que le pere en mourut soudain, et le fis, apres auoir esté longuement tourmenté de maladie, fut reserué a vn autre pire fortune.

Quelque fois il semble a point nommé qu'elle se ioüe a nous. Le seigneur d'Estrée, lors Guidon de monsieur de Vandome, et le seigneur de Liques, Lieutenant de la compagnie du Duc d'Ascot, estants tous deux seruiteurs de la sœur du sieur de Foungueselles, quoi que de diuers partis (comme il aduient aux voisins de la frontiere), le sieur de Licques l'emporta ; mais, le mesme iour des nopces, et, qui pis est, auant le coucher, le marié, ayant enuie de rompre vn bois en faueur de sa nouuelle espouse, sortit a l'escarmouche pres de sainct Omer, ou le sieur d'Estrée, se trouuant le plus fort, le feit son prisonnier, et, pour faire valoir son aduantage, encore fausit il que la damoiselle,

Coniugis ante coacta noui dimittere collum,
  Quam veniens vna atque altera rursus hyems
Noctibus in longis auidum saturasset amorem,
  Posset vt abrupto viuere coniugio [1],

luy fit elle mesme requeste par courtoisie de luy rendre son prisonnier, comme il feit : la noblesse Françoise ne refusant iamais rien aux dames*.

Quelque fois il luy plait enuier sur nos miracles. Nous tenons que, le Roy Clouis assiegeant Angoulesme,

---

[1] *Vulg. supp. ce dernier vers.*

les murailles cheurent d'elles mesmes par faueur diuine. Et Bouchet emprunte de quelque autheur que, le
Roy Robert assiegeant vne. ville, et s'estant desrobé
du siege pour aller a Orleans solemnizer la feste de
sainct Aignan, comme il estoit en deuotion sur certain
point de la messe, les murailles de la ville assiegée s'en
allerent, sans aucun effort, en ruine. Elle fit tout a
contrepoil en nos guerres de Milan. Car le Capitaine
Rense, assiegeant pour nous la ville d'Eronne, et ayant
fait mettre la mine soubz vn grand pan de muraille,
et le mur en estant brusquement enleué hors de terre,
recheut toutes-fois tout empanné, si droit dans son fondement que les assiegez n'en vausirent pas moins.

Quelque fois elle faict la medecine. Iason Phereus,
estant abandonné des medecins pour vne apostume
qu'il auoit dans la poitrine, ayant enuie de s'en défaire
au moins par la mort, se ietta, en vne bataille, a corps
perdu dans la presse des ennemis, ou il fut blessé a
trauers le corps si a point que son apostume en creua
et guerit. Surpassa elle pas Protogenes en la science
de son art? Cestuy cy estoit peintre, et ayant parfaict
l'image d'vn chien las et recreu, a son contentement
en toutes les autres parties, mais ne pouuant representer a son gré l'escume et la baue, despité contre sa
besongne, prit son esponge, et, comme elle estoit abreuée de diuerses peintures, la ietta contre, pour tout
effacer. La fortune porta tout a point le coup a l'endroit de la bouche du chien, et y parfournit ce a quoy
l'art n'auoit peu attaindre. N'adresse elle pas quelque
fois nos conseils et les corige? Isabel, Royne d'Angleterre, ayant a repasser de Zelande en son royaume
auec vne armée, en faueur de son fils contre son mary,
estoit perdue, si elle fut arriuée au port qu'elle auoit

proieté, y estant attendue par ses ennemis; mais la
fortune la print en mer, [1] la ietta contre son voulóir
ailleurs, ou elle print terre en toute seurté. Et cet ancien qui, ruant la pierre a vn chien, en assena et tua
sa marastre, eut il pas raison de prononcer ce vers :

Ταυτόματον ἡμῶν καλλίω βουλεύεται,

la fortune a meilleur aduis que nous?*

CHAPITRE TRENTECINQVIESME.

D'VN DEFAVT DE NOS POLICES.

Feu mon pere, homme, pour n'estre aydé que de
l'experience et du naturel, d'vn iugement bien net,
m'a dict autre fois qu'es commandemens qui luy estoient tombez en main [2], il auoit desiré de mettre en
train que il y eut certain lieu designé, auquel ceux
qui eussent besoing de quelque chose se peussent rendre et faire enregistrer leur affaire a vn officier estably
pour cet effect, comme : * tel cherche compagnie pour
aller a Paris; tel cherche vn seruiteur de telle qualité;
tel cherche vn maistre; tel demande vn ouurier; qui
cecy, qui cela : chacun selon son besoing. Et semble
que ce moyen de nous entr'aduertir apporteroit non
legiere commodité au commerce publique. Car, a tous
les coups, il y a des conditions qui s'entrecherchent, et,
pour ne se pouuoir rencontrer, laissent les hommes en
extreme necessité.

I'entens, auec vne grand' honte de nostre siecle, qu'a

---

[1] *B :* « et la »
[2] *Vulg. supp. :* « es commandemens... en main ».

nostre veüe, deux tres-excellens personnages en sçauoir
sont morts en estat de n'auoir pas leur soul a menger :
Lilius Gregorius Giraldus en Italie, et Sebastianus
Castalio en Allemagne. Et croy qu'il y a mil' hommes
qui les eussent appellez auec tres-aduantageuses conditions*, s'ilz l'eussent sceu. Le monde n'est pas si
generalement corrompu que ie ne sçache tel homme
qui souhaiteroit, de bien grande affection, que les
moiens que les siens luy ont mis en main se peussent
employer, tant qu'il plaira a la fortune qu'il en iouïsse,
a mettre a l'abry de la necessité les personnes [1] rares
et remarquables en quelque sorte de valeur que le
mal' heur combat quelque fois iusques a l'extremité;
et qui les metroit, pour le moins, en tel estat qu'il ne
tiendroit qu'a faute de bon discours s'ilz n'estoient
contens*.

CHAPITRE TRENTESIXIESME.

DE L'VSAGE DE SE VESTIR.

Ou que ie veuille donner, il me faut forcer quelque
barriere de la coustume, si soigneusement a elle bridé [2]
toutes nos auenues. Ie deuisoy, en céte saison frileuse,
si la façon d'aller tout nud de ces nations dernierement trouuées est vne façon forcée par la chaude temperature de l'air, comme nous disons des Indiens et
des Mores, ou si c'est l'originele des hommes. Les gens
d'entendement, d'autant que tout ce qui est soubz le
ciel, comme dit la saincte parolle, est subiect a mesmes

[1] *BC :* « personnages ».
[2] *BC :* « tant ell' a soigneusement bridé ».

loix, ont accoustumé, en pareilles considerations a celles icy, ou il faut distinguer les loix natureles des controuuées, de recourir a la generale police du monde, ou il n'y peut auoir rien de contrefaict. Or, tout estant exactement fourny ailleurs de filet et d'eguille pour maintenir son estre, il est a la verité mécreable que nous soions seuls produitz en estat defectueus et indigent, et en estat qui ne se puisse maintenir sans secours estrangier. Ainsi ie tiens que, comme les plantes, arbres, animaux et tout ce qui vit, se treuue naturelement equipé de suffisante couuerture pour se defendre de l'iniure du temps,

Proptereaque fere res omnes aut corio sunt,
Aut seta, aut conchis, aut callo, aut cortice tectæ,

aussi estions nous; mais, comme ceux qui esteignent par artificielle lumiere cele du iour, nous auons esteint et estouffé nos propres moyens par les moyens empruntez et estrangiers. Et est aysé a voir que c'est la coustume qui nous faict impossible ce qui ne l'est pas. Car, de ces nations qui n'ont aucune connoissance de vestemens, il s'en trouue d'assises enuiron soubz mesme ciel que le nostre : et puis, la plus delicate partie de nous est celle qui se tient tousiours descouuerte*. Si nous fussions nés auec condition de cotillons et de greguesques, il ne faut faire doubte que nature n'eut armé d'vne peau plus espoisse ce qu'elle eut abandonné a la baterie des saisons, comm' ell' a garny le bout des doigts et plante des pieds*. Ie ne sçay qui demandoit a vn de nos gueus qu'il voyoit en chemise, en plain hiuer, aussi scarrabillat [1] que tel qui se tient ammitoné

---

[1] *BC :* « scarbillat ».

dans les martes iusques aux oreilles, comme il pouuoit auoir patience : « Et vous, Monsieur, respondit il, vous auez bien la face descouuerte ; or, moy, ie suis tout face.» Les Italiens content du fol du Duc de Florence, ce me semble, que, son maistre s'enquerant comment, ainsi mal vestu, il pouuoit porter le froid, a quoy il estoit bien empesché luy mesme : « Suiuez, dict il, ma recepte, de charger sur vous tous vos accoustremens, comme ie fay les miens ; vous n'en souffrirez non plus que moy. » Le Roy Massinissa, iusques a l'extreme viellesse, ne peut estre induit a aller la-teste couuerte, par froid, orage et pluye qu'il fit* ; et le Roy Agesilaus obserua, iusques a sa decrepitude, de porter pareille vesture en hiuer qu'en esté. Cæsar, dict Suetone, marchoit tousiours deuant sa troupe, et le plus souuent a pied, la teste descouuerte, soit qu'il fit soleil ou qu'il pleut ; et autant en dict on de Hannibal :

> Tum vertice nudo
> Excipere insanos imbres cœlique ruinam.

¹ Et, puis que nous sommes sur le froid et François acoustumés a nous biguarrer, adioustons, d'vne autre piece, que le Capitaine Martin du Bellay dict, au voyage de Luxembourg, auoir veu les gelées si âpres que le vin de la munition se coupoit a coups de hache et de coignée, se debitoit aux soldats par poix, et qu'ilz l'emportoient dans des paniers. Et Ouide, a deux doigts prez :

> Nudaque consistunt formam seruantia testæ
> Vina ; nec hausta meri, sed data frusta bibunt*.

¹ BC aj. : « Celuy que les Polonnois ont choisi pour leur Roy, apres le nostre, qui est a la verité vn des plus grans Princes de nostre siecle, ne porte iamais gans, ny ne change pour l'hiuer et temps qu'il face, le mesme bonnet qu'il porte au couuert* ».

CHAPITRE TRENTESETIESME.

DV IEVNE CATON.

Ie n'ay point céte erreur commune de iuger d'autruy selon moy, et de rapporter la condition des autres hommes a la mienne [1]. Ie croy ayséement d'autruy beaucoup de choses ou mes forces ne peuuent attaindre [2*]. La foiblesse que ie sens en moy n'altere aucunement les opinions que ie dois auoir de la vertu et valeur de ceux qui le meritent*. Rampant au limon de la terre, ie ne laisse pas de remerquer, iusques dans les nuës, la hauteur* d'aucunes ames heroiques. C'est beaucoup pour moy d'auoir le iugement reglé, si les effects ne le peuuent estre, et maintenir aumoins céte maistresse partie exempte de la corruption et debauche. C'est quelque chose d'auoir la volonté bonne, quand les iambes me faillent. Ce siecle auquel nous viuons, au moins pour nostre climat, est si plombé, que* le goust mesme de la vertu en est a dire, et semble que ce ne soit autre chose qu'vn iargon de colliege [3]; il ne se reconnoit plus d'action purement vertueuse : celles qui en portent le visage, elles n'en ont pas pourtant l'essence. Car le profit, la gloire, la crainte, l'acoutumance et autres telles causes estrangeres nous acheminent a les produire. La iustice, la vaillance, la debonnaireté que nous exerçons lors, elles peuuent estre dictes telles pour

[1] *Vulg. supp. :* « et de... la mienne ».
[2] *Vulg. modifie cette phrase.*
[3] *BC aj. :*   « *Virtutem verba putant, vt*
               Lucum ligna. »

la consideration d'autruy et du visage qu'elles portent
en publiq, mais ches l'ouurier ce n'est nullement vertu.
Il y a vne autre fin proposée*. Elle n'auoüe rien que ce
qui se faict en sa consideration et pour elle seule ¹*.

Qui plus est, nos iugemens sont encores malades et
suiuent la corruption de nos meurs. Ie voy la pluspart des esprits de mon temps faire les ingenieus a
obscurcir la gloire des belles et genereuses actions anciennes, leur donnant quelque interpretation vile, et
leur controuuans des occasions et des causes vaines* :
soit par malice, ou par ce vice de ramener leur creance
a leur portée, dequoi ie viens de parler; soit, comme
ie pense plustost, pour n'auoir pas la veüe assez forte
et assez nette pour imaginer et conceuoir la splendeur
de la vertu en sa pureté naifue : comme Plutarque dict
que, de son temps, il y en auoit qui attribuoient la
cause de la mort du ieune Caton a la crainte qu'il auoit
eu de Cæsar, dequoy il se picque auecques raison. Et
peut on iuger par la combien il se fut encore plus
offencé de ceux qui l'ont attribuée a l'ambition, et de
ceux qui font l'honneur la fin de toutes actions vertueuses ²*. Ce personnage la fut veritablement vn
patron que nature choisit pour monstrer iusques ou
l'humaine fermeté et constance pouuoit atteindre. Mais
ie ne suis pas icy a mesmes pour traiter ce riche argument. Ie veux seulement faire luiter ensemble les traitz
de cinq poëtes Latins sur la loüange de Caton*.

Sit Cato, dum viuit, sane vel Cæsare maior,

dit l'vn ³.

---

¹ *Vulg. modifie cette phrase.*
² *Vulg. supp. :* « et de ceus... vertueuses ».
³ *BC :* « dict vn ».

Et inuictum, deuicta morte, Catonem,

dict l'autre. Et l'autre, parlant des guerres ciuiles d'entre Cæsar et Pompeius,

Victrix causa Diis placuit, sed victa Catoni.

Et le quatriesme, sur les loüanges de Cæsar :

Et cuncta terrarum subacta
Præter atrocem animum Catonis.

Et le maistre du chœur, apres auoir étalé les noms des plus grands Romains en sa peinture, finit en céte maniere :

His dantem iura Catonem.

CHAPITRE TRENTEHVITIEME.

COMME NOVS PLEVRONS ET RIONS D'VNE MESME CHOSE.

Quand nous rencontrons dans les histoires qu'Antigonus sceut tres-mauuais gré a son fis de luy auoir presenté la teste du Roy Pyrhus, son ennemy, qui venoit sur l'heure mesme d'estre tué, combatant contre luy, et que, l'ayant veüe, il se print bien fort a pleurer; et que le Duc René de Lorreine pleura aussi la mort du Duc Charles de Bourgoigne, qu'il venoit de deffaire, et en porta le deuil en son enterrement; et que, en la bataille d'Auroy, que le Conte de Montfort gaigna contre Charles de Blois, sa partie pour la [1] Duché de Bretaigne, le victorieux, rencontrant le corps

---

[1] *BC* : « le ».

de son ennemy trespassé, en mena grand deuil : il ne faut pas s'ecrier soudain :

E così auen, che l'animo ciascuna
Sua passion sotto el contrario manto
Ricopre, con la vista hor chiara, hor bruna.

Quand on presenta a Cæsar la teste de Pompeius, les histoires disent qu'il en détourna sa veüe comme d'vn vilain et mal plaisant spectacle. Il y auoit eu entre eus vne si longue intelligence et societé au manimant des affaires publiques, tant de communauté de fortunes, tant d'offices reciproques et d'alliance, qu'il ne faut pas croire que céte contenance fut toute fauce et contrefaicte, comme estime cet autre :

Tutumque putauit
Jam bonus esse socer; lachrimas non sponte cadentes
Effudit, gemitusque expressit pectore læto.

Car, bien que, a la verité, la pluspart de nos actions ne soient que masque et fard, et qu'il puisse quelque fois estre vray,

Hæredis fletus sub persona risus est,

si est ce qu'au iugement de ces accidens, il faut considerer comme nos ames se trouuent souuent agitées de diuerses passions. Et, tout ainsi qu'en nos corps ils disent qu'il y a vn' assemblée de diuerses humeurs, desquelles celle la est maistresse, qui commande le plus ordinairement en nous, selon nos complexions, aussi en nos ames, bien qu'il y ait diuers mouuemens qui l'agitent, si faut il qu'il y en ait vn a qui le champ demeure. Mais ce n'est pas auec si entier auantage que, pour la volubilité et soupplesse de nostre ame,

les plus foibles, par occasion, ne regaignent encor la
place et ne facent vne courte charge a leur tour. D'ou
nous voions, non seulemant aus enfans, qui vont tout
nayfuement apres la nature, pleurer et rire souuent de
mesme chose, mais nul d'entre nous ne se peut vanter,
quelque voyage qu'il face a son souhait, que encore,
au départir de sa famille et de ses amis, il ne se sente
frissonner le courage, et, si les larmes ne lui en eschap-
pent tout a faict, au moins met il le pied a l'estrieu
d'vn visage morne et contristé. Et, quelque gentille
flame qui eschaufe le cœur des filles bien nées, encore
les desprend on a force du col de leurs meres pour les
rendre a leur espous, quoy que die ce bon compaignon :

Estne nouis nuptis odio Venus? anne parentum
Frustrantur falsis gaudia lachrimulis,
Vbertim thalami quas intra limina fundunt?
Non, ita me Diui, vera gemunt, iuuerint.

Ainsi il n'est pas estrange de plaindre celuy la mort
qu'on ne voudroit nullement estre en vie*. On dict
que la lumiere du soleil n'est pas d'vne piece continue,
mais qu'il nous elance si dru sans cesse nouueaus
rayons, les vns sur les autres, que nous n'en pouuons
aperceuoir l'entredeux*. Nous auons poursuiuy auec
resolue volonté la vengeance d'vne iniure, et resenti
vn singulier contentement de la victoire; nous en
pleurons pourtant. Ce n'est pas de cela que nous pleurons. Il n'y a rien de changé; mais nostre ame regarde
la chose d'vn autre œil, et se la represente par vn autre
visage. Car chaque chose a plusieurs biais et plusieurs
lustres. La parenté, les anciennes acointances et amitiés saisissent son imagination, et la passionnent pour
l'heure, selon leur condition; mais le contour en est si

brusque qu'il nous eschappe*; et, a céte cause, voulant de toute céte suite continuer vn corps, nous nous trompons. Quand Timoleon pleure le meurtre qu'il auoit commis d'vne si meure et genereuse deliberation, il ne pleure pas la liberté rendue a sa patrie, il ne pleure pas le tyran, mais il pleure son frere. L'vne partie de son deuoir est ioüée; laissons luy en ioüer l'autre.

CHAPITRE TRENTENEVFIEME.

DE LA SOLITVDE.

Laissons a part céte longue comparaison de la vie solitaire a l'actiue; et, quant a ce beau mot dequoy se couure l'ambition et l'auarice, que nous ne sommes pas nés pour nostre particulier, ains pour le publicq, r'apportons nous en hardiment a ceux qui sont en la danse, et qu'ils se battent sur la conscience, si, au rebours, les estats, les charges et cete tracasserie du monde ne se recherche plus tot pour tirer du publicq son proffit particulier. Les mauuais moyens par ou on s'y pousse en nostre siecle monstrent bien que la fin n'en vaut gueres. Respondons [1] a l'ambition que c'ét elle mesme qui nous donne goust de la solitude; car que fuit elle tant que la societé, que cherche elle tant que ses coudées franches et point de compaignon? [2] Il y a dequoy bien et mal faire par tout. Toutefois, si le mot de Bias est vray, que la pire part c'est la plus grande, ou ce que dit l'Ecclesiastique, que de mille il n'en est

[1] C : « Respons ».
[2] *Vulg. supp.* : « et point de compaignon ».

pas vn bon*, la contagion est tresdangereuse en la presse. Il faut ou imiter les vitieus, ou les hair. Tout les deux sont dangereus : et de leur resambler, par ce qu'ils sont beaucoup; et d'en hair beaucoup, par ce qu'ils sont dissemblables*. Ce n'est pas que le sage ne puisse par tout viure content, voire et seul en la foule d'vn palais. Mais, s'il est a choisir, il en fuira, dit il [1], mesmes la veüe; il portera, s'il est besoing, cela; mais, s'il est en lui, il eslira cecy. Il ne lui semble point suffisamment s'estre deffaict des vices, s'il faut encores qu'il conteste auec ceux d'autruy*.

Or la fin, ce crois-ie, en est tout vne : d'en viure plus a loisir et a son ayse; mais on n'en cherche pas tousiours bien le chemin. Souuent on pense auoir quitté les affaires, on ne les a que changé. Il n'y a guere moins de tourment au gouuernement d'vne famille qu'en vn estat entier. Ou que l'ame soit empeschée, elle y est toute; et pour estre les occupations domestiques moins importantes, elles n'en sont pas moins importunes pourtant. Dauantage, pour nous estre deffaicts de la court et du marché, nous ne sommes pas deffaicts des principaus tourmens de nostre vie :

Ratio et prudentia curas,
Non locus effusi late maris arbiter, aufert.

L'ambition, l'auarice, l'irresolution, la peur et les concupiscences ne nous abandonnent point pour changer de contrée :

Et
Post equitem [2] *sedet atra cura.*

---

[1] *Vulg.* : « dit l'eschole ».
[2] *BC* : « equidem ».

Elles nous suiuent souuent iusques dans les cloistres et dans les escoles de philosophie. Ni les desers, ny les rochers creusés, ny la here, ny les ieunes ne nous en demélent.

Hæret lateri letalis arundo.

On disoit a Socrates que quelqu'vn ne s'estoit nullement amendé a son voiage : « Ie croy bien, dit il, il s'estoit emporté auecques soy. »

Quid terras alio calentes
Sole mutamus? patriæ [1] *quis exul*
Se quoque fugit?

Si on ne se descharge premierement et son ame du fais qui la presse, le remuement la faira fouler dauantage : comme en vn nauire les charges empeschent moins quand elles sont rassises. Vous faites plus de mal que de bien au malade de luy faire changer de place, vous ensachés le mal en le remuant [2]. Parquoy ce n'est pas assés de s'estre escarté du peuple; ce n'est pas assés de changer de place : il se fault escarter des conditions populaires qui sont en nous; il se faut sequestrer et r'auoir de soy *. Nostre mal nous tient en l'ame. Or elle ne se peut echaper a elle mesme.

In culpa est animus qui se non effugit vnquam.

Ainsi il la faut ramener et retirer en soi : c'est la vraye solitude, et qui se peut iouir au milieu des villes et des cours des Rois, mais elle se iouyt plus commodement a part. Or, puis que nous entreprenons de viure seulz et de nous passer de compagnie, faisons

---

[1] *BC* : « *patria* ».
[2] *BC aj.* : « Comme les pals s'enfoncent plus auant et s'affermissent en les branlant et secouant ».

que nostre contentement dépende de nous. Desprenons nous de toutes les liaisons qui nous attachent a autruy. Gaignons sur nous de pouuoir a bon escient viure seulz, et y viure a nostre aise.

Stilpon, estant eschappé de l'embrasement de sa ville, ou il auoit perdu femme, enfans et cheuance, Démetrius Poliorcetes, le voiant, en vne si grande ruine de sa patrie, le visage non effrayé, luy demanda s'il n'auoit pas eu du dommage; il respondit que non, et qu'il n'y auoit, Dieu mercy, rien perdu du sien*. Certes l'homme d'entendement n'a rien perdu s'il a soy mesme. Quand la ville de Nole fut ruinée par les Barbares, Paulinus, qui en estoit Euesque, y ayant tout perdu, et leur prisonnier, prioit ainsi Dieu : « Seigneur, garde moy de sentir céte perte, car tu sçais qu'ilz n'ont encore rien touché de ce qui est a moy. » Les richesses qui le faisoient riche, et les biens qui le faisoient bon, estoient encore en leur entier. Voila que c'est de bien choisir les thresors qui se puissent garantir de l'iniure, et de les cacher en lieu ou personne n'aille, et qui ne puisse estre trahi que par nous mesmes. Il faut auoir femmes, enfans, biens, et sur tout de la santé, qui peut, mais non pas s'y attacher en maniere que nostre bon heur en despende. Il se faut reseruer vne arriere-boutique toute nostre, toute franche, en laquelle nous establissons nostre vraye liberté et principale retraicte et solitude. En céte cy, faut il prendre nostre ordinaire entretien de nous a nous mesmes, et si priuée [1], que nulle acointance ou communication estrangiere n'y trouue place; discourir et y rire, comme sans fame, sans enfans et sans biens, sans train et sans valetz : affin

---

[1] *BC* : « priué ».

que, quand l'occasion aduiendra de leur perte, il ne
nous soit pas nouueau de nous en passer. Nous auons
vne ame contournable en soy mesme, elle se peut faire
compagnie, elle a dequoy assaillir et dequoy defendre,
dequoy receuoir et dequoy donner. Ne craignons pas
en céte solitude nous croupir d'oisiueté ennuyeuse*. En
nos actions accoustumées, de mille il n'en est pas vne
qui nous regarde. Celuy que tu vois grimpant contremont les ruines de ce mur, furieux et hors de soy, en
bute de tant de harquebouzades, et cet autre tout
cicatricé, transi et pasle de·fain, deliberé de creuer
plustost que de luy ouurir la porte, pense tu qu'ilz y
soient pour eux? pour tel aduenture [1] qu'ilz ne virent
onques, et qui ne se donne nulle peine de leur faict,
plongé ce pendant en l'oisiueté et aus delices. Cestuy-
cy tout pituiteux, chassieux et crasseux, que tu vois
sortir apres minuit d'vn estude, penses tu qu'il cherche, parmy les liures, comme il se rendra plus homme
de bien, plus content et plus sage? nulles nouuelles:
il y mourra, ou il apprendra a la posterité la mesure
des vers de Plaute et la vraye orthographie d'vn mot
Latin. Qui ne contreschange volontiers la santé, le
repos et la vie a·la reputation et a la gloire, la plus
inutile, vaine et fauce monnoie qui soit en nostre
vsage? Nostre mort ne nous faisoit pas assez de peur;
chargeons nous encore de celle de nos fames, de nos
enfans et de nos gens. Nos affaires ne nous donnoient
pas assez de peine; prenons encore a nous tourmenter
et rompre la teste de ceux de nos voisins et amis.

*Vah! quemquamne hominem in animum instituere aut
Parare quod sit charius quam ipse est sibi?*

[1] *BC :* « tel a l'aduenture ».

*Or, c'est assez vescu pour autruy ; viuons pour nous, au moins ce bout de vie. Ramenons a nous et a nostre vray profit nos cogitations et nos intentions. Ce n'est pas vne legiere partie que de faire seurement sa retraite : elle nous empesche assez, sans y mesler d'autres entreprinses. Puis que Dieu nous donne loisir de disposer de nostre deslogement, preparons nous y, plions bagage, prenons de bon' heure congé de la compagnie, despetrons nous de ces violentes prinses qui nous engagent ailleurs et esloignent de nous.

Il faut desnoüer ces obligations si fortes, et meshuy aymer cecy et cela, mais n'espouser rien que soy. C'est a dire, le reste soit a nous, mais non pas ioint et colé en façon qu'on ne le puisse desprendre sans nous escorcher et arracher ensemble quelque piece du nostre. La plus grande chose du monde, c'est de sçauoir estre a soy*. Il y a des complexions plus propres a ce precepte les vnes que les autres. Celles qui ont l'apprehension molle et lâche, et vn' affection et volonté difficille, et qui ne se prend pas ayséement, desquelz ie suis et par naturelle condition et par discours, ilz se plieront plus aiséement a ce conseil que les ames actiues et tendues, qui embrassent tout et s'engagent par tout, qui se passionnent de toutes choses, qui s'offrent, qui se presentent et qui se donnent a toutes occasions. Il se faut seruir de ces commodités accidentales et hors de nous, en tant qu'elles nous sont plaisantes, mais sans en faire nostre principal fondement; ce ne l'est pas : ny la raison, ny la nature ne le veulent. Pourquoy, contre ses loix, asseruirons nous nostre contentement a la puissance d'autruy? D'anticiper aussi les accidens de fortune, se priuer des commoditez qui nous sont en main, comme plusieurs ont faict par deuotion, et quelques philosophes par discours, se seruir soy mesmes, coucher sur la dure, se creuer les yeux, ietter ses richesses emmy la riuiere, rechercher la douleur : ceux la pour, par le tourment de céte vie, en acquerir la beatitude d'vn autre; ceux cy pour, s'estant logez en la plus basse marche, se mettre en seurté de nouuelle cheute : c'est l'action d'vne vertu excessiue; les natures plus roides et plus fortes facent leur cachete mesmes glorieuse et exemplaire.

> *Tuta et paruula laudo,*
> *Cum res deficiunt, satis inter vilia fortis;*
> *Verum ubi quid melius contingit et vnctius, idem*
> *Hos sapere, et solos aio bene viuere, quorum*
> *Conspicitur nitidis fundata pecunia villis.*

Il y a pour moy assez affaire sans aller si auant. Il me suffit sous la faueur de la fortune me preparer a sa defaueur, et me representer, estant a mon aise, le mal aduenir, autant que l'imagination y peut atteindre : tout ainsi que nous nous accoustumons aux ioutes et tournois, et contrefaisons la guerre en pleine paix*. Ie vois iusques a quelz limites va la necessité naturelle, et, considerant le pauure mandiant a ma porte souuent plus enioué et plus sain que moy, ie me plante en sa place; i'essaye de chausser mon ame a son biaiz; et, courant ainsi par les autres exemples, quoy que ie pense la mort, la pauureté, le mespris et la maladie a mes talons, ie me resous aisement de n'entrer en effroy de ce qu'vn moindre que moy prend auec telle patience; et ne puis croire que la bassesse de l'entendement puisse plus que la vigueur, ny que les effects du discours ne puissent arriuer aux effects de l'accoustumance. Et, connoissant combien ces comodités accessoires tiennent

a peu, ie ne laisse pas, en pleine iouissance, de supplier
Dieu, pour ma souueraine requeste, qu'il me rende
content de moy mesme et des biens qui naissent de
moy. Ie voy des ieunes hommes gaillards qui ne laissent pas de porter dans leurs coffres vne masse de
pillules, pour s'en seruir quand le rheume les pressera,
lequel ils craignent d'autant moins qu'ils en pensent
auoir le remede plus a main. Ainsi faut il faire, et
encore, si on se sent suiect a quelque maladie plus
forte, se garnir de ces medicamens qui assopissent et
endorment la partie.

L'occupation qu'il faut choisir a vne telle vie, ce
doit estre vne occupation non penible, ny ennuyeuse;
autrement pour neant ferions nous estat d'y estre venus
chercher le seiour. Cela dépend du goust particulier
d'vn chacun : le mien ne s'accomode nullement au
ménage. Ceux qui l'aiment, ilz s'y doiuent adonner
auec moderation :

> *Conentur sibi res, non se submittere rebus.*

C'est autrement vn office seruile que la mesnagerie,
comme le nomme Saluste; ell' a des parties plus nobles
et excusables, comme le soing des iardinages, que
Xénophon attribue a Cyrus; et se peut trouuer vn
moyen entre ce bas et vile soing, tandu et plein de
solicitude qu'on voit aux hommes qui s'y plongent du
tout, et céte profonde et extreme nonchalance laissant
tout aller a l'abandon qu'on voit en d'autres.

> *Democriti pecus edit agellos*
> *Cultaque, dum peregre est animus sine corpore velox.*

Mais oyons le conseil que donne le ieune Pline a
Cornelius Rufus, son amy, sur ce propos*. « Ie te

conseille, en céte pleine et grasse retraite ou tu es, de
quitter a tes gens ce bas et abiect soing du mesnage, et
t'adonner a l'estude des lettres, pour en tirer quelque
chose qui soit toute tienne. » Il entend la reputation,
d'vne pareille humeur a celle de Cicero, qui dict vouloir employer sa solitude et seiour des affaires publiques
a s'en acquerir par ses escris vne vie immortelle *.

Ny la fin, ny le moyen de ce conseil ne me contante.
Nous retombons tous-iours de la fieure en chaud mal.
Premierement, cet' occupation des liures, si ell' a faute
de regle et de mesure [1], elle est aussi penible que nulle
autre, et aussi ennemie de la santé, qui doit estre principalement considerée. Et ne se faut point laisser en-
dormir au plaisir qu'on y prend : c'est ce mesme plaisir
qui perd le mesnagier, l'auaricieus, et [2] le voluptueux,
et l'ambitieux. Les sages nous apprennent assez a nous
garder de la trahison de nos appetis, et a discerner les
vrays plaisirs et entiers des plaisirs meslez et bigarrez
de plus de peine. Car la pluspart des plaisirs, disent
ils, nous chatouillent et embrassent pour nous estrangler, comme faisoient les larrons que les Ægyptiens
appelloient Philistas. Et si la douleur de teste nous
venoit auant l'iuresse, nous nous garderions de trop
boire ; mais la volupté, pour nous tromper, marche
deuant et nous cache sa suite. Les liures sont plaisans ;
mais si de leur frequentation nous en perdons en fin
la gaïeté et la santé, nos meilleurs pieces, quittons les :
ie suis de ceux qui pensent que leur fruict ne sçauroit
contre-poiser céte perte. Comme les hommes qui se
sentent de long temps affoiblis par quelque indisposi-
tion se rengent, a la fin, a la mercy de la medecine, et

[1] *Vulg. supp. :* « si ell' a... de mesure ».
[2] *BC supp. :* « et ».

se font desseigner par art certaines regles de viure pour
ne les plus outrepasser, aussi celuy qui se retire ennuié
et dégousté de la vie commune doit former céte cy aux
regles de la raison, l'ordonner et renger par premeditation et discours. Il doit auoir prins congé de toute
espece de tourment, quelque visage qu'il porte, et fuir
en general les passions qui empeschent la tranquillité
du corps et de l'ame*.

Au menage, a l'estude, a la chasse, et tout autre
exercice, il faut donner iusques aux *limites du plaisir,
et garder de s'engager plus auant, ou la peine commance a se mesler parmy. Il faut reseruer d'enbesoin-
gnement et d'occupation autant seulement qu'il en est
besoing pour nous tenir en haleine, et pour nous garantir des incommoditez que tire apres soy l'autre
extremité d'vne molle oysiueté et assopie. Il y a des
sciences seches et épineuses, et la plus part forgées
pour le seruice de la presse ; il les faut laisser a ceux
qui sont au seruice du monde. Ie n'ayme pour moi
que des liures ou plaisans et faciles qui me chatouillent,
ou ceux qui me consolent et conseillent a regler ma
vie et ma mort.

Tacitum syluas inter reptare salubres,
Curantem quidquid dignum sapiente bonoque est.

Les gens plus sages peuuent se forger vn repos tout
spirituel, ayant l'ame forte et vigoreuse. Moy, qui l'ay
molle et commune, il faut que i'ayde a me soutenir
par les commoditez corporelles ; et, l'aage m'ayant tantost desrobé celles qui estoient plus selon mon goust,
i'instruis et aiguise mon appetit a celles qui restent
plus sortables a céte autre saison. Il faut retenir a tout
nos dens et nos griffes l'vsage des plaisirs de la vie que

nos ans nous arrachent des poingz les vns apres les autres, et les alonger de toute nostre puissance [1].

> Quamcumque Deus tibi fortunauerit horam
> Grata sume manu, nec dulcia differ in annum [2].

Or, quant a la fin que Pline et Cicero nous proposent de la gloire, c'est bien loing de mon conpte. La plus contraire humeur a la retraite, c'est l'ambition. La gloire et le repos sont choses qui ne peuuent loger en mesme giste. A ce que ie voi, ceux cy n'ont que les bras et les iambes hors de la presse : leur ame, leur intention y demeure engagée plus que iamais*. Ils se sont seulement reculez pour mieux sauter, et pour d'vn plus fort mouuement faire vne plus viue faucée dans la trouppe. Vous plaict il voir comme ilz tirent court d'vn grain? mettons au contrepois l'aduis de deux philosophes, et des [3] deux sectes tres differentes, escriuans l'vn a Idomeneus, l'autre a Lucilius, leurs amis, pour, du maniement des affaires et des grandeurs, les retirer a la solitude. Vous auez (disent ilz) vescu nageant et flotant iusques a present; venez vous en mourir au port. Vous auez donné lē reste de vostre vie a la lumiere; donnez cecy a l'ombre. Il est impossible de quiter les occupations, si vous n'en quités le fruict; a céte cause, défaites vous de tout soing de nom et de gloire. Il est dangier que la lueür de voz actions pas-sées ne vous esclaire que trop, et vous suiue iusques dans vostre taniere. Quités auecq les autres voluptez celle qui vient de l'approbation d'autruy; et quant a vostre science et suffisance, ne vous chaille; elle ne

---

[1] *Vulg. supp.* : « et les... puissance ».
[2] *Vulg. remplace ces vers par deux autres.*
[3] *BC :* « de ».

perdera pas son effect, si vous en valez mieux vous
mesme. Souuienne vous de celuy a qui, comme on
demandat a quoy faire il se penoit si fort en vn art qui
ne pouuoit venir a la connoissance de guiere de gens :
« I'en ay assez de peu, respondit il, i'en ay assez d'vn,
i'en ay assez de pas vn. » Il disoit vray : vous et vn
compaignon estez assez suffisant theatre l'vn a l'autre,
ou vous a vous mesmes. Que le peuple vous soit vn,
et vn vous soit tout le peuple. C'est vne lasche ambition de vouloir tirer gloire de son oysiueté et de son
repos : il faut faire comme les animaux, qui effacent
la trace a la porte de leur taniere. Ce n'est plus ce qu'il
vous faut chercher, que le monde parle de vous, mais
comme il faut que vous parliés a vous mesmes. Retirez
vous en vous; mais preparez vous premierement de
vous y receuoir. Ce seroit folie de vous fier a vous
mesmes, si vous ne vous sçauez gouuerner. Il y a
moyen de faillir en la solitude comme en la compagnie.
Iusques a ce que vous vous soiez rendu tel deuant qui
vous n'osiez clocher, et iusques a ce que vous ayez
honte et respect de vous mesmes*, presentés vous tousiours en l'imagination Caton, Phocion et Aristides, en
la presence desquelz les fols mesmes cacheroient leurs
fautes, et establissez les contrerolleurs de toutes voz
intentions : si elles se detraquent, leur reuerence les
remettra en train. Ils vous contiendront en céte voie
de vous contenter de vous mesmes, de n'emprunter
rien que de vous, d'arrester et fermir vostre ame en
certaines et limitées cogitations ou elle se puisse plaire,
et, ayant entendu les vrays biens, desquelz on iouït a
mesure qu'on les entend, s'en contenter, sans desir de
prolongement de vie ny de nom. Voila le conseil de
la vraye et naifue philosophie, non d'vne philosophie

I.

14

ostentatrice et parliere, comme est celle des deux premiers.

CHAPITRE QVARENTIESME.

CONSIDERATION SVR CICERON.

Encor' vn traict a la comparaison de ces coubles. Il se tire des escris de Cicero et de ce Pline (nullement retirant, a mon aduis, aux humeurs de son oncle), infinis tesmoignages de nature outre mesure ambitieuse : entre autres, qu'ilz sollicitent, au sceu de tout le monde, les historiens de leur temps de ne les oblier en leurs registres ; et la fortune, comme par despit, a faict durer iusques a nous la vanité de ces requestes et pieça faict perdre ces histoires. Mais cecy surpasse toute bassesse de cœur en personnes de tel rang, d'auoir voulu tirer quelque principale gloire du caquet et de la parlerie, iusques a y employer les lettres priuées écriptes a leurs amis : en maniere que, aucunes ayant failli leur saison pour estre enuoiées, ils les font, ce neantmoins, publier auec céte digne excuse, qu'ils n'ont pas voulu perdre leur trauail et veillées. Sied il pas bien a deux Consuls Romains, souuerains magistras de la chose publique emperiere du monde, d'employer leur loisir a ordonner et fagoter gentiment vne belle missiue, pour en tirer la reputation de bien entendre le langage de leur nourrisse ? Que feroit pis vn simple maistre d'école, qui en gaignat sa vie ? Si les gestes de Xenophon et de Cæsar n'eussent de bien loing surpassé leur eloquence, ie ne croy pas qu'ils les eussent iamais escrits. Ils ont cherché a recommander

non leur dire, mais leur faire, et, si la perfection du
bien parler pouuoit apporter quelque gloire sortable a
vn grand personnage, certainement Scipion et Lælius
n'eussent pas resigné l'honneur de leurs comedies et .
toutes les mignardises et delices du langage Latin a-
vn serf Afriquain : car, que cet ouurage soit leur, sa
beauté et son excellence le maintient assez, et Terence
l'aduoüe luy mesme*.

C'est vne espece de moquerie et d'iniure de vouloir
faire valoir vn homme par des qualitez mes-auenantes
a son rang, quoy qu'elles soient autrement loüables,
et par les qualitez aussi qui ne doiuent pas estre les
siennes principales : comme qui loüeroit un Roi d'es- .
tre bon peintre, ou bon architecte, ou encore bon
arquebouzier, ou bon coureur de bague : ces louanges
ne font honneur, si elles ne sont presentées en foule,
et a la suite de celles qui luy sont plus propres, a
sçauoir de la iustice et de la science de conduire son
peuple en paix et en guerre. De céte façon faict honneur a Cirus l'agriculture, et a Charlemaigne l'eloquence et connoissance des bonnes lettres*. Plutarque
dict d'auantaige que de paroistre si excellent en ses
parties moins necessaires, c'est produire contre soy le
tesmoignage d'auoir mal dispencé son loisir et l'estude
qui deuoit estre employé a choses plus necessaires et
vtiles. De façon que Philippus, Roy de Macedoine,
ayant ouy ce grand Alexandre, son filz, chanter en vn
festin a l'enuy des meilleurs musiciens : « N'as tu pas
honte, luy dict il, de chanter si bien? » Et, a ce mesme
Philippus, vn musicien auecques qui il debatoit de
son art : « Ia [1] Dieu ne plaise, Sire, luy dit il, qu'il

---

[1] BC : « Ia a ».

t'aduienne iamais tant de mal que tu entendez ces choses la mieux que moi ! » *Et Antisthenes prit pour argument de peu de valeur en Ismenias dequoi on le vantoit d'estre excellent ioueur de flutes*. Et disent ·les sages que, pour le regard du sçauoir, il n'est que la philosophie, et, pour·le regard des effetz, que la vertu, qui generalement soit propre a tous degrez et a tous ordres.

Il y a quelque chose de pareil en ces autres deux philosophes : car ilz promettent aussi eternité aux lettres qu'ilz escriuent a leurs amis ; mais c'est d'autre façon, et s'accommodant, pour vne bonne fin, a la vanité d'autruy : car ilz leur mandent que, si le soing de se faire connoistre aux siecles aduenir et de la renommée les arreste encore au maniement des affaires, et leur fait craindre la solitude et la retraicte ou ilz les. veulent appeller, qu'ilz ne s'en donnent plus de peine ; car ilz ont assez de credit auec la posterité pour leur respondre que, ne fut que par les lettres qu'ilz. leur escriuent, ils rendront leur nom aussi connu et fameus que pourroient faire leurs actions publiques. Et, outre cête difference, encore ne sont ce pas lettres vuides et descharnées, qui ne se soutienent que par vn delicat chois de motz entassez et rangez a vne iuste cadence, ains farcies et pleines de beaux discours de sapience, par lesquelles on se rend non plus eloquent, mais plus sage, et qui nous aprenent non a bien dire, mais a bien faire. Fy de l'eloquence qui nous laisse enuie de soy, non des choses ; si ce n'est qu'on die que celle de Cicero, estant en si extreme perfection, se donne corps elle mesme.

I'adiouteray encore vn conte que nous lisons de luy a ce propos, pour nous faire toucher au doit son na-

turel. Il auoit a orer en public, et estoit vn peu pressé
du temps pour se preparer a son ayse; Eros, l'vn de
ses serfs, le vint aduertir que l'audience estoit remise
au l'endemain; il en fut si ayse qu'il lui donna liberté
pour céte bonne nouuelle*.

CHAPITRE QVARENTEVNIEME.

DE COMMVNIQVER SA GLOIRE [1].

De toutes les resueries du monde, la plus receüe et
plus vniuerselle est le soing de la reputation et de
la gloire, que nous espousons iusques a quitter les
richesses, le repos, la vie et la santé, qui sont biens
effectuelz et substantiaulx, pour suiure céte vaine
image et céte simple voix, qui n'a ny corps ny prise [2] :
et, des humeurs des-raisonnables des hommes, il semble
que les philosophes mesmes se défacent plus tard et
plus enuis de céte cy que de nulle autre*. Car, comme
dit Cicero, ceux mesmes qui la combatent, encores
veulent ilz que les liures qu'ilz en escriuent portent
au front leur nom, et se veulent rendre glorieux de ce
qu'ilz ont mesprisé la gloire. Toutes autres choses
tombent en commerce. Nous prestons nos biens et
nos vies au besoing de nos amis; mais de communiquer son honneur et d'estrener autruy de sa gloire, il
ne se voit guieres.

[1] *BC* : « DE NE COMMVNIQVER SA GLOIRE ».
[2] *BC aj.* :
    « *La fama ch' inuaghisce a vn dolce suono*
    Gli superbi mortali, e par sì bella,
    E vn echo, vn sogno, anʒi d'vn sogno vn' ombra
    Ch' ad ogni vento si dilegua e sgombra ».

Catulus Luctatius, en la guerre contre les Cymbres,
ayant faict tous ses effortz d'arrester ses soldatz qui
fuyoient deuant les ennemis, se mit luy mesmes
entre les fuiardz, et contrefit le couard, affin qu'ilz
semblassent plustost suiure leur Capitaine que fuyr
l'ennemy : c'estoit abandonner sa reputation, pour
couurir la honte d'autruy. Quand l'Empereur Charles
cinquiesme passa en Prouence, l'an 1537, on tient
que Anthoine de Leue, voyant son maistre resolu de
ce voyage, et l'estimant luy estre merueilleusement
glorieux, opinoit toutefois le contraire, et le descon-
seilloit, a céte fin que toute la gloire et honneur de
ce conseil en fut attribué a son maistre, et qu'il fut
dict son bon aduis et sa preuoiance auoir esté telle
que, contre l'opinion de tous, il eut mis en fin [1] vne si
belle entreprinse : qui estoit l'honnorer a ses despens.
Les Ambassadeurs Thraciens consolans Achileonide,
mere de Brasidas, de la mort de son filx, et le haut
louans iusques a dire qu'il n'auoit pas laissé son pareil, elle refusa céte louange priuée et particuliere
pour la rendre au public : « Ne me dites pas cela, fit
elle ; ie sçay que la ville de Sparte a plusieurs citoiens
plus grandz et plus vaillans qu'il n'estoit. » En la bataille de Crecy, le Prince de Gales, encores fort ieune,
auoit l'auant-garde a conduire ; le principal effort du
rencontre fut en cet endroit ; les seigneurs qui l'ac-
compagnoient, se trouuans en dur party d'armes,
manderent au Roy Edouard de s'approcher, pour les
secourir. Il s'enquit de l'estat de son filz, et luy ayant
esté respondu qu'il estoit viuant et a cheual : « Ie luy
ferois, dit il, tort de luy aller maintenant desrobber

---

[1] *BC :* « a fin ».

l'honneur de la victoire de ce combat qu'il a si long temps soustenu ; quelque hazard qu'il y ait, elle sera toute sienne. » Et n'y voulut aller ny enuoier, sçachant, s'il y fut allé, qu'on eut dict que tout estoit perdu sans son secours, et qu'on luy eut attribué l'auantage de tout cet exploit*.

CHAPITRE QVARANTEDEVXIEME.

DE L'INEQVALITÉ QVI EST ENTRE NOVS.

Plutarque dit en quelque lieu qu'il ne trouue point si grande distance de beste a beste, comme il trouue d'homme a homme. Il parle de la suffisance de l'ame et qualitez internes ; car, quant a la forme corporelle, il est bien euident que les especes des bestes sont distinguées de bien plus apparente difference que nous ne sommes les vns des autres [1]. A la verité, ie trouue si loing d'Epaminundas, comme ie l'imagine, iusques a tel que ie connois, ie dy capable de sens commun (car les folz et insensez par accident ne sont pas hommes entiers [2]), que i'encherirois volontiers sur Plutarque, et pense qu'il y a plus de distance de tel a tel homme, qu'il n'y a de tel homme a telle beste* : c'est a dire que le plus excellent animal est plus approchant de l'homme de la plus basse marche que n'est cet homme d'vn autre homme grand et excellent [3]. Mais, a propos de l'estimation des homes, c'est merueille que, sauf nous, nulle chose s'estime que par

[1] BC supp. : « car, quand... des autres ».
[2] BC supp. toute cette parenthèse.
[3] Vulg. supp. : « c'est a dire... et excellent ».

ses propres qualitez. Nous loüons vn cheual de ce
qu'il est vigoureux et adroit*, non de son harnois; vn
leurier de sa vitesse, non de son colier; vn oyseau de
son aille, non de ses longes et sonettes. Pourquoy de
mesmes n'estimons nous vn homme par ce qui est
sien? Il a vn grand train, vn beau palais, tant de credit, tant de rente : tout cela est autour de luy, non en
luy. Vous n'achetez pas vn chat en poche. Si vous
marchandez vn cheual, vous luy ostez ses bardes,
vous le voyez nud et a descouuert; ou, s'il est couuert,
comme on les presantoit antiennement aux Princes a
vandre, c'est par les parties moins necessaires, affin
que vous ne vous amusez pas a la beauté de son poil,
ou largeur de sa croupe, et que vous vous arrestez
principalement a considerer les iambes, les yeux et le
pied, qui sont les membres les plus nobles, et les plus
vtiles :

*Regibus hic mos est, vbi equos mercantur, opertos
Inspiciunt, ne, si facies, vt sæpe, decora
Molli fulta pede est, emptorem inducat hiantem,
Quod pulchræ clunes, breue quod caput, ardua ceruix.*

Pourquoy, estimant vn homme, l'estimez vous tout
enueloppé et empacqueté? Il ne nous faict monstre
que des parties qui ne sont nullement sienes, et nous
cache celles par lesquelles seules on peut vrayement
iuger de son estimation. C'est le pris de l'espée que
vous cherchés, non de la guaine. Vous n'en donnerez
a l'aduenture pas vn quatrain, si vous l'auez des-
pouillé : il le faut iuger par luy mesme, non par ses
atours. Et, comme dit tresplaisamment vn ancien,
sçauez vous pourquoy vous l'estimez grand? vous y
comptez la hauteur de ses patins : la base n'est pas de

la statue. Mesurés le sans ses eschaces; qu'il mette a
part ses richesses et honneurs : qu'il se presente en
chemise. A il le corps propre a ses functions, sain et
allegré? Quelle ame a il? Est elle belle, capable, et
heureusement garnie de toutes ses pieces? Est elle
riche du sien, ou de l'autruy? La fortune n'y a elle
que voir? Si, les yeux ouuertz, elle attend les espëes
traites; s'il ne lui chaut par ou lui sorte la vie, par la
bouche ou par le gosier; si elle est rassise, equable et
contente : c'est ce qu'il faut veoir, et iuger par la les
extremes differences qui sont entre nous. Est il

> *sapiens, sibique imperiosus,*
> *Quem neque pauperies, neque mors, neque vinculà ter-*
> *Responsare cupidinibus, contemnere honores* [rent,
> *Fortis, et in seipso totus teres atque rotundus,*
> *Externi ne quid valeat per læue morari,*
> *In quem manca ruit semper fortuna?*

Vn tel homme est cinq cens brasses au dessus des
royaumes et des duchez; il est luy mesmes a soy son
empire* et ses richesses; il vit satis-faict, content et
allegre. Et, a qui a cela [1], que reste il *?

> *Nonne videmus*
> *Nil aliud sibi naturam latrare, nisi vt quoi*
> *Corpore seiunctus dolor absit, mente fruatur*
> *Iucundo sensu, cura semotus metuque?*

Comparez a celuy la la tourbe de nos hommes, igno-
rante, stupide et endormie, basse, seruile, pleine de
fiebure et de frayeur, instable et continuellement
flotante en l'orage des passions diuerses qui la pous-

---

[1] *Vulg. supp. :* « et ses richesses... Et, a qui a cela ».

sent et tempestent, pendant toute d'autruy; il y a
plus d'esloignement que du ciel a la terre; et toutefois
l'aueuglement de nostre vsage est tel que nous en faisons peu ou point d'estat; la ou, si nous considerons
vn paisan et vn Roy*, il se presente soudain a noz
yeux vne extreme disparité, qui ne sont differentz, par
maniere de dire, qu'en leurs chausses*. Car, comme les
ioueurs de comedies, vous les voyez sur l'eschaffaut
faire vne mine de Duc et d'Empereur, mais tantot
apres les voila deuenus valetz et crocheteurs miserables, qui est leur naifue et originelle condition : aussi
l'Empereur, duquel la pompe vous esblouit en public*,
voiez le derriere le rideau : ce n'est rien qu'vn homme
commun, et, a l'aduenture, plus vile que le moindre de
ses subiectz*. La coüardise, l'irresolution, l'ambition,
le despit et l'enuie l'agitent comme vn autre.

> *Non enim gazæ neque consularis*
> *Summouet lictor miseros tumultus*
> *Mentis et curas laqueata circum*
> *Tecta volantes.*

*La fiebure, la migraine et la goutte l'espargnent elles
non plus que nous? Quand la viellesse luy sera sur
les espaules, les archiers de sa garde l'en descharge-
ront ils? Quand la frayeur de la mort le transira, se
r'asseurera il par l'assistance des gentil'hommes de sa
chambre? Quand il sera en ialousie et caprice, nos
bonnettades le remettront elles? Ce ciel de lict de
velours, tout enflé d'or et de perles, n'a nulle vertu a
rappaiser les tranchées d'vne verte colique.

> *Nec calidæ citius decedunt corpore febres,*
> *Textilibus si in picturis ostroque rubenti*
> *Iacteris, quam si plebeia in veste cubandum est.*

Les flateurs du grand Alexandre luy faisoient a
croire qu'il estoit fils de Iupiter. Vn iour, estant blessé,
regardant escouler le sang de sa plaie : « Et bien,
qu'en ¹ dites vous? fit il; est ce pas icy vn sang ver-
meil et purement humain? Il n'est pas de la façon
de celuy que Homere fait escouler de la plaie des
Dieux. » Hermodorus, le poëte, auoit faict des vers en
l'honneur d'Antigonus, ou il l'appelloit filz du Soleil;
et luy au contraire : « Celuy, dict il, qui vuide ma
chaize percée sçait bien qu'il n'en est rien. » C'est vn
homme pour tous potages, et, si de soy mesmes c'est
vn homme mal né, l'empire de l'vniuers ne le sçauroit
rabiller*. Les biens de la fortune tous tels qu'ilz sont,
encores faut il auoir du goust pour les sauourer :
c'est le iouir, non le posseder, qui nous rend heureux.

> *Non domus et fundus, non æris aceruus et auri*
> *Ægroto domini deduxit corpore febres,*
> *Non animo curas; valeat possessor oportet,*
> *Qui comportatis rebus bene cogitat vti;*
> *Qui cupit aut metuit, iuuat illum sic domus aut res,*
> *Vt lippum pictæ tabulæ, fomenta podagram.*
> *Syncerum est nisi vas, quodcumque infundis acescit* ².

Il est vn sot, son goust est mousse et hebeté, il n'en
iouit non plus qu'vn morfondu de la douceur du vin
Grec, ou qu'vn cheual de la richesse du harnois duquel on l'a paré*. Et puis, ou le corps et l'esprit sont
en mauuais estat, a quoy faire ces commoditez externes? veu que la moindre picqueure d'espingle, veu
que la moindre passion de l'ame est suffisante a nous
oster le plaisir de la monarchie du monde. A la

---

¹ *C* : « que ».
² *Vulg. supp. ce dernier vers.*

moindre strette que lui donne la goutte*, perd il pas le souuenir de ses palais et de ses grandeurs? S'il est en colere, sa principauté le garde elle de rougir, de paslir, de grincer les dens comme vn fol? Or, si c'est vn habille homme et bien né, la royauté n'adioute rien [1] a son bon'heur.

> *Si ventri bene, si lateri est pedibusque tuis, nil*
> *Diuitiæ poterunt regales addere maius.*

Il voit que ce n'est que biffe et piperie. Voire, a l'aduenture, il sera de l'aduis du Roy Seleucus, que qui sçauroit le poix d'vn [2] sceptre ne daigneroit l'amasser, quand il le trouueroit a terre. Il le disoit pour les grandes et penibles charges qui touchent vn bon Roy. Certes, ce n'est pas peu de chose que d'auoir a regler autruy, puis qu'a regler nous mesmes il se presante tant de difficultés. Quant au commander, qui semble estre si doux, considerant l'imbecillité du iugement humain et la difficulté du chois es choses nouuelles et douteuses, ie suis fort de cet aduis, qu'il est bien plus aisé et plus plaisant de suiure que de guider, et que c'est vn grand seiour d'esprit de n'auoir a tenir qu'vne voie tracée et a respondre que de soy*. Mais le Roy Hieron, en Xenophon, dict dauantage qu'a la iouissance des voluptez mesmes, ilz sont de pire condition que les priuez : d'autant que l'aisance et la facilité leur oste l'aigre-douce pointe que nous y trouuons*. Pensons nous que les enfans de cœur prennent grand plaisir a la musicque? la satieté la leur rend plustost ennuyeuse. Les festins, les danses, les masquarades, les tournois reiouissent ceux qui ne les voient pas

---

[1] *Vulg. :* « adiouste peu ».
[2] *C :* « du ».

souuent et qui ont desiré de les voir; mais, a qui en
faict ordinaire, le goust en deuient fade et mal plaisant; ny les dames ne chatouillent celuy qui en iouit
a cœur saoul. Qui ne se donne loisir d'auoir soif ne
sçauroit prendre plaisir a boire. Les farces des bâteleurs nous res-iouissent; mais, aux ioueurs, elles
seruent de coruée. Et qu'il soit ainsi : ce sont delices
aux Princes, et c'est leur feste de se pouuoir quelquefois trauestir et démettre a la façon de viure basse et
populaire.

> *Plerumque gratæ Principibus vices,*
> *Mundæque paruo sub lare pauperum*
>   *Cœnæ sine aulæis et ostro*
>   *Sollicitam explicuere frontem.*

*Et outre cela, ie croy, a dire la verité, que ce lustre
de grandeur apporte non legieres incommoditez a la
iouissance des principales voluptez. Ils sont trop es-
clairés et trop en butte*. Voila pourquoy les poëtes
feignent les amours de Iupiter conduites sous autre
visage que le sien, et de tant de praticques amoureuses
qu'ilz luy attribuent, il n'en est qu'vne seule, ce me
semble, ou il se trouue en sa grandeur et maiesté.

Mais reuenons a Hieron. Il recite aussi combien il
sent d'incommoditez en sa royauté pour ne pouuoir
aller et voiager en liberté, estant comme prisonnier
dans les limites de son païs; et qu'en toutes ses actions
il se trouue enueloppé d'vne fâcheuse presse. De vray,
a voir les nostres tous seuls a table, assiegez de tant
de regardans inconus, i'en ay eu souuent plus de pitié
que d'enuie*; et ne m'est iamais tombé en fantasie
que ce fut quelque notable commodité a la vie d'vn
homme d'entendemant, d'auoir vne vintaine de contrerolleurs a sa chaise percée, ny que les seruices d'vn

homme qui a dix mille liures de rente, ou qui a pris
Casal ou defendu Siene, luy soint plus commodes et
acceptables que d'vn bon valet, et bien experimenté*.
Mais sur tout Hieron faict cas de quoy il se voit priué
de toute amitié et société mutuelle ; en laquelle amitié
consiste le plus parfait et dous fruit de la vie humaine.
Car quel tesmoignage d'affection et de bonne volonté
puis-ie tirer de celui qui me doit, veuille il ou non,
tout ce qu'il peut? Puis-ie faire estat de son humble ·
parler et courtoise reuerence, veu qu'il n'est pas en
luy de me la refuser? L'honneur que nous receuons
de ceux qui nous craignent, ce n'est pas honneur : ces
respects se doiuent a la royauté, non a moy*. Voi-ie
pas que le meschant, le bon Roy, celuy qu'on hait,
celuy qu'on ayme, autant en a l'vn que l'autre. De
mesmes apparences, de mesme cerimonie estoit seruy
mon predecesseur et le sera mon successeur. Si mes
subiectz ne m'offencent pas, ce n'est pas tesmoignage
d'aucune bonne affection. Pourquoy le prendrai ie en
céte part la, puis qu'ilz ne pourroient quand ilz voudroient. Nul ne me suit pour l'amitié qui soit entre
luy et moy : car il ne s'y sçauroit coudre amitié ou il
y a si peu de relation et de correspondance. Ma hauteur m'a mis hors du commerce des hommes : il y a
trop de disparité et de disproportion. Ilz me suiuent
par contenance et par coustume, ou pour en tirer
leurs aggrandissemens et commoditez particulieres [1].
Tout ce qu'ils me dient, tout ce qu'ilz me font, ce n'est
que fard et piperie : leur liberté estant toute bridée
par la grande puissance que i'ay sur eux, ie ne voy
rien autour de moy que couuert et masqué.

---

[1] *Vulg. modifie la fin de cette phrase.*

Ses courtisans louoient vn iour Iulien, l'Empereur, de faire bonne iustice : « Ie m'en orguillerois volontiers, dict il, de ces loüanges, si elles venoient de personnes qui osassent accuser ou mesloüer mes actions contraires, quand elles y seroient. »

.*Quand le Roy Pyrrhus entreprenoit de passer en Italie, Cyneas, son sage conseiller, luy voulant faire sentir la vanité de son ambition : « Et bien, Sire, luy demanda il, a quelle fin dressez vous céte grand' entreprise? » « Pour me faire maistre de l'Italie, » respondit il soudain. « Et puis, suiuit Cyneas, cela faict? » « Ie passeray, dict l'autre, en Gaule et en Espaigne. » « Et apres? » « Ie m'en iray subiuguer l'Afrique. » « Et en fin? » « Quand i'auray mis le monde en ma subiection, ie me reposeray et viuray content et a mon aise. » « Pour Dieu, Sire, fit lors Cyneas, dictes moy a quoy il tient que vous ne soiez des a present, si vous voulez, en cet estat? Pourquoy ne vous logez vous, des céte heure, ou vous dites aspirer, et vous espargnés tant de trauail et de hazard que vous iettez entre deux? »

Nimirum quia non bene norat quæ esset habendi
Finis, et omnino quoad crescat vera voluptas.

Ie m'en vais clorre ce pas par vn verset ancien que ie trouue singulierement beau a ce propos : *Mores cuique sui fingunt fortunam.*

CHAPITRE QVARANTETROISIEME.

DES LOIX SVMPTVAIRES.

La façon dequoy nos loix essaient a regler les foles
et vaines despences des tables et vestemens semble
estre contraire a sa fin. Le vray moyen, ce seroit d'engendrer aux hommes le mespris de l'or et de la soye,
comme de choses vaines et inutiles ; et nous leur aug-
mentons l'honneur et le pris, qui est vne bien inepte
façon pour en dégouster les hommes. Car dire ainsi,
qu'il n'y aura que les Princes* qui puissent porter du
velours et de la tresse d'or, et l'interdire au peuple,
qu'est ce autre chose que mettre en credit ces vanitez
la, et faire croistre l'enuie a chacun d'en vser? Que les
Rois quittent hardiment ces marques de grandeur ; ilz
en ont assez d'autres*, et, par l'exemple de plusieurs
nations, nous pouuons apprendre assez de meilleures
façons de nous distinguer exterieurement et nos degrez (ce que i'estime, a la verité, estre bien requis en
vn estat), sans nourrir pour cet effect céte corruption
et incommodité si apparente. C'est merueille comme
la coustume en ces choses indifferentes [1] plante aiséc-
ment et soudain le pied de son authorité. A peine
fusmes nous vn an pour le dueil du Roy Henry second
a porter du drap a la court, il est certain que des-ia, a
l'opinion d'vn chacun, les soyes estoient venues a telle
vilité que, si vous en voyez quelqu'vn vestu, vous en
faisiez soudain argument que c'estoit quelque homme

[1] C : « differentes ».

de neant[1]. Elles estoient demeurées en partage aux medecins et aux chirurgiens. Et, quoy qu'vn chacun fut a plus pres[2] vestu de mesme, si y auoit il d'ailleurs assez de distinctions apparentes des qualitez des hommes*. Que les Rois et les Princes commencent a quitter ces despances, ce sera faict en vn mois, sans edit et sans ordonnance : nous irons tretous apres[3]. La loy deuroit dire, tout au rebours, que le[4] cramoisi et l'orfeuerie est defendue a toute espece de gens, sauf aus bâteleurs et aus courtisanes.

De pareille inuention corrigea ce grand Zeleucus les meurs corrompues des Locriens. Ses ordonnances estoient telles : que la fame de condition libre ne puisse mener apres elle plus d'vne chambriere, sinon lors qu'elle sera yure; ny ne puisse sortir hors de la ville de nuict, ny porter ioyaux d'or a l'entour de sa personne, ny robbe enrichie de broderie, si elle n'est publique et putain; que, sauf les ruffiens, a l'homme ne loise porter en son doigt aneau d'or, ni robbe delicate, comme sont celles des draps tissus en la ville de Milet. Et ainsi, par ses[5] exceptions honteuses, il diuertissoit ingenieusement les personnes des superfluitez et delices pernicieuses*.

---

[1] *Vulg.* : « quelque homme de ville ».

[2] *BC* : « a peu pres ».

[3] *B ponctue ainsi :* « ce sera faict : en vn mois sans edit et sans ordonnance nous irons trestous apres ». — *C ponctue de même, mais supprime* « sans » *devant* « ordonnance ».

[4] *C supp. :* « le ».

[5] *BC :* « ces ».

CHAPITRE QVARANTEQVATRIEME.

DV DORMIR.

La raison nous ordonne bien d'aller tousiours mesme chemin, mais non toutesfois mesme train; et, ores que le sage ne doiue pas donner aux passions humaines de se fouruoier de la droicte carriere, il peut bien, sans interest de son deuoir, leur quitter aussi d'en haster ou retarder son pas, et ne se planter pas comme vn colosse immobile et impassible. Quand la vertu mesme seroit incarnée, ie croy que le poux luy battroit plus fort allant a l'assaut qu'allant disner; voire il est necessaire qu'elle s'eschauffe et s'esmeuue. A céte cause, i'ay remarqué pour chose rare de voir quelquefois les grandz personnages, aux plus hautes [1] entreprinses et importans affaires, se tenir si entiers en leur assiete que de n'en accourcir pas seulement leur sommeil. Alexandre le grand, le iour assigné a céte furieuse bataille contre Darius, dormit si profondement et si haute matinée que Parmenion fut contraint d'entrer en sa chambre, et, approchant de son lict, l'appeller deux ou trois fois par son nom pour l'esueiller, le temps d'aller au combat le pressant. L'Empereur Othon, ayant resolu de se tuer, et, céte mesme nuict, apres auoir mis ordre a ses affaires domestiques, party son argent a ses seruiteurs, et affilé le tranchant d'vne espée, dequoy il se vouloit donner, n'attendant plus qu'a sçauoir si chacun de ses amis s'estoit retiré en

---

[1] C : « grandes ».

seurté, se print si profondement a dormir que ses
valetz de chambre l'entendoient ronfler. La mort de
cet Empereur a beaucoup de choses pareilles a celle
du grand Caton, et mesmes cecy : car Caton, estant
pret a se défaire, ce pendant qu'il attendoit qu'on luy
rapportat nouuelles si les Senateurs qu'il faisoit retirer
s'estoient elargis du port d'Vtique, se mit si fort a .
dormir qu'on l'oyoit souffler de la chambre voisine ;
et, celuy qu'il auoit enuoyé vers le port l'aiant esueillé
pour luy dire que la tourmente empeschoit les Senateurs de faire voile a leur aise, il y en renuoya encore
vn autre, et, se r'enfonsant dans le lict, se remit encore
a sommeiller iusques a ce que ce dernier l'asseura de
leur partement. Encore auons nous dequoy le comparer au faict d'Alexandre, en ce grand et dangereux
orage qui le menassoit par la sedition du Tribun
Metellus voulant publier le decret du rappel de
Pompeius dans la ville, auecques son armée, lors de
l'émotion de Catilina : auquel decret Caton seul in-
sistoit, et en auoient eu Metellus et luy de grosses
parolles et [1] menasses au Senat ; mais c'estoit au lendemain, en la place, qu'il failloit venir a l'execution,
ou Metellus, outre la faueur du peuple et de Cæsar
conspirant lors aux aduantages de Pompeius, se deuoit trouuer accompagné de force esclaues estrangiers
et escrimeurs a outrance, et Caton fortifié de sa seule
constance : de sorte que ses parens, ses domestiques et
beaucoup de gens en estoient en grand soucy, et en
y eut qui passarent la nuict ensemble, sans vouloir
reposer, ni boire, ny manger, pour le dangier qu'ilz
luy voioint preparé ; mesme sa fame et ses sœurs ne

---

[1] *B aj. :* « grands », *et C :* « grandes ».

faisoient que pleurer et se tourmenter en sa maison ;
la ou luy, au contraire, reconfortoit tout le monde, et,
apres auoir souppé comme de coustume, s'en alla
coucher et dormit [1] de fort profond sommeil iusques
au matin, que l'vn de ses compagnons au Tribunat le
vint esueiller pour aller a l'escarmouche. La connoissance que nous auons de la grandeur de courage de
ces trois hommes, par le reste de leur vie, nous peut
faire iuger en toute seurté que cecy leur partoit d'vne
ame si loing enleuée au dessus de telz accidens, qu'ilz
n'en daignoient entrer en nulle emotion, non plus que
d'accidens ordinaires [2].

· En la bataille nauale qu'Augustus gaigna contre
Sextus Pompeius, en Sicile, sur le point d'aller au
combat, il se trouua pressé d'vn si profond sommeil
qu'il fausit que ses amis l'esueillassent pour donner le
signe de la bataille. Cela donna occasion a M. Antonius de luy reprocher despuis qu'il n'auoit pas eü le
cœur seulement de regarder les yeux ouuers l'ordonnance de son armée, et de n'auoir osé se presenter aus
soldatz, iusques a ce qu'Agrippa luy vint annoncer la
nouuelle de la victoire qu'il auoit eu sur ses ennemis.
Mais, quant au ieune Marius, qui fit encore pis (car
le iour de sa derniere iournée contre Sylla, apres auoir
ordonné son armée et donné le mot et signe de la
bataille, il se coucha dessous vn arbre, a l'ombre, pour
se reposer, et s'endormit si serré qu'apeine se peut il
esueiller de la route et fuite de ses gens, n'ayant rien
veu du combat), ilz disent que ce fut pour estre si
extremement aggraué de trauail et de faute de dormir

---

[1] *BC* : « dormir ».

[2] *Vulg. modifie cette phrase, en la faisant rapporter à Caton
seulement.*

que nature n'en pouuoit plus. Et, a ce propos, les
medecins auiseront si le dormir est si necessaire que
nostre vie en dépende ; car nous trouuons bien qu'on
fit mourir le Roy Perseus de Macedoine, prisonnier a
Rome, luy empeschant le sommeil ; mais Pline en
allegue qui ont véscu long temps sans dormir vne
seule goute [1*].

CHAPITRE QVARENTECINQVIEME[2].

DE LA BATAILLE DE DREVX.

Il y eut tout plein de rares accidens en nostre
bataille de Dreux ; mais ceux qui ne fauorisent pas
fort a la reputation de monsieur de Guyse mettent
volontiers en auant que il ne se peut excuser d'auoir
faict alte et temporisé auec les forces qu'il commandoit, ce pendant qu'on enfonçoit monsieur le Connestable, chef de l'armée, auecques l'artillerie, et qu'il
valloit mieux se hazarder, prenant l'ennemy par flanc,
qu'attendant l'auantage de le voir en queüe, souffrir
vne si lourde perte. Mais, outre ce que l'issue en tes-
moigna, qui en debattra sans passion me confessera
aiséement, a mon aduis, que le but et la visée, non
seulement d'vn Capitaine, mais de chasque soldat, doit
regarder seulement la victoire en gros, et que nulles
occurences particulieres, quelque interest qu'il y ait,
ne le doiuent diuertir de ce point la. Philopœmen,
en vne rencontre contre Machanidas, ayant enuoyé

---

[1] *Vulg. supp. :* « vne seule goute ».
[2] *Ce chapitre est intitulé par erreur :* CHAPITRE QVARANTETROI
SIEME, *dans la première édition.*

. deuant, pour attaquer l'escarmouche, bonne troupe
d'archiers et gens de traict, et l'ennemy, apres les
auoir renuersez, s'amusant a les poursuiure a toute
bride, et coulant, apres sa victoire, le long de la bataille ou estoit Philopœmen, quoy que ses soldatz s'en
emeussent, il ne fut d'aduis de bouger de sa place, ny
de se presenter a l'ennemy pour secourir ses gens;
ains, les ayant laissé chasser et mettre en pieces a
sa veüe, commença la charge sur les ennemis au ba-
taillon de leur gens de pied, lors qu'il les vit tout a
fait abandonnés de leur gens de cheual; et, bien que
ce fussent Lacedemoniens, d'autant qu'il les prit a
heure que, pour tenir tout gaigné, ilz commençoient
a se desordonner, il en vint aisément a bout, et, cela
faict, se mit a poursuiure Machanidas. Ce faict est
germain a celuy de monsieur de Guyse*.

CHAPITRE QVARANTESIXIEME [1].

DES NOMS.

Quelque diuersité d'herbes qu'il y ait, tout s'enuelope
sous le nom de salade. De mesme, sous la consideration
des noms, ie m'en voy faire icy vne galimafrée de diuers articles.

Chasque nation a quelques noms qui se prennent, ie
ne sçay comment, en mauuaise part : et a nous Iean,
Guillaume, Benoit.

Item, il semble y auoir en la generalogie [2] des Princes

---

[1] *Ce chapitre est intitulé par erreur :* CHAPITRE QVARENTECIN-
QVIEME, *dans la première édition.*

[2] *BC :* « genealogie ».

certains noms fatalemant affectez : comme des Ptolo-
mées a ceux d'Ægypte, de Henris en Angleterre,
Charles en France, Baudoins en Flandres, et en nostre
ancienne Aquitaine des Guillaumes, d'ou l'on dict que
le nom de Guienne est venu par vn froid rencontre,
s'il n'en y auoit d'aussi crus dans Platon mesme.

Item, c'est vne chose legiere, mais toutefois digne
de memoire pour son estrangeté, et escripte par tesmoing oculaire, que Henri, Duc de Normandie, fils
de Henri second, Roy d'Angleterre, faisant vn festin
en France, l'assemblée de la noblesse y fut si grande
que, pour passetemps, s'estant diuisée en bandes par
la ressemblance des noms, en la premiere troupe qui
fut des Guillaumes, il se trouua cent dix cheualiers
assis a table portans ce nom, sans mettre en conpte
les simples gentils-hommes et seruiteurs *.

Item, il se dit qu'il faict bon auoir bon nom, c'est
a dire credit et reputation ; mais encore, a la verité, est
il commode d'auoir vn nom beau et qui aisément se
puisse comprendre et mettre en memoire [1] : car les
Rois et les grandz nous en connoissent plus aiséement
et oublient plus mal volentiers ; outre ce qu'a la verité,
de ceux mesmes qui nous seruent, nous commandons
plus ordinairement et emploions ceux desquelz les
noms se presentent le plus facilement en la bouche.
I'ay veu le Roy Henry second ne pouuoir iamais nommer a droit vn gentil'homme de ce quartier de Guas-
cogne ; et, a vne fille de la Roine, il fut luy mesme
d'aduis de donner le nom general de la race, par ce
que celuy de la maison paternelle luy sembla trop
diuers *.

---

[1] *Vulg.* : « se puisse prononcer et retenir ».

Item, on dit que la fondation de nostre Dame la grand, a Poitiers, prit origine de ce que vn ieune homme debauché, logé en cet endroit, aiant recouuré vne garce, et luy ayant d'arriuée demandé son nom, qui estoit Marie, se sentit si viuement espris de religion et de respect de ce nom sacrosainct de la Vierge, mere de nostre Sauueur, que non seulemant il la chassa soudain, mais en amanda tout le reste de sa vie, et qu'en consideration de ce miracle, il fut basti, en la place ou estoit la maison de ce ieune homme, vne chappelle au nom de nostre Dame, et depuis l'eglise que nous y voions *.

Item, dira pas la posterité que nostre reformation d'auiourd'huy ait esté delicate et exacte, de n'auoir pas seulement combatu les erreurs et les vices, et rempli le monde de deüotion, d'humilité, d'obeissance, de paix et de toute espece de vertu, mais d'auoir passé iusque a combatre ces anciens noms de nos baptesmes, Charles, Loys, François, pour peupler le monde de Mathusalem, Ezechiel, Malachie, beaucoup mieux sentans de la foy? Vn gentil'homme, mien voisin, estimant les commoditez du vieux temps au pris du nostre, n'oblioit pas de mettre en conte la fierté et manificence des noms de la noblesse de ce temps, Don Grumegan [1], Quedragan, Agesilan, et qu'a les ouir seulement sonner, il se sentoit qu'ils auoient esté bien autres gens que Pierre, Guillot et Michel.

Item, ie sçay bon gré a Iacques Amiot d'auoir laissé dans le cours d'vn' oraison Françoise les noms Latins tous entiers, sans les bigarrer et changer, pour leur donner vne cadence Françoise. Cela sembloit vn peu

---

[1] *BC :* « Grumedan ».

rude au commancement; mais des-ia l'vsage, par le
credit de son Plutarque, nous en a osté toute l'estrangeté. I'ay souhaité souuent que ceux qui escriuent les
histoires en Latin nous laissassent nos noms tous tels
qu'ilz sont : car, en faisant de Vaudemont Vallemonta-
nus, et les metamorphosant pour les garber a la Grec-
que ou a la Romaine, nous ne sçauons ou nous en
sommes, et en perdons la connoissance.

Pour clorre nostre conte, c'est vn vilain vsage, et de
tresmauuaise consequence en nostre France, d'appeller
chacun par le nom de sa terre et seigneurie, et la chose
du monde qui faict plus mesler et mesconnoistre les
races. Vn cabdet de bonne maison, ayant eu pour son
appanage vne terre sous le nom de laquelle il a esté
connu et honoré, ne peut honnestement l'abandonner;
dix ans apres sa mort, la terre s'en va a vn estrangier,
qui en fait de mesmes : deuinés ou nous sommes de la
connoissance de ces hommes. Il ne faut pas aller querir
d'autres exemples que de nostre maison royalle, ou
autant de partages, autant de surnoms; ce pendant
l'originel de la tige nous est eschappé*.

Mais céte consideration me tire par force a vn autre
champ. Sondons vn peu de prés, et, pour Dieu, regardons a quel fondement nous attachons céte gloire et
reputation pour laquelle se bouleuerse le monde. Ou
asseons nous céte renommée que nous allons questant
auec si grand peine? C'est en somme Pierre ou Guillaume qui la porte, prend en garde, et a qui elle touche*. Et ce Pierre ou Guillaume, qu'est ce qu'vne voix
par [1] tous potages, ou trois ou quatre traictz de plume,
premierement si aisez a varier que ie demanderois

---

[1] *BC :* « pour ».

volontiers a qui touche l'honneur de tant de victoires,
a Guesquin, a Glesquin ou a Gueaquin [1]? Il y auroit
bien plus d'apparence icy qu'en Lucien que Σ mit T en
procez : car,

> *non leuia aut ludicra petuntur*
> Præmia;

il y va de bon : il est question laquelle de ces lettres
doit estre paiée de tant de sieges, batailles, blessures,
prisons et seruices faictz a la couronne de France par
ce sien fameux Connestable.

Nicolas Denisot n'a eu soing que des lettres de son
nom, et en a changé toute la contexture, pour en bastir
le Conte d'Alsinois, qu'il a estrené de la gloire de sa
poësie et peinture. Et l'historien Suetone n'a aymé
que le sens du sien, et, en ayant priué Lenis, qui estoit
le surnom de son pere, a laissé Tranquillus successeur
de la reputation de ses escriptz. Qui croiroit que le
Capitàine Baiard n'eut honneur que celuy qu'il a emprunté des faictz de Pierre Terrail? et qu'Anthoine
Escalin se laisse voler a sa veuë tant de nauigations et
charges par mer et par terre au Capitaine Poulin et au
Baron de La Garde?

Secondement, se sont traictz de plume communs a
mill' hommes. Combien y a il en toutes les races de
personnes de mesme nom et surnom?* Et puis, qui
empesche mon palefrenier de s'appeller Pompée le
grand? Mais, apres tout, quels moiens, quelz ressors y
a il qui attachent a mon palefrenier trespassé, ou a cet
autre homme qui eut la teste tranchée en Ægypte, et
qui ioingnent a eux céte voix glorifiée et ces traicts de

---

[1] *BC* : « ou Gueaquin ».

plume ainsi honnorez, pour qu'ilz s'en aduantagent [1]. Toutefois,·

ad hæc se
Romanus Graiusque et Barbarus induperator
Erexit ; causas discriminis atque laboris
Inde habuit : tanto maior famæ sitis est quam
Virtutis.

CHAPITRE QVARENTESEPTIEME [2].

DE L'INCERTITVDE DE NOSTRE IVGEMENT.

C'est bien ce que dict ce vers :

Ἐπέων δὲ πολὺς νομὸς ἔνθα καὶ ἔνθα,

il y a prou loy de parler par tout, et pour, et contre. Pour exemple :

Vinse Hannibal, e non seppe vsar poi
Ben la vittoriosa sua ventura.

Qui voudra estre de ce party, et faire valoir auecques nos gens la faute de n'auoir dernierement poursuiui nostre pointe a Montcontour, ou qui voudra accuser le Roy d'Espaigne de n'auoir sceu se seruir de l'aduantage qu'il eut contre nous a sainct Quintin, il pourra dire céte faute partir d'vne ame enyurée de sa bonne fortune, et d'vn courage, lequel, plein et gorgé de ce commencement de bon heur, perd le goust

---

[1] *BC aj.* :
« *Id cinerem et manes credis curare sepultos?** ».
[2] *Ce chapitre est intitulé par erreur :* CHAPITRE QVARANTE-SIXIEME, *dans la première édition.*

de l'accroistre, des-ia par trop empesché a digerer ce qu'il en a : il en a sa brassée toute comble, il n'en peut saisir d'auantage, indigne que la fortune luy aye mis vn tel bien entre mains : car quel profit en sent il, si ce neantmoins il donne a son ennemy moien de se remettre sus? Quell' esperance peut on auoir qu'il ose vn' autrefois attaquer ceux cy ralliez et remis, et de nouueau armés de despit et de vengeance, qui ne les a osé ou sceu poursuiure tous rompus et effrayez;

Dum fortuna calet, dum conficit omnia terror?

Mais en fin, que peut il attendre de mieux que ce qu'il vient de perdre? Ce n'est pas comme a l'escrime, ou le nombre de touches donne gain; tant que l'ennemy est en pieds, c'est a recommencer de plus belle : ce n'est pas victoire, si elle ne met fin a la guerre. En céte escarmouche ou Cæsar eut du pire pres la ville d'Oricum, il reprochoit aus soldatz de Pompeius qu'il eut esté perdu si leur Capitaine eut sceu vaincre, et luy chaussa bien autrement les esperons, quand ce fut a son tour.

Mais pourquoy ne dira l'on aussi au contraire : que c'est l'effect d'vn esprit precipitant et insatiable de ne sçauoir mettre fin a sa conuoitise; que c'est abuser des faueurs de Dieu que de leur vouloir faire perdre la mesure qu'il leur a prescripte; et que, de se reietter au dangier apres la victoire, c'est la remettre encore vn coup a la mercy de la fortune; que l'vne des plus grandes sagesses, en l'art militaire, c'est de ne pousser pas son ennemy au desespoir? Sylla et Marius, en la guerre sociale, ayant defaict les Marses, en voyant encore vne trouppe de reste, qui par desespoir se reuenoit

ietter a eux comme bestes furieuses, ne feurent pas
d'aduis de les attandre. Si l'ardeur de monsieur de
Foix ne l'eut emporté a poursuiure trop asprement
les restes de la victoire de Rauenne, il ne l'eut pas
souillée de sa mort. Toutefois encore seruit la recente
memoire de son exemple a conseruer monsieur d'An-
guien de pareil inconuenient, a Serisoles. Il faict dangereux assaillir vn homme a qui vous auez osté tout
autre moien d'eschapper que par les armes : car c'est
vne violente maistresse d'escole que la necessité*. Clo-
domire, Roy d'Aquitaine, apres sa victoire poursuiuant
Gondemar, Roy de Bourgogne, vaincu et fuiant, le
força de tourner teste, mais son opiniatreté luy osta
le fruict de sa victoire : car il y mourut.

Pareillement, qui auroit a choisir ou de tenir ses
soldatz richement et somptueusement armés, ou armés
seulement pour la necessité, il se presenteroit en faueur
du premier party, duquel estoit Sertorius, Philopœmen,
Brutus, Cæsar et autres, que c'est tousiours vn éguillon
d'honneur et de gloire au soldat de se voir paré, et vn'
occasion de se rendre plus obstiné au combat, ayant a
sauuer ses armes, comme ses biens et heritages*. Mais
il s'offriroit aussi, de l'autre part, qu'on doit plustost
oster au soldat le soing de se conseruer que de le luy
accroistre, et [1] qu'il craindra par ce moien doublement
a se hazarder : ioint que c'est augmenter a l'ennemy
l'enuie de la victoire, par ses [2] riches despouilles. Et a
l'on remarqué que d'autre fois cela encouragea merueilleusement les Romains a l'encontre des Samnites *.
Licurgus deffendoit aus siens, non seulement la sumptuosité en leur equipage, mais encore de despouiller

[1] *BC supp.* : « et ».
[2] *BC* : « ces ».

leurs ennemis vaincus, voulant, disoit il, que la pauureté et frugalité reluisit auec le reste de sa bataille.

Aus sieges et ailleurs ou l'occasion nous approche
de l'ennemy, nous donnons volontiers licence aus soldatz de le brauer, desdeigner et iniurier de toutes
façons de reproches, et non sans apparence de raison :
car ce n'est pas faire peu que de leur oster toute esperance de grace et de composition, en leur representant
qu'il n'y a plus ordre de l'attendre de celuy qu'ilz ont
si fort outragé, et qu'il ne reste remede que de la victoire. Si est ce qu'il en mesprit a Vitellius : car, ayant
affaire a Othon, plus foible en valeur de soldatz, desa-
coustumez de longue main du faict de la guerre, et
amollis par les delices de la ville, il les agassa tant en
fin par ses parolles piquantes, leur reprochant leur
pusillanimité, et le regret des dames et festes qu'ilz
venoient de laisser a Rome, qu'il leur remit par ce
moien le cœur au ventre, ce que nuls enhortemens
n'auoient sceu faire, et les attira luy mesme sur ses
bras, ou l'on ne les pouuoit pousser. Et, de vray, quand
ce sont iniures qui touchent au vif, elles peuuent faire
ayséement que celuy qui alloit lâchement a la besogne
pour la querelle de son Roy, y aille d'vne autre affection pour la sienne propre.

A considerer de combien d'importance est la conseruation d'vn chef en vn' armée, et que la visée de
l'ennemy regarde principalement céte teste, a laquelle
tiennent toutes les autres et en dependent, il semble
qu'on ne puisse mettre en doubte ce conseil, que nous
voions auoir esté pris par plusieurs grands chefs, de se
trauestir et desguiser sur le point de la meslée. Toutefois l'inconuenient qu'on encourt par ce moyen n'est
pas moindre que celuy qu'on pense fuir : car, le Ca-

pitaine venant a estre mesconnu des siens, le courage
qu'ils prennent de son exemple et de sa presence vient
aussi quant et quant a leur faillir, et, perdant la veüe
de ses merques et enseignes accoustumées, ils le iugent
ou mort, ou s'estre desrobé, desesperant de l'affaire. Et
quant a l'experience, nous luy voions fauoriser tantost
l'vn, tantost l'autre party. L'accident de Pyrrhus, en
la bataille qu'il eut contre le Consul Leuinus en Italie,
nous sert a l'vn et a l'autre visage : car, pour s'estre
voulu cacher sous les armes de Demogacles [1], et luy
auoir donné les siennes, il sauua bien sans doute sa
vie, mais aussi il en cuida encourir l'autre inconuenient de perdre la bataille*.

A la bataille de Pharsale, entre autres reproches
qu'on donne a Pompeius, c'est d'auoir arresté son armée pied coy, attendant l'ennemy : pour autant que
cela (ie des-roberay icy les motz mesmes de nostre Plutarque, qui valent mieux que les miens) affoiblit la
violence que le courir donne aus premiers coups, et
quant et quant oste l'eslancement des combatans les
vns contre les autres, qui a accoustumé de les remplir
d'impetuosité et de fureur plus que nulle autre chose,
quand ils viennent a s'entrechoquer de roideur, leur
augmentant le courage par le cry et la course, et rend
la chaleur des soldats, en maniere de dire, refroidie et
figée. Voila ce qu'il dict pour ce rolle. Mais, si Cæsar
eut perdu, qui n'eut peu aussi bien dire qu'au contraire la plus forte et roide assiete, c'est celle en laquelle
on se tient planté sans bouger, et que qui est en sa
démarche arresté, reserrant et espargnant pour le besoing sa force en soy mesmes, a grand auantage contre

---

[1] *Vulg.* : « Megacles ».

celuy qui est esbranlé, et qui a des-ia emploié a [1] la course la moitié de son haleine? Outre ce que, l'armée estant vn corps de tant de diuerses pieces, il est impossible qu'elle s'esmeuue en céte furie d'vn mouuement si iuste qu'elle n'en altere ou rompe son ordonnance; et que le plus dispost ne soit aus prises auant que son compagnon le secoure*. D'autres ont reglé ce doubte en leur armée de céte maniere : si les ennemis vous courent sus, attendés les de pied quoy; s'ils vous attendent de pied coi, courés leur sus.

Au passage que l'Empereur Charles cinquiesme fit en Prouence, le Roy François fut au propre d'eslire ou de luy aller au deuant en Italie, ou de l'attendre en ses terres. Et, bien qu'il considerast : combien c'est d'aduantage de conseruer sa maison pure et nette de troubles de la guerre, afin qu'entiere en ses forces, elle puisse continuellement fournir deniers et secours au besoing; que la necessité des guerres porte a tous les coups de faire le degast, ce qui ne se peut faire bonnement en nos biens propres; et si le paisant ne porte pas si doucement ce rauage de ceus de son party que de l'ennemy, en maniere qu'il s'en peut aysément allumer des seditions et des troubles parmi nous; que la licence de desrober et de piller, qui ne peut estre permise en son pais, est vn grand support aus ennuis de la guerre, et qui n'a d'autre esperence de gaing que sa solde, il est mal aisé qu'il soit tenu en office, estant a deux pas de sa femme et de sa retraicte; que celuy qui met la nappe tombe tousiours dés despens; qu'il y a plus d'allegresse a assaillir qu'a deffendre; et que la secousse de la perte d'vne bataille dans nos entrailles

[1] C : « en ».

est si violente qu'il est malaisé qu'elle ne crolle tout
le corps, attandu que il n'est passion contagieuse
comme celle de la peur, ny qui se preigne si ayséement
a credit, et qui s'espande plus brusquement; et que
les villes qui auront ouy l'esclat de céte tempeste a
leurs portes, qui auront recueilli leurs Capitaines et
soldatz tremblans encore et hors d'haleine, il est dangereux, sur la chaude, qu'ils [1] ne se iettent a quelque
mauuais party : si est ce qu'il choisit de r'appeller les
forces qu'il auoit de la les mons, et de voir venir l'ennemy. Car il peut imaginer au contraire : qu'estant
ches luy et entre ses amis, il ne pouuoit faillir d'auoir
plante [2] de toutes commoditez; les riuieres, les passages
a sa deuotion luy conduiroient sans cesse et viures et
deniers, en toute seurté et sans besoing d'escorte; qu'il
auroit ses subietz d'autant plus affectionnez qu'ils auroient le dangier plus pres; qu'ayant tant de villes et
de barrieres pour sa seurté, ce seroit a lui de donner
loy au combat selon son oportunité et aduantage; et,
s'il luy plaisoit de temporizer, qu'a labri et a son aise
il pourroit voir morfondre son ennemy et se défaire
soy mesmes, par les difficultez qui le combatroient,
engagé en vne terre estrangiere, ou il n'auroit, deuant
ny derriere luy, ny a costé, rien qui ne luy fit guerre,
nul moien de refréchir ou eslargir son armée, si les
maladies s'y mettoient, ny de loger a couuert ses bles-
sés, nuls deniers, nulz viures, qu'a pointe de lance,
nul loisir de se reposer et prendre haleine, nulle science
des [3] lieux et du pais qui le sceut deffendre d'embuches

---

[1] *Vulg.* : « qu'elles », *bien que les éditions de 1588 et de 1595
portent* « qu'ils ».

[2] *C* : « planté ».

[3] *BC* : « de ».

et surprises, et, s'il venoit a la perte d'vne bataille, nul moien d'en sauuer les reliques. Et n'auoit pas faute d'exemples pour l'vn et pour l'autre parti.

Scipion trouua bien meilleur d'aller assaillir les terres de son ennemy en Afrique que de deffendre les siennes et le combatre en Italie, ou il estoit : d'ou bien lui en prit; mais, au contraire, Hannibal, en céte mesme guerre, se ruina de auoir abandonné la conqueste d'vn païs estranger pour aller deffendre le sien. Les Atheniens, ayant laissé l'ennemy en leurs terres pour passer en la Sicile, eurent la fortune contraire; mais Agathocles, Roy de Siracuse, l'eut fauorable, ayant passé en Afrique et laissé la guerre ches soy.

Ainsi nous auons bien accoustumé de dire auec raison que les aduenemens [1] et issues dependent mesme en la guerre, pour la pluspart, de la fortune; laquelle ne se veut pas renger et assuietir a nostre discours et prudence, comme disent ces vers :

Et male consultis pretium est ; prudentia fallax.
Nec fortuna probat causas sequiturque merentes,
Sed vaga per cunctos nullo discrimine fertur ;
Scilicet est aliud quod nos cogatque regatque
Maius, et in proprias ducat mortalia leges.

Mais, a le bien prendre, il semble que nos conseils et deliberations en dépendent bien autant, et que la fortune n'est pas plus incertaine et temeraire que nos discours [2*].

---

[1] *BC* : « euenements ».
[2] *Vulg. modifie cette fin de phrase.*

CHAPITRE QVARANTEHVITIEME.

DES DESTRIERS.

Me voicy deuenu grammairien, moy qui n'apprins iamais nulle langue que par routine, et qui ne sçay encore que c'est d'adiectif, coniunctif et d'ablactif. Il me semble auoir ouy dire que les Romains auoient des cheuaus qu'ils appelloient *funales* ou *dextrarios,* qui se menoient a dextre ou a relais, pour les prendre tous frez au besoin : et de la vient que nous appellons destriers les cheuaus de seruice ; et nos romans disent ordinairement adestrer, pour accompaigner. Ils appelloient aussi *desultorios equos* des cheuaus qui estoient dressés de façon que, courans de toute leur roideur, acouplés coté a coté l'vn de l'autre, sans bride, sans selle, les gentils-hommes Romains, voire tous armés, au milieu de la course, se iettoient et reiettoient de l'vn a l'autre*. On dict de Cæsar et aussi du grand Pompeius que, parmy leurs autres excellentes qualitez, ils estoient fort bien a cheual ; et de Cæsar, qu'en sa ieunesse, monté a dos sur vn cheual et sans bride, il luy faisoit prendre carriere, les mains tournées derriere le dos. Comme nature a voulu faire de ce personnage la et d'Alexandre deux miracles en l'art militaire, vous diriés qu'elle s'est aussi efforcée a les armer extraordinairement. Car châcun sçait du cheual d'Alexandre, Bucefal, qui [1] auoit la teste retirant a celle d'vn toreau, qui [2] ne se souffroit monter a personne qu'a

[1] *BC :* « qu'il ».
[2] *BC :* « qu'il ».

son maistre, ne peut estre dressé que par luy mesme, fut honoré apres sa mort, et vne ville bastie en son nom. Cæsar en auoit aussi vn autre qui auoit les piedz de deuant comme vn homme, ayant l'ongle coupée en forme de doigts, qui ne peut estre monté ny dressé que par Cæsar, lequel dedia son image, apres sa mort, a la Deesse Venus.

Ie ne démonte pas volontiers quand ie suis a cheual : car c'est l'assiete en laquelle ie me trouue le mieux, et sain, et malade *. Aussi dit Pline qu'elle est tres-salutaire a l'estomac et aus iointures. Poursuiuons donc, puis que nous y sommes.

On lict, en Xenophon, la loy de Cyrus [1] deffendant de voyager a pied a homme qui eut cheual. Trogus et Iustinus disent que les Parthes auoient accoustumé de faire a cheual non seulement la guerre, mais aussi tous leurs affaires publiques et priués, marchander, parlementer, s'entretenir et se promener, et que la plus notable difference des libres et des serfs parmi eux, c'est que les vns vont a cheual et les autres a pié *.

Il y a plusieurs exemples en l'histoire Romaine (et Suetone le remarque plus particulierement de Cæsar), des Capitaines qui commandoient a leurs gens de cheual de mettre pied a terre, quand ilz se trouuoient pressez de l'occasion, pour oster aus soldatz toute esperance de fuite *. Mais nos ancestres, et notamment du temps de la guerre des Anglois, en tous les combatz solemnelz et iournées assignées, ilz se mettoient * tous a pié, pour ne se fier a nulle autre chose qu'a leur force propre et vigueur de leur courage et de leurs membres, de chose si chere que l'honneur et la vie. Vous engagés *

---

[1] *Vulg. supp.* : « de Cyrus ».

vostre valeur et vostre fortune a celle de vostre cheual ;
ses playes et sa mort tirent la vostre en consequence ;
son effray ou sa fureur vous rendent ou temeraire ou
lache. S'il a faute de bouche ou d'esperon, c'est a vostre
honneur a en respondre. A céte cause, ie ne trouue
pas estrange que ces combatz la fussent plus fermes et
plus furieux que ceux qui se font a cheual*; et chose
que nous appellons a la societé d'vn si grand hazard
doit estre en nostre puissance le plus qu'il se peut.
Comme ie conseilleroy de choisir les armes les plus
courtes, et celles dequoy nous nous pouuons le mieux
respondre. Il est bien plus seur de s'asseurer d'vne
espée que nous tenons au poing que du boulet qui
eschappe de nostre pistole, en laquelle il y a plusieurs
pieces, la poudre, la pierre, le rouët, desquelles la
moindre qui viendra a faillir vous fera faillir vostre
fortune*. Mais, quant a cet' arme la, i'en parleray plus
largement ou ie feray comparaison des armes anciennes
aus nostres, et, sauf l'estonnement des oreilles, a quoy
meshuy chacun est appriuoisé, ie croy que c'est vn'
arme de fort peu d'effect, et espere que nous en quitterons bien tost ¹ l'vsage*.

Encore ne faut il pas oblier la plaisante assiete qu'a-
uoit a cheual ² vn maistre Pierre Pol, docteur en theologie, que Monstrelet recite auoir accoustumé se promener par la ville de Paris et ailleurs ³, assis de costé
comme les fames. Il dit aussi ailleurs que les Gascons
auoient des cheuaus terribles, accoustumez de virer en
courant, dequoy les François, Piccars, Flamens et
·Brabançons faisoient grand miracle, pour n'auoir ac-

---

¹ *Vulg.* : « quitterons vn jour.».
² *Vulg.* : « qu'auoit sur sa mule ».
³ *Vulg. supp.* : « et ailleurs ».

coustumé de le voir : ce sont ses mots. Ie ne sçay quel
maniment ce pouuoit estre, si ce n'est celuy de noz
passades ¹. Cæsar, parlant de ceus de Suede : Aus
rencontres qui se font a cheual, dict il, ils se iettent
souuent a terre pour combattre a pié, ayant acoustumé leurs cheuaus de ne bouger ce pendant de la
place, ausquels ils recourent promptement, s'il en est
besoing ; et, selon leur coustume, il n'est rien si vilain
et si lâche que d'vser de selles ², et mesprisent ceux
qui en vsent; de maniere que, fort peu en nombre, ilz
ne craignent pas d'en assaillir plusieurs*.

Le Roy Alphonce, celuy qui dressa en Espaigne
l'ordre des Cheualliers de la Bande ou de l'Escharpe,
leur donna, entre autres regles, de ne monter ny mule,
ny mulet, sur peine d'vn marc d'argent d'amende,
comme ie viens d'apprendre dans les lettres de Gueuara,
desquelles ceux qui les ont appellées dorées faisoint
iugement bien autre que celuy que i'en fay*.

CHAPITRE QVARENTENEVFIESME.

DES COVSTVMES ANCIENNES.

l'excuserois volontiers en nostre peuple de n'auoir
autre patron et regle de perfection que ses propres
meurs et vsances, car c'est vn commun vice, non du
vulgaire seulement, mais quasi de tous hommes, d'a-
uoir leur visée et leur arrest sur le train auquel ils
sont nais. Ie suis content, quand il vera Fabritius ou

---

¹ *Vulg. supp. :* « Ie ne sçay... passades ».
² *B aj. :* « et bardelles », *et C :* « et bardes ».

Scipion [1], qu'il leur trouue la contenance et le port
barbare, puis qu'ils ne sont ny vestus, ny façonnez a
nostre mode. Mais ie me plains de sa particuliere indiscretion, de se laisser si fort piper et aueugler a l'hau-
torité de l'vsage present qu'il soit capable de changer
d'opinion et d'aduis tous les mois, s'il plait a la coustume, et qu'il iuge si diuersement de soy mesmes.
Quand il portoit le busc de son pourpoin entre les
mamelles, il maintenoit par viues raisons qu'il estoit
tres-bien. Quelques années apres, le voila aualé iusques entre les cuisses : il se moque de son autre vsage,
le trouue inepte et insupportable. La façon de se vestir
presente luy faict incontinent condemner et mespriser
l'ancienne, d'vne resolution si grande et d'vn consentement si vniuersel que vous diriez que c'est vne vraie
manie qui luy roule ainsi son entendement. Par ce
que nostre changement est si subit et si prompt en cela
que l'inuention de tous les tailleurs du monde ne sçauroit fournir assés de nouuelletez, il est force que bien
souuent les formes mesprisées reuiennent en credit, et
celles la mesmes tumbent en mespris tantost apres, et
qu'vn mesme iugement preigne, en l'espace de quinze
ou vingt ans, deus ou trois, non diuerses seulement,
mais contraires opinions, d'vne inconstance et legereté
incroiable*.

Ie veus icy entasser aucunes coustumes anciennes
que i'ay en memoire, les vnes de mesme les nostres,
les autres differentes, afin qu'ayant en l'imagination
céte continuelle variation des choses humaines, nous
en ayons le iugement plus esclaircy et plus ferme.

Ce que nous disons de combatre l'espée et la cape,

[1] *Vulg. :* « ou Lælius ».

il s'vsoit encores entre les Romains, ce dict Cæsar :
Sinistris sagos inuoluunt, gladiosque distringunt;
et remerque des lors en nostre nation ce vice, qui est
encore, d'arrester les passans que nous rencontrons en
chemin, et de les forcer de nous dire quy ils sont, et
de prendre a iniure et occasion de querelle s'ilz refusent de nous respondre.

Aus bains, que les anciens prenoient tous les iours
auant le repas, et les prenoient aussi ordinairement
que nous faisons de l'eau a lauer les mains, ilz ne se
lauoint du commencement que les bras et les iambes ;
mais depuis, et d'vne coustume qui a duré plusieurs
siecles, et en la plus part des nations du monde, ilz se
lauoint tous nudz, d'eau mixtionnée et parfumée : de
maniere qu'ilz prenoint pour tesmoignage de grande
simplicité de se lauer d'eau simple. Les plus affetés et
delicatz se parfumoint bien trois ou quatre fois par
iour tout le corps. Ilz se faisoient souuant pinceter
le poil par tout, comme les femmes Françoises ont pris
en vsage depuis quelque temps de faire leur front :

> *Quod pectus, quod crura tibi, quod brachia vellis;*

quoy qu'ilz eussent des oignemens qui seruoint a cela
de faire tumber le poil, qu'ilz appelloint *psilotrum* [1] :

> *Psilotro nitet, aut arida latet abdita creta.*

Ilz aimoint a se coucher mollement, et alleguent pour
preuue de patience de coucher sur des materas. Ilz
mangoint couchez sur des litz, a peu prez en mesme
assiete que les Turs [2] de nostre temps :

> *Inde thoro pater Æneas sic orsus ab alto.*

---

[1] *C supp. : « psilotrum ».— Vulg. supp. : « de faire… psilotrum ».*
[2] *BC : « Turcs ».*

Et dit on du ieune Caton que, despuis la bataille de
Pharsale, estant entré en deuil du mauuais estat des
affaires publiques, il mangea tousiours assis, prenant
vn train de vie plus austere. Ilz baisoint les mains au
grands, pour les honorer et caresser; et, entre les amis,
ilz s'entre-baisoint en se saluant [1*] :

> *Gratatusque darem cum dulcibus oscula verbis.*

[*] Ilz mangeoint, comme nous, le fruict a l'issue de table.
Ilz se torchoint le cul (il faut laisser aus femmes céte
vaine superstition de parolles) auec vne esponge : voila
pourquoy *spongia* est vn mot obscœne en Latin; et
estoit céte esponge atachée au bout d'vn baston, comme
tesmoigne l'histoire de celuy qu'on menoit pour estre
presenté aus bestes deuant le peuple, qui demanda
congé d'aller a ses affaires, et la, n'aiant autre moien
de se tuer, il se fourra ce baston et esponge dans le
gosier et s'en estoufa. Ilz s'essuyoint-le catze de laine
perfumée, quand ilz en auoint faict :

> *At tibi nil faciam; sed lota mentula lana.*

Il y auoit aus carrefours, a Rome, des vaisseaus et
demy cuues pour y aprester a pisser aus passans :

> *Pusi sæpe lacum propter, se, ac dolia curta,*
> *Somno deuincti, credunt extollere vestem.*

Ilz faisoint collation entre les [2] repas; et y auoit, en
esté, des vendeurs de nege pour refrechir le vin, et en
y auoit qui se seruoint mesme de céte nege en hyuer,
ne trouuans pas le vin encore lors assez froid. Les
grands auoint leurs eschançons et tranchans, et leurs

---

[1] *BC aj. :* « comme font les Venitiens ».
[2] *C :* « le ».

folz pour leur donner du plaisir. On leur seruoit, en hyuer, la viande sur des fouyers qui se portoint sur la table; et auoint des cuisines portatiues*, dans lesquelles tout leur seruice se trainoit apres eux : ·

> *Has vobis epulas habete lautas* [1],
> *Nos offendimur ambulante cœna.*

Et, en esté, ilz faisoint souuent, en leurs sales basses, couler de l'eau fresche et claire dans des canaus, au dessous [2] d'eus; ou il y auoit force poisson en vie, que les assistans choisissoint et prenoint en la main pour le faire aprester, chacun a son goust. Car le poisson a tousiours eu ce priuilege, comme il a encores, que les grands se meslent de le sçauoir aprester : car aussi en est le goust beaucoup plus exquis que de la chair, au moins pour moi. Mais, en toute sorte de magnificence, de desbauche et d'inuentions voluptueuses, de mollesse et de sumptuosité, nous y [3] faisons, a la verité, ce que nous pouuons pour les égaler : car nostre volonté est bien aussi gastée que la leur, mais la suffisance ne les peut égaler [4]. Nos forces ne sont non plus capables de les ioindre en ces parties la vitieuses qu'aux vertueuses : car les vnes et les autres partent d'vne vigueur d'esprit qui estoit, sans comparaison, plus grande en eus qu'en nous; et les ames, a mesure qu'elles sont moins fortes, elles ont d'autant moins de moyen de faire ny fort bien, ny fort mal.

Le haut bout d'entre eus, c'estoit le milieu. Le deuant et derriere n'auoint en escriuant et parlant aucune

---

[1] *BC* : « *lauti* ».
[2] *C* : « au dessus ».
[3] *BC supp.* : « y ».
[4] *BC* : « mais nostre suffisance n'y peut arriuer ».

signification de grandeur, comme il se voit euidemment par leurs escris : ilz diront Oppius et Cæsar, aussi volontiers que Cæsar et Oppius ; et diront moy et toy indifferemment, comme toy et moy. Voyla pourquoy i'ay autrefois remerqué, en la vie de Flaminius de Plutarque François, vn endroit ou il semble que l'autheur, perlant [1] de la ialousie de gloire qui estoit entre les Ætoliens et les Romains pour le gain d'vne bataille qu'ilz auoint obtenu en commun, face quelque pois de ce qu'aus chansons Grecques on nommoit les Ætholiens auant les Romains, s'il n'y a de l'amphibologie aux motz François.

Les dames, estans aus estuues, y receuoint quant et quant des hommes, et se seruøint, la mesme, de leurs valets a les frotter et oindre :

> *Inguina succinctus nigra tibi seruus aluta*
> *Stat, quoties calidis nuda foueris aquis.*

Elles se saupoudroint de quelque poudre pour reprimer les sueurs.

Les anciens Gaulois, dict Sidonius Apollinaris, portoint le poil long par le deuant, et le derriere de la teste tondu, qui est céte façon qui vient étre renouuellée par l'vsage effeminé et lâche de ce siecle.

Les Romains payoint ce qui estoit deu aux bateliers pour leur voiture des l'entrée du bateau, ce que nous faisons apres estre rendus a port :

> *Dum as exigitur, dum mula ligatur,*
> *Tota abit hora.*

Les femmes couchoint au lict du costé de la ruelle.

---

[1] *BC :* « parlant ».

Voila pourquoy on appelloit Cæsar *spondam Regis Nicomedis**. Mais il y a des liures entiers faicts sur cet argument.

CHAPITRE CINQVANTIESME.

DE DEMOCRITVS ET HERACLITVS.

Le iugement est vn vtil a tous subiets et se mesle par tout. A céte cause, aus essais que i'en [1] fay icy, i'y employe toute sorte d'occasion. Si c'est vn subiet que ie n'entende point, a cela mesme ie l'essaie, sondant le gué de bien loing, et puis, le trouuant trop profond pour ma taille, ie me tien a la riue, et ceste reconnoissance de ne pouuoir passer outre, c'est vn traict de son effect, voire de ceux dequoy il se vante le plus. Tantost, a vn subiect vain et de neant, i'essaye voir s'il trouuera dequoy luy donner corps, et dequoy l'appuier et estançonner. Tantost ie le promene a vn subiect noble et fort tracassé, auquel il n'a rien a trouuer de soy mesme, le chemin en estant si frayé et si batu qu'il ne peut marcher que sur la piste d'autruy. La il fait son ieu a trier la route qui luy semble la meilleure, et, de mille sentiers, il dit que cetuy cÿ ou celuy la a esté le mieux choisi. Au demeurant, ie laisse la fortune me fournir elle mesme les suiectz, d'autant qu'ilz me sont egalement bons; et si n'entreprans pas de les traiter entiers et a fons de cuue. De mille visages qu'ils ont chacun, i'en prans celuy qu'il me plait. Ie les saisis volontiers par quelque lustre extraordinaire

---

[1] *BC* : « ie ».

et fantasque. I'en trieroy bien de plus riches et plains,
si i'auoy quelque autre fin proposée que celle que i'ay[1].

Toute action est propre a nous faire connoistre :
céte mesme ame de Cæsar, qui se faict voir a ordonner
et dresser la bataille de Pharsale, elle se fait aussi voir
a dresser des parties oysiues et amoureuses. On iuge
vn cheual non seulement a le voir manier sur vne
carriere, mais encore a luy voir aller le pas, voire et a
le voir en repos a l'estable*.

Democritus et Heraclytus ont esté deux philosophes,
desquelz le premier, trouuant vaine et ridicule l'hü-
maine condition, ne sortoit guiere en public qu'auec
vn visage moqueur et riant. Heraclitus, aiant pitié et
compassion de céte mesme condition nostre, en portoit
le visage continuellement atristé et les yeux chargés
de larmes*. I'aime mieux la premiere humeur : non
par ce qu'il est plus plaisant de rire que de pleurer,
mais par ce qu'elle est plus desdaigneuse et qu'elle
nous acuse plus que l'autre; et il me semble que nous
ne pouuons iamais être assés mesprisés selon nostre
merite*. La plainte et la commiseration, elles sont
meslées a quelque estimation de la chose qu'on plaint;
les choses dequoy on se moque, on les estime vaines
et sans pris. Ie ne pense point qu'il y ait tant de
malheur en nous comme il y a de vanité, ny tant de
malice comme de sotise; nous ne sommes pas tant
pleins de mal comme d'inanité; nous ne sommes pas
tant miserables comme nous sommes viles. Ainsi Dio-
genes, qui baguenaudoit a part soy, roulant son ton-
neau et hochant du nez le grand Alexandre, nous

----

[1] *Vulg. développe la fin de ce paragraphe, à partir de « Au demeurant, ie laisse », et modifie la première ligne du paragraphe
suivant.*

estimant trestous des mouches ou des vesies pleines de vent, il estoit bien iuge [1] plus aigre et plus piquant, et par consequent plus iuste, a mon humeur, que Timon, celuy qui fut surnommé le Haisseur des hommes : car, ce qu'on hait, on le prend a cœur. Cetui ci nous souhaitoit du mal, estoit passionné du desir de nostre ruine, fuioit nostre conuersation comme dangereuse, de meschans et de nature deprauée. L'autre nous estimoit si peu que nous ne pourrions ny le troubler, ny l'alterer par nostre contagion ; nous laissoit de compagnie, non pour la crainte, mais pour le desdain de nostre commerce. Il ne nous estimoit capables ny de bien, ny de mal faire.

De mesme marque fut la responce de Statilius, auquel Brutus parla pour le ioindre a la conspiration contre Cæsar : il trouua l'entreprinse iuste, mais il ne trouua pas les hommes dignes pour lesquelz on se mit aucunement en peine*.

CHAPITRE CINQVANTEVNIESME.

DE LA VANITÉ DES PAROLLES.

Vn rhetoricien du temps passé disoit que son mestier estoit, de choses petites, les faire paroistre et trouuer grandes*. On luy eut faict donner le foët, en Sparte, de faire profession d'vn' art piperesse et mensongere*. Ceus qui masquent et fardent les femmes font moins de mal : car c'est chose de peu de perte de ne les voir pas en leur naturel ; la ou ceus cy font estat de tromper, non pas nos yeux, mais nostre iugement, et d'abastardir

---

[1] *C supp. :* « iuge ».

et corrompre l'essence des choses. Les republiques qui
se sont maintenues en vn estat reglé et bien policé,
comme la Cretense ou la Lacedemonienne, elles n'ont
pas faict grand conte d'orateurs *; c'est vn vtil inuenté
pour manier et agiter vne tourbe et vne commune
desreiglée, et vtil qui ne s'emploie qu'aus estatz malades, comme la medecine. En ceus ou le peuple, ou
les ignorans, ou tous ont tout peu, comme celuy
d'Athenes, de Rhodes et de Rome, et ou les choses ont
esté en perpetuelle tempeste, la ont foisonné les orateurs. Et, a la verité, il se void peu de personnages, en
ces republiques la, qui se soint poussez en grand credit
sans le secours de l'eloquence. Pompeius, Cæsar,
Crassus, Lucullus, Lentulus, Metellus ont pris de la
leur plus grand appui a se monter a céte grandeur
d'authorité ou ilz sont en fin arriuez, et s'en sont
aydez plus que des armes*. On remarque aussi que
l'art d'eloquence a fleuri le plus, lors que les affaires
ont esté en plus mauuais estat, et que l'orage des guerres ciuiles les a agitez : comme vn champ libre et
indonté porte les herbes plus gaillardes. Il semble par
la que les estatz qui dependent d'vn Monarque en ont
moins de besoin que les autres : car la bestise et facilité
qui se trouue en la commune, et qui la rend subiecte
a estre maniée et contournée par les oreilles au dous
son de céte harmonie, sans venir a poiser et connoitre
la verité des choses par la force de la raison, céte defaillance ne se trouue pas si aiséement en vn seul,
et est plus aisé de le garentir par bon conseil de
l'impression de céte poison [1]. On n'a pas veu sortir de
Macedoine, ny de Perse, nul orateur de renom.

[1] *Vulg. modifie légèrement ce paragraphe depuis « On remarque aussi ».*

I'en ay dict ce mot sur le subiect d'vn Italien que ie vien d'entretenir, qui a seruy le feu Cardinal Carraffe de maistre d'hostel, iusques a sa mort. Ie luy faisoy conter de sa charge; il m'a faict vn discours de céte science de gueule, auec vne grauité et contenance magistrale; comme s'il m'eust parlé de quelque grand point de theologie. Il m'a dechifré vne differance de goustz : celui qu'on a a ieun, qu'on a apres le segond et tiers seruice; les moyens, tantost de luy plaire simplement, tantost de l'eueiller et piquer[1]; la police de ses sauces, premierement en general, et puis particularisant les qualitez des ingrediens et leurs effectz; les differences des salades selon leur saison : celle qui doit estre reschaufée; celle qui veut estre seruie froide; la façon de les orner et embellir, pour les rendre encores plaisantes a la veüe. Apres cela, il est entré sur l'ordre du seruice plein de mille belles et importantes considerations *. Et tout cela enflé de riches et magnifiques parolles, et celles mesmes qu'on emploie a traiter du gouuernement d'vn empire. Il m'est souuenu de mon homme :

Hoc salsum est, hoc adustum est, hoc lautum est parum,
Illud recte; iterum sic memento : sedulo
Moneo quæ possum pro mea sapientia.
Postremo, tanquam in speculum, in patinas, Demea,
Inspicere iubeo, et moneo quid facto vsus sit.

Si est ce que les Grecs mesme louerent grandement l'ordre et la disposition que Paulus Æmilius obserua au festin qu'il leur fit au retour de Macedoine; mais ie ne parle point icy des effects, ie parle des motz.

[1] *C :* « piper ».

Ie ne sçay s'il en aduient aus autres comme a moy :
mais ie ne me puis garder, quand i'oy noz architectes
s'enfler de ces gros motz de pilastres, architraues, cor-
nices d'ouurage Corinthien et Dorique, et semblables
de leur iargon, que mon imagination ne se saisisse
incontinent du palais d'Apolidon, et, par effet, ie
trouue que ce sont les chetiues pieces de la porte de
ma cuisine *.

C'est vne piperie voisine a céte cy, d'apeller les offices de nostre estat par les titres superbes des Romains,
encore que ilz n'ayent nulle ressemblance de charge,
et encores moins d'authorité et de puissance. Et céte
cy aussi (qui seruira, a mon aduis, vn iour de tesmoignage d'vne singuliere vanité de nostre siecle) d'emploier vainement, et sans aucune consideration, les
surnoms les plus glorieus dequoi l'ancieneté ait honoré
vn ou deus personnages en plusieurs siecles, a qui bon
nous semble [1]. Platon a emporté ce surnom de diuin
par vn consentement vniuersel que nul n'a essayé de
luy enuier; et les Italiens, qui se vantent, et auecques
raison, d'auoir communement l'esprit plus esueillé et
le discours plus sain que les autres nations de leur
temps, en viennent d'étrener l'Aretin, auquel, sauf
vne façon de parler bouffie et bouillonnée de pointes,
ingenieuses a la verité, mais recerchées de loin et
fantasques, et, outre l'eloquence en fin, telle qu'elle
puisse estre, ie ne voy pas qu'il y ait rien au dessus des
communs autheurs de son siecle : tant s'en faut qu'il
aproche de céte diuinité ancienne. Et le surnom de
grand, nous l'attachons a des Princes qui n'ont eu rien
au dessus de la grandeur commune.

[1] *Vulg. modifie cette phrase.*

I.　　　　　　　　　　　　　　17

CHAPITRE CINQVANTEDEVXIEME.

DE LA PARSIMONIE DES ANCIENS.

Atilius Regulus, General de l'armée Romaine en
Afrique, au milieu de sa gloire et de ses victoires contre
les Carthaginois, escriuit a la chose publique qu'vn
valet de labourage, qu'il auoit laissé seul au gouuernement de son bien, qui estoit en tout sept arpens de
terre, s'en estoit enfuy, ayant desrobé ses vtilz de labourage ; et demandoit congé pour s'en retourner y pouruoir, de peur que sa femme et ses enfans n'en eussent
a souffrir. Le Senat pourueut a commettre vn autre a
la conduite de ses biens, et luy fit restablir ce qui luy
auoit esté desrobé, et ordonna que sa femme et enfans
seroint nourris aus despens du public.

Le vieus Caton, reuenant d'Espaigne Consul, vendit
son cheual de seruice pour espargner l'argent qu'il eut
cousté a le ramener par mer en Italie ; et, estant au
gouuernement de Sardaigne, faisoit ses visitations a
pied, n'ayant auec luy nulle autre suite que d'vn officier de la chose publique, qui le suiuoit, luy portant
sa robe et vn vase a faire des sacrifices, et le plus souuent il portoit sa male luy mesme. Il se vantoit de
n'auoir iamais porté robe qui eust cousté plus de dix
escuz, ny auoir enuoié au marché plus de dix solz
pour vn iour, et, des maisons qu'il auoit aux champs,
qu'il n'en auoit nulle qui fut crepie et enduite par
dehors.

Scipion Æmilianus, apres deux triomphes et deux
consulatz, ala en legation auec sept seruiteurs seule-

ment. On tient qu'Homere n'en eust iamais qu'vn;
Platon, trois; Zenon, le chef de la secte Stoique, pas vn *.

CHAPITRE CINQVANTETROISIEME.

D'VN MOT DE CÆSAR.

Si nous nous amusions par fois a nous considerer,
et, le temps que nous mettons a contreroller autruy et
a connoistre les choses qui sont hors de nous, que nous
l'amploissions a nous sonder nous mesmes, nous sen-
tirions aisément combien toute [1] céte nostre contexture
est bastie de pieces foibles et defaillantes. N'est ce pas
vn singulier tesmoignage d'imperfection de ne pouuoir
rassoir nostre contentement en nulle chose, et que,
par désir mesme et imagination, il soit hors de nostre
puissance de choisir ce qu'il nous faut? Dequoy porte
bon tesmoignage céte grande et noble [2] dispute qui a
tousiours esté entré les philosophes, pour trouuer le
souuerain bien de l'homme, et qui dure encore et du-
rera eternellement, sans resolution et sans accord *.
Quoy que ce soit qui tombe en nostre connoissance et
iouissance, nous sentons qu'il ne nous satisfaict pas,
et allons beant apres les choses auenir et inconnues,
d'autant que les presentes ne nous soulent pas : non
pas, a mon aduis, qu'elles n'ayent assez dequoy nous
souler, mais c'est que nous les saisissons d'vne prise
malade et desreglée *. Nostre goust est irresolu et incertain : il ne sçait rien tenir, ny rien iouir de bonne
façon. L'homme, estimant que ce soit le vice des cho-

---

[1] *C supp.* : « toute ».
[2] *Vulg. supp.* : « et noble ».

ses *, il se remplit et se plait ¹ d'autres choses qu'il ne
sçait point et qu'il ne cognoit point, ou il applique ses
desirs et ses esperances, les prend en honneur et reuerance, comme dict Cæsar : *Communi fit vitio naturæ
vt inuisis, latitantibus atque incognitis rebus magis
confidamus, vehementiusque exterreamur;* il se faict,
par vn vice ordinaire de nature, que nous ayons et
plus de fiance, et plus de crainte des choses que nous
n'auons pas veu, et qui sont cachées et inconnues ².

CHAPITRE CINQVANTEQVATRIEME.

DES VAINES SVBTILITEZ.

Il est de ces subtilitez friuoles et vaines, par le moyen
desquelles les hommes cerchent quelque fois de la recommandation : comme les poëtes qui font des ouurages entiers de vers commençans par vne mesme lettre.
Nous voions des œufz, des boules, des aisles, des haches
façonnées ancienement par les Grecs auec la mesure
de leurs vers, en les alongeant ou accoursissant, en
maniere qu'ilz viennent a representer telle ou telle
figure. Telle estoit la science de celuy qui s'amusa a
conter en combien de sortes se pouuoint renger les
lettres de l'alphabet, et y en trouua ce nombre incroyable qui se void dans Plutarque. Ie trouue bonne
l'opinion de celuy a qui on presenta vn homme apris
a ietter de la main vn grain de mil auec telle industrie
que, sans faillir, il le passoit tousiours dans le trou d'vne
esguille; et luy demanda l'on apres quelque present,

¹ *BC :* « pait ».
² *Vulg. supp. cette dernière phrase.*

pour loyer d'vne si rare suffisance : sur quoy il ordonna
bien plaisamment et iustement, a mon aduis, qu'on fit
donner a cet ouurier deux ou trois minotz de mil, afin
qu'vne si belle art ne demeurast sans exercice. C'est
vn tesmoignage* de la foiblesse de nostre iugement de
recommander les choses par la rarité ou nouuelleté, ou
encore par la difficulté, si la bonté et vtilité n'y sont
ioinctes.

Nous venons presentement de nous ioüer chez moy
a qui pourroit trouuer plus de choses qui se tiennent
par les deux boutz extremes : comme Sire, c'est vn
titre qui se donne a la plus esleuée personne de nostre
estat, qui est le Roy, et se donne aussi au vulgaire,
comme aux marchans, et ne touche point ceux d'entre
deus. Les femmes de qualité, on les nomme Dames,
les moyennes Damoiselles, et Dames encore celles de
la plus basse marche*. Democritus disoit que les Dieus
et les bestes auoint les sentiments plus aiguz que les
hommes, qui sont au moyen estage. Les Romains portoint mesmes acoutremens les iours de deuil et les iours
de feste. Il est certain que la peur extreme et l'extreme
ardeur de courage troublent esgalement le ventre, et
le laschent*. La foiblesse qui nous vient de froideur et
desgoutement aux exercices de Venus, elle nous vient
aussi d'vn appetit trop vehement et d'vne chaleur desreglée. L'extreme froideur et l'extreme chaleur cuisent
et rotissent. Aristote dict que les cueus de plom se
fondent et coulent de froid et de la rigueur de l'hyuer,
comme d'vne chaleur vehemente*. La bestise et la sagesse se rencontrent en mesme point de goust et de
resolution a la souffrance des accidens humains. Les
sages gourmandent et commandent le mal, et les autres
l'ignorent. Ceus cy sont, par maniere de dire, au deça

des accidens, les autres au dela; lesquels, apres en
auoir bien poisé et consideré les qualitez, les auoir
mesurez et iugez telz qu'ilz sont, ils [1] s'eslancent au
dessus par force d'vn vigoreus courage; ilz les desdai-
gnent et foulent aus pieds, ayant vne ame forte et
solide, contre laquelle les traitz de la fortune venant
a donner, il est force qu'ils reialissent et s'emoussent,
trouuant vn corps dans lequel ilz ne peuuent faire
impression. L'ordinaire et moyenne condition des
hommes loge entre ces deux extremitez, qui est de ceux
qui aperçoiuent les maux, les goustent et ne les peuuent supporter. L'enfance et la decrepitude se rencontrent en imbecilité de cerueau; l'auarice et la profusion,
en pareil desir d'attirer et d'acquerir[*].

Mais, par ce que, apres que le pas a esté ouuert a
l'esprit, i'ay trouué, comme il aduient ordinairement,
que nous auions pris pour vn exercice malaisé et d'vn
rare subiect ce qui ne l'est aucunement, et qu'apres
que nostre inuention a esté eschaufée, elle descouure
vn nombre infiny de pareilz exemples, ie n'en adiouteray que cetuy cy : que, si ces essais estoint dignes
qu'on en iugeat, il en pourroit aduenir, a mon aduis,
qu'ilz ne plairoint guiere aus espritz grossiers et ignorans, ny guiere aus delicatz et sauans [2] : ceux la n'y
entendroint pas assez, ceux cy y entendroint trop. Ils
trouueroint place entre ces deux extremités [3].

---

[1] C supp. : « ils ».
[2] BC : « aux espritz communs et vulgaires, ni guiere aux sin
guliers et excellens ».
[3] BC : « Ils pouroient viuoter en la moyenne region ».

CHAPITRE CINQVANTECINQVIEME.

DES SENTEVRS.

Il se dict d'aucuns, comme d'Alexandre le grand,
que leur sueur espandoit vne odeur soefue, par quelque
rare et extraordinaire complexion; dequoy Plutarque
et autres recerchent la cause. Mais la commune façon
des corps est au contraire, et la meilleure condition
qui soit en cela, c'est de ne sentir a rien de mauuais.
Et la douceur mesmes des halaines les plus pures, elle
n'a rien de plus excellent que d'estre simple et sans
aucune odeur qui nous offence, comme sont celles des
enfans bien sains. Voila pourquoy dict Plaute :

Mulier tum bene olet, vbi nihil olet;

la plus parfaicte senteur d'vne femme, c'est ne sentir
a rien. Et les bonnes senteurs estrangieres, on a raison
de les tenir pour suspectes a ceus qui s'en seruent, et
d'estimer qu'elles soient emploiées pour couurir quelque defaut naturel de ce costé la. D'ou naissent ces
rencontres des poëtes anciens : c'est puir que de sentir
a bon :

Rides nos, Coracine, nil olentes.
Malo quam bene olere, nil olere.

Et ailleurs :

Posthume, non bene olet, qui bene semper olet.

CHAPITRE CINQVANTESIXIESME.

DES PRIERES.

[1] Ie ne sçay si ie me trompe, mais, puis que, par vne faueur particuliere de la bonté diuine, certaine façon de priere nous a esté prescripte et dictée mot a mot par la bouche de Dieu, il m'a tousiours semblé que nous en deuions auoir l'vsage plus ordinaire que nous n'a-uons; et, si i'en estoy creu, a l'entrée et a l'issue de nos tables, a nostre leuer et coucher, et a toutes actions particulieres ausquelles on a accoustumé de mesler des prieres, ie voudroy que ce fut le seul [2] patenostre que les Chrestiens y emploiassent*. L'Eglise peut estendre et diuersifier les prieres, selon le besoin de nôtre ins-truction, car ie sçai bien que c'est tousiours mesme substance et mesme chose; mais on deuoit donner a celle la ce priuilege que le peuple l'eut continuelle-ment en la bouche, car il est certain qu'elle dit tout ce qui nous sert, et qu'elle est trespropre a toutes occasions*.

l'auoy presentement en la pensée d'ou nous venoit

---

[1] *BC aj. en tête de ce chapitre :* « Ie propose icy des fantasies informes et irresolues, comme font ceux qui publient des ques-tions doubteuses a debattre aus escoles, non pour establir la verité, mais pour la chercher, et les soubmetz au iugement de ceux a qui il touche de regler non seulement mes actions et mes escris, mais encore mes pensées. Esgalement m'en sera acceptable et vtile la condemnation, comme l'approbation*; et pourtant, me remettant tousiours a l'authorité de leur censure, qui peut tout sur moy, ie me mesle ainsin temerairement a toute sorte de propos, comme icy. »

[2] *Vulg. supp. :* « seul ».

cet' erreur de recourir a Dieu en tous nos desseins et
entreprinses*. Il est bien nostre seul et vnique protecteur*; mais, encore qu'il daigne nous honorer de
céte douce aliance paternelle, il est pourtant autant
iuste comme il est bon*, et nous fauorise selon la
raison de sa iustice, non selon nos inclinations et volontez[1]*.

Sa iustice et sa puissance sont inseparables. Pour
neant implorons nous sa force en vne mauuaise cause.
Il faut auoir l'ame nette, au moins en ce temps la
auquel nous le prions, et deschargée des passions vitieuses; autrement nous luy presentons nous mesmes
les verges dequoy nous chastier. Au lieu de rabiller
nostre faute, nous la redoublons, presentans a celuy
a qui nous auons a demander pardon vne affection
pleine d'irreuerance et de haine. Voila pourquoy ie
ne loüe pas volontiers ceux que ie voy prier Dieu plus
souuent et plus ordinairement, si les actions voisines
de la priere ne me tesmoignent quelque amendement
et reformation*. Nous prions par vsage et par coustume; ou, pour mieus dire, nous lisons ou prononçons
nos prieres : ce n'est en fin que contenance*.

Ce n'est pas sans grande raison, ce me semble, que
l'Eglise catholique défend l'vsage promiscue, temeraire
et indiscret des sainctes et diuines chansons que le
sainct Esprit a dicté en Dauid. Il ne faut mesler Dieu
en noz actions qu'auecque reuerence et attention pleine
d'honneur et de respect. Céte vois est trop diuine pour
n'auoir d'autre vsage que d'exercer les poulmons, et
plaire a nos oreilles : c'est de la conscience qu'elle doit
estre produicte, et non pas de la langue. Ce n'est pas

---

[1] *Vulg.* : « nos demandes ».

raison qu'on permette qu'vn garson de boutique,
parmy ses[1] vains et friuoles pensemens, s'en entretienne
et s'en ioue*. On m'a dict que ceux mesmes qui ne
sont pas de nostre aduis en cela defandent pourtant
entre eux l'vsage du nom de Dieu, en leurs propos
communs. Ilz ne veulent pas qu'on s'en serue par
vne maniere d'interiection ou d'exclamation, ny pour
tesmoignage, ny pour comparaison : en quoy ie
trouue qu'ilz ont raison ; et, en quelque maniere que
ce soit que nous appellons Dieu a nostre commerce
et societé, il faut que ce soit serieusement et religieu-
sement.

Il y a, ce me semble, en Xenophon, vn tel discours
ou il montre que nous deuons plus rarement prier
Dieu, d'autant qu'il n'est pas aisé que nous puissions
si souuant remettre nostre ame en céte assiete reglée,
reformée et deuotieuse, ou il faut qu'elle soit pour ce
faire ; autrement nos prieres ne sont pas seulement
vaines et inutiles, mais vitieuses et detestables. Pardonne nous, disons nous, comme nous pardonnons a
ceux qui nous ont offencez. Que disons nous par la,
sinon que nous luy offrons nostre ame exempte de
vengeance et de rancune ? Toutefois ie voi qu'en nos
vices mesmes nous appellons Dieu a nostre aide et au
complot de nos fautes[2]* : l'auaricieus le prie pour la
conseruation vaine et superflue de ses tresors ; l'ambitieux, pour ses victoires et conduite de sa fortune ; le
voleur l'emploie a son ayde pour franchir le hazart et
les difficultez qui s'oposent a l'execution de ses mes-
chantes entreprinses, ou le remercie de l'aisance qu'il
a trouué a desgosiller vn passant*.

[1] *BC :* « ces ».
[2] *Vulg. modifie cette phrase.*

La Roine de Nauarre Marguerite recite d'vn ieune
Prince, et, encore qu'elle ne le nomme pas, sa grandeur
l'a rendu assez connoissable, qu'alant a vne assignation
amoureuse, et coucher auec la femme d'vn aduocat de
Paris, son chemin s'adonnant au trauers d'vne eglise,
qu'il [1] ne passoit iamais en ce lieu saint, alant ou re-
tournant de son entreprinse, qu'il ne fît ses prieres et
oraisons. Ie vous laisse a penser, l'ame pleine de ce
beau desir, a quoy il emploioit la faueur diuine. Toutesfois elle alegue cela pour vn tesmoignage de singuliere deuotion. Mais ce n'est pas par céte preuue
seulement qu'on pourroit verifier que les femmes ne
sont guiere propres a traiter les mysteres de la theologie.

Vne vraye priere et vne religieuse reconciliation de
nous a Dieu, elle ne peut tumber en vne ame impure
et submise lors mesmes a la domination de Satan. Celuy
qui appelle Dieu a son assistance, pendant qu'il est
dans le train du vice, il faict comme le coupeur de
bourse qui appelleroit la iustice a son aide, ou comme
ceux qui produissent le nom de Dieu en tesmoing [2] de
mensonge*. Il est peu d'hommes qui osassent mettre
en euidance et presenter en public [3] les requestes et
prieres secretes qu'ilz font a Dieu.

*Haud cuiuis promptum est, murmurque, humilesque
Tollere de templis, et aperto viuere voto.* [susurros

Voila pourquoy les Pythagoriens vouloint que les
prieres qu'on faisoit a Dieu fussent publiques et ouyes

---

[1] *BC :* « eglise, il ».
[2] *BC :* « tesmoignage ».
[3] *Vulg. supp. :* « et presenter en public », *et plus loin, dans la
même phrase,* « et prieres ».

d'vn chacun, afin qu'on ne le requit pas de chose indecente et iniuste, comme faisoit celuy la :

Clare cum dixit : « Apollo! »
Labra mouet, metuens audiri : « Pulchra Lauerna,
Da mihi fallere ; da iustum sanctumque videri ;
Noctem peccatis et fraudibus obiice nubem. »

* Il semble, a la verité, que nous nous seruons de nos prieres comme * ceux qui emploient les paroles sainctes et diuines a des sorceleries et effectz magiciens ; et que nous facions nostre conte que ce soit de la contexture, ou son, ou suite des mots * que depende leur effect : car, aiant l'ame pleine de concupiscence, non touchée de repentance, ni d'aucune nouuelle reconciliation enuers Dieu, nous luy alons presenter ces paroles que la memoire preste a nostre langue, et esperons en tirer vne expiation generale [1] de nos fautes. Il n'est rien si aisé, si dous et si fauorable que la loi diuine : elle nous appelle a soy, ainsi fautiers et detestables comme nous sommes ; elle nous tend les bras et nous reçoit en son giron, pour vilains, ordz et bourbeus que nous soyons, et que nous ayons a estre a l'aduenir. Mais encore, en recompense, la faut il regarder de bon œil ; encore faut il receuoir ce pardon auec action de graces ; et, au moins pour cet instant que nous nous adressons a elle, auoir l'ame desplaisante de ses fautes et ennemie des concupiscences qui nous ont poussez a l'offencer *.

[1] *Vulg. supp. : « generale ».*

CHAPITRE CINQVANTESETIESME.

DE L'AAGE.

Ie ne puis receuoir la façon dequoy nous establissons la durée de nostre vie. Ie voy que les sages l'accoursissent bien fort au pris de la commune opinion. « Comment, dict le ieune Caton a ceux qui le veulent [1] empescher de se tuer, suis i'a céte heure en aage ou on me puisse reprocher d'abandonner trop tost la vie? » Si n'auoit il que quarante huict ans. Il estimoit cet aage la bien meur et bien auancé, considerant combien peu d'hommes y arriuent. Et ceux qui se consolent, en ce que ie ne sçay quel cours qu'ils nomment naturel promet quelques années au dela, ilz le pourroint faire, s'ilz auoint priuilege qui les exemptat d'vn si grand nombre d'accidens ausquelz chacun de nous est en bute par vne naturelle subiection, qui peuuent interrompre ce cours qu'ilz se promettent. Quelle resuerie est ce de s'atendre de mourir d'vne defaillance de forces que l'extreme veillesse apporte, et de se proposer ce but a nostre durée, veu que c'est la façon de mort la plus rare de toutes, et la moins en vsage? Nous l'appellons seule naturelle, comme si c'estoit contre nature de voir vn homme se rompre le col d'vne cheute, s'estoufer d'vn naufrage, se laisser surprendre a la peste ou a vn pleuresi, et comme si nostre condition ordinaire ne nous presentoit point a tous ces inconueniens. Ne nous flatons point de ces beaus mots; on doit, a l'auenture,

---

[1] *BC :* « vouloint ».

appeller plus tost naturel ce qui est general, commun et vniuersel.

Mourir de vieillesse, c'est vne mort rare, singuliere et extraordinaire, et d'autant moins naturelle que les autres; c'est la derniere et extreme sorte de mourir : plus elle est esloignée de nous, d'autant est elle moins esperable; c'est bien la borne au dela de laquelle nous n'yrons pas, et que la loy de nature a prescript pour n'estre point outre-passée : mais c'est vn sien rare priuilege de nous faire durer iusques la; c'est vne exemption qu'elle donne par faueur particuliere a vn seul en l'espace de deus ou trois siecles, le deschargeant des trauerses et difficultez qu'elle a ietté entre-deus, en céte longue carriere. Par ainsi mon opinion est de regarder que l'aage auquel nous sommes arriuez, c'est vn aage auquel peu de gens arriuent. Puisque d'vn train ordinaire les hommes ne viennent pas iusques la, c'est signe que nous sommes bien auant; et, puis que nous auons passé les limites accoustumez, qui est la vraye mesure de nostre vie, nous ne deuons esperer d'aler guiere outre. Ayant eschapé tant d'occasions de mourir, ou nous voyons trebucher le monde, nous deuons recognoitre qu'vne fortune extraordinaire comme celle la qui nous maintient, et hors de l'vsage commun, ne nous doit guiere durer.

C'est vn vice des lois mesme d'auoir céte fauce imagination : elles ne veulent pas qu'vn homme soit capable du maniment de ses biens qu'il n'ayt vingt cinq ans, et a peine conseruera il iusques lors le maniment de sa vie.

Auguste retrancha cinq ans des anciennes ordonnances Romaines, et declaira qu'il suffisoit a ceux qui prenoint charge de iudicature d'auoir trente ans.

Seruius Tullius dispensa les Cheualiers qui auoint passé
quarante sept ans des coruées de la guerre; Auguste
les remit a quarante cinq. De renuoyer les hommes
au seiour auant cinquante cinq ou soixante ans, il me
semble n'y auoir pas grande apparence. Ie serois d'aduis qu'on estandit nostre vacation et occupation autant
qu'on pourroit pour la commodité publique; mais ie
trouue la faute en l'autre costé, de ne nous y embesoi-
gner pas assez tost. Cetuy cy auoit esté iuge vniuersel
du monde a dixneuf ans, et veut que, pour iuger de la
place d'vne goutiere, on en ait trante.

Quand a moy, i'estime que nos ames sont dénoüées
a vingt ans, ce qu'elles le doiuent [1] estre, et qu'elles
peuuent tout ce qu'elles pourront iamais [2]. Iamais ame
qui n'ait donné en céte aage la preuue plus [3] euidente
et certaine de sa force et valeur ne la donna dépuis.
Les qualitez et vertus naturelles produisent dans ce
terme la, ou iamais, ce qu'elles ont de vigoreus et de
beau*. De toutes les belles actions humaines qui sont
venues a ma cognoissance, de quelque sorte qu'elles
soint, ie penserois en auoir plus grande part, a nom-
brer celles qui ont esté produites, et aus siecles anciens,
et au nostre, auant l'aage de trente ans, que celles qui
l'ont esté apres*. Quant a moy, ie tiens pour certain
que, dépuis cet' aage la, et mon esprit et mon corps
ont plus diminué qu'augmanté, et plus reculé que
auansé; il est possible qu'a ceux qui emploient bien
le temps, la science et l'experiance croissent auec la
vie; mais la viuacité, la promptitude, la fermeté et
autres parties bien plus nostres, plus importantes et

---

[1] *BC :* « elles doiuent ».
[2] *Vulg. :* « promettent tout ce qu'elles pourront. »
[3] *BC :* « bien ».

essentieles se fanissent et s'alanguisent *. Ie me pleins
donc des lois, non pas dequoi elles nous laissent trop
long temps a la besoigne, mais dequoy elles nous employent trop tard. Il me semble que, considerant la
foiblesse de nostre vie, et a combien d'escueilz ordinaires et naturelz elle est opposée, on n'en deuroit pas
faire si grande part a la naissance, a l'oisiueté et a
l'aprentissage.

FIN DV PREMIER LIVRE.

ESSAIS

DE MICHEL

DE MONTAIGNE

———

LIVRE SECOND.

———

CHAPITRE PREMIER.

DE L'INCONSTANCE DE NOS ACTIONS.

Ceux qui s'exercitent a contreroller les actions humaines ne se trouuent en nulle partie si empeschez
qu'a les rappiesser et mettre a mesme lustre; car elles
se contredisent quelque fois de si estrange façon qu'il
semble impossible qu'elles soient parties de mesme
boutique. Le ieune Marius se trouue tantost filz de
Mars, tantost filz de Venus. Le Pape Boniface huitiesme entra, dit on, en sa charge comme vn renard,
s'y porta comme vn lion, et mourut comme vn chien.
Et qui croiroit que ce fut cete vraye image de la
cruauté, Neron, comme on luy presentat a signer,
suiuant le stile, la sentence d'vn criminel condamné,
qui eut respondu : « Pleut a Dieu que ie n'eusse iamais sceu escrire ! » tant le cœur luy serroit de condamner vn homme a mort? Tout est si plein de telz
exemples, voire chacun s'en peut tant fournir a soy
mesme, que ie trouue estrange de voir quelque fois

des gens d'entendement se mettre en peine d'assortir ces pieces, veu que l'irresolution me semble le plus commun et apparent vice de nostre nature, tesmoing ce fameus verset de Publius le farseur :

Malum consilium est quod mutari non potest;

c'est vn mauuais conseil, qui ne se peut changer [1*]. Et, de toute l'antieneté, il est malaisé de choisir vne douzaine d'hommes qui ayent dressé leur vie a vn certain et asseuré train, qui est le principal but de la sagesse : car, pour la comprendre tout en vn mot, dict vn ancien, et pour embrasser en vne toutes les reigles de nostre vie, c'est vouloir et ne vouloir pas tousiours mesme chose; ie ne daignerois, dict il, adiouster : pourueu que la volonté soit iuste; car, si elle n'est iuste, il est impossible qu'elle soit tousiours vne. De vray, i'ay autrefois apris que le vice ce n'est que desreglement et faute de mesure, et par consequent il est impossible d'y attacher la constance. C'est vn mot de Demosthenes, dit on, que le commencement de toute vertu, c'est consultation et deliberation; et la fin et perfection, constance [2]. Si, par discours, nous entreprenions certaine voie, nous la prendrions la plus belle; mais nul n'y a pensé :

Quod petijt spernit; repetit quod nuper omisit;
Æstuat, et vitæ disconuenit ordine toto.

Nostre façon ordinaire, c'est d'aller apres les inclinations de nostre apetit, a gauche, a dextre, contremont, contre-bas, selon que le vent des ocasions nous emporte. Nous ne pensons ce que nous voulons qu'a

---

[1] *BC supp.* : « c'est vn... changer ».
[2] *BC* : « et la fin perfection et constance ».

l'instant que nous le voulons, et changeons comme cet
animal qui prend la couleur du lieu ou on le couche.
Ce que nous auons a cet' heure proposé, nous le changeons tantost, et tantost encore retournons sur nos
pas ; ce n'est que branle et inconstance :

> Ducimur, vt neruis alienis mobile lignum.

Nous n'alons pas : on nous emporte, comme les choses
qui flottent, ores doucement, ores auecques violence,
selon que l'eau est ireuse ou bonasse* : chaque iour
nouuelle fantasie, et se meuuent nos humeurs auecques les mouuemens du temps :

> Tales sunt hominum mentes, quali pater ipse
> Juppiter auctifero lustrauit lumine terras.

*A qui auroit prescrit et establi certaines loix et cer-
taine police en sa teste, nous verrions tout par tout en
sa vie reluire vn' equalité de meurs, vn ordre et vne
relation infalible des vnes choses aux autres*. Le discours en seroit bien aisé a faire, comme il se voit du
ieune Caton : qui en a touché vne marche a tout touché ; c'est vne harmonie de sons tres-accordans, qui ne
se peut démentir. A nous, au rebours, autant d'actions,
autant faut il de iugemens particuliers. Le plus seur,
a mon opinion, c'est de les rapporter aus circonstances
voisines, sans entrer en plus longue recherche, et sans
en conclure autre consequence.

Pendant les débauches de nostre pauure estat, on me
rapporta qu'vne fille, bien pres de la ou i'estoy, s'estoit
precipitée du haut d'vne fenestre pour euiter la force
d'vn belitre de soldat, son hoste ; elle ne s'estoit pas tuée
a la cheute, et, pour redoubler son entreprise, s'estoit
voulu donner d'vn cousteau par la gorge, mais on l'en

auoit empeschée, toutefois apres s'y etre bien fort bles-
sée. Elle mesme confessoit que le soldat ne l'auoit encore
pressée que de requestes, sollicitations et presens ; mais
qu'elle auoit eu peur qu'en fin il en vint a la contrainte ;
et la dessus, les parolles, la contenance et ce sang tesmoing de sa vertu, a la vraie façon d'vn' autre Lucrece !
Or i'ay sceu, a la verité, qu'auant et depuis ell' auoit esté
garse de bonne et amiable composition. Comme dict
le conte, tout beau et honneste que vous estez, quand
vous arez failli vostre pointe, n'en concluez pas incontinent vne chasteté inuiolable en votre maistresse : ce
n'est pas a dire que le muletier n'y trouue son heure.

Antigonus, ayant pris en affection vn de ses soldatz
pour sa vertu et vaillance, commanda a ses medecins
de le penser d'vne maladie longue et interieure qui
l'auoit tourmenté long temps ; et, s'aperceuant, apres
sa guerison, qu'il alloit beaucoup plus lachement aux
affaires, luy demanda qui l'auoit ainsi changé et en-
coüardi. « Vous mesmes, Sire, luy respondit il ; m'ayant
deschargé des maux pour lesquels ie ne tenois conte
de ma vie. » Le soldat de Lucullus, ayant esté deualisé
par les ennemis, fit sur eux pour se reuencher vne
belle entreprise. Quand il se fut remplumé de sa perte,
Lucullus, l'aiant pris en bonne opinion, l'emploioit a
quelque exploit hazardeux, par toutes les plus belles
remonstrances dequoy il se pouuoit auiser :

Verbis, quæ timido quoque possent addere mentem.

« Emploiez y, respondit il, quelque miserable soldat
deualisé ; »

Quantumuis rusticus : « Ibit,
Ibit eo quo vis qui zonam perdidit, » inquit ;

et refusa resoluement d'y aller *. Celuy que vous vites

hier si auentureux, ne trouuez pas estrange de le voir aussi poltron le l'endemain. Ou la cholere, ou la necessité, ou la compagnie, ou le vin, ou le son d'vne trompette luy auoit mis le cœur au ventre; ce n'est vn cœur ainsi formé par discours : ces circonstances le luy ont fermy; ce n'est pas merueille si le voila deuenu lache par autres circonstances contraires *.

Et encore que ie sois tousiours d'auis de dire du bien le bien, et d'interpreter plus tost en bonne part les choses qui le peuuent estre, si est ce que l'estrangeté de nostre condition porte que nous soyons souuent, par le vice mesmes, poussés a bien faire, si le bien faire ne se iugeoit par la seule intention. Parquoy vn faict courageux ne doit pas conclure vn homme vaillant : celuy qui le seroit bien a point, il le seroit tousiours et a toutes ocasions; si c'estoit vne habitude de vertu, et non vne saillie, elle rendroit vn homme pareillement resolu a tous accidens, tel seul qu'en compaignie, tel en camp clos qu'en vne bataille : car, quoy qu'on die, il n'y a pas autre vaillance sur le paué, et autre en la guerre. Aussi courageusement porteroit il vne maladie en son lict qu'vne blessure au camp, et ne craindroit non plus la mort en sa maison qu'en vn assaut. Nous ne verrions pas vn mesme homme donner dans la bresche d'vne braue asseurance, et se tourmenter apres, comme vne femme, de la perte d'vn procés ou d'vn filz *. Nostre faict ce ne sont que pieces rapportées, et voulons acquerir vn honneur a fauces enseignes. La vertu ne veut estre suiuie que pour elle mesme, et, si on emprunte par fois son masque pour autre occasion, elle nous l'arrache aussi tost des poings[1].

---

[1] *Vulg. :* « du visage ».

C'est vne viue et forte teinture, quand l'ame en est
vne fois abreuée, et qui ne s'en va qu'elle n'emporte la
piece. Voila pourquoy, pour iuger d'vn homme, il faut
suiûre longuement et curieusement sa trace : si la
constance ne s'y maintient de son seul fondement*, si
la varieté des occurences luy faict changer de pas, ie
dy de voye (car le pas s'en peut ou haster, ou appe-
santir), laissés le courir : celuy la s'en va a vaut le
vent, comme dict la deuise de nostre Talebot.

Ce n'est pas merueille, dict vn ancien, que le hazard
puisse tant sur nous, puisque nous viuons par hazard.
A qui n'a dressé en gros sa vie a vne certaine fin, il
est impossible de disposer les actions particulieres. Il
est impossible de renger les pieces a qui n'a vne forme
du tout en sa teste. A quoy faire la prouision des couleurs, a qui ne sçait ce qu'il a à peindre? Nul ne fait
certain dessain de sa vie, et n'en deliberons qu'a par-
celles. L'archier doit premierement sçauoir ou il vise,
et puis y accommoder la main, l'arc, la corde, la fles-
che et les mouuemens : nos conseilz fouruoient, par ce
qu'ilz n'ont pas d'adresse et de but ; nul vent ne faict
pour celuy qui n'a point de port destiné. Ie ne suis pas
d'aduis de ce iugement qu'on fit pour Sophocles, de
l'auoir argumenté suffisant au maniement des choses
domestiques, contre l'accusation de son fils, pour auoir
veu l'vne de ses tragœdies*. Nous sommes tous de ló-
pins et d'vne contexture si monstrueuse et diuerse que
chasque piece* faict son ieu. Et se trouue autant de
difference de nous a nous mesmes que de nous a autruy*. Puis que l'ambition peut apprendre aux hommes
et la vaillance, et la temperance, et la liberalité, voire
et la iustice; puis que l'auarice peut planter au courage d'vn garçon de boutique, nourri a l'ombre et a

l'oysiueté, l'asseurance de se getter si loing du foyer
domestique, a la mercy des vagues et de Neptune cour-
roucé, dans vn fraile bateau, et qu'elle apprend encore
la discretion et la prudence; et que Venus mesmes
fournit de resolution et de hardiesse la ieunesse encore
sous la discipline et la verge, et gendarme le tendre
cœur des pucelles au giron de leurs meres* : ce n'est pas
tour de rassis entendement de nous iuger simplement
par nos actions de dehors; il faut sonder iusqu'au dedans, et voir par quelz ressors se donne le branle : mais
d'autant que c'est vne hazardeuse et haute entreprinse,
ie voudrois que moins de gens s'en mélassent.

CHAPITRE DEVXIESME.

DE L'YVROGNERIE.

Le monde n'est que varieté et dissemblance. Les
vices sont tous pareilz, en ce qu'ilz sont tous vices, et
de céte façon l'entendent, a l'auenture, les Stoiciens;
mais encore qu'ilz soient egalement vices, ilz ne sont
pas egaus vices; et que celui qui a franchi de cent pas
les limites,

Quos vltra citraque nequit consistere rectum,

ne soit de pire condition que celuy qui n'en est qu'a
dix pas, il n'est pas croyable; et que le sacrilege ne
soit pire que le larrecin d'vn chou de nostre iardin :

Nec vincet ratio, tantumdem vt peccet idemque
Qui teneros caules alieni fregerit horti,
Et qui nocturnus Diuum sacra legerit.

Il y a autant en cela de diuersité qu'en nulle autre chose*.

Or l'yurognerie, entre les autres, me semble vice [1] grossier et brutal : l'esprit a plus de part ailleurs ; et il y a des vices qui ont ie ne sçay quoy de genereux, s'il le faut ainsi dire. Il y en a où la science se mesle, la diligence, la vaillance, la prudence, l'adresse et la finesse ; cetuy cy est tout corporel et terrestre. Aussi la plus grossiere nation de celles qui sont au iourd'huy, c'est celle la seule qui le tient en credit. Les autres vices alterent l'entendement ; cetuy-cy le renuerse* ; et en dit on, entre autres choses, que, comme le moust bouillant dans vn vaisseau pousse amont tout ce qu'il y a dans le fond, que aussi le vin fait desbonder les plus intimes secretz a ceux qui en ont pris outre mesure*. Iosephe conte qu'il tira les vers du nez a vn certain Ambassadeur que les ennemis luy auoient enuoyé, l'ayant fait boire d'autant. Toutefois Auguste, s'estant fié a Lucius Piso, qui conquit la Trace, des plus priuez affaires qu'il eut, ne s'en trouua iamais mesconté ; ny Tyberius, de Cossus, a qui il se deschargeoit de tous ses conseils ; quoy que nous les sçachons auoir esté si fort suietz au vin que il en a fallu rapporter* et l'vn et l'autre, du Senat, yure :

> *Externo inflatum venas de more Lyæo.*

Nous voyons nos Allemans, noyés dans le vin, se souuenir encore de leur quartier, du mot et de leur rang.

Il est certain que l'antiquité n'a pas fort descrié ce vice : les escris mesmes de plusieurs philosophes en

---

[1] *BC :* « vn vice ».

parlent bien mollement ; et, iusques aux Stoyciens, il y
en a qui conseillent de se dispenser quelque fois a boire
d'autant, et de s'enyurer pour relacher l'ame* ; et la
vraye image de la vertu Stoique, Caton, a esté reproché
de bien boire[1]*. Cyrus, ce Roy tant renommé, allegue
bien, entre ses autres louanges, pour se preferer a son
frere Artoxerxes[2], qu'il sçauoit beaucoup mieux boire
que lui. Et, és nations les mieux reiglées et policées,
cet essay de boire d'autant estoit fort en vsage. I'ay
ouy dire a Siluius, excellant medecin de Paris, que,
pour garder que les forces de nostre estomac ne s'a-
paressent, il est bon, vne fois le mois, les esueiller
par cet excez, et les picquer, pour les garder de s'en-
gourdir*.

Mon goust et ma complexion est plus ennemie de ce
vice que mon discours ; car, outre ce que ie captiue
aysément mes creances soubs l'authorité des opinions
ancienes, ie le trouue bien vn vice lache et stupide,
mais moins malicieux et domageable que les autres,
qui choquent quasi tous de plus droit fil la societé
publique. Et, si nous ne nous pouuons donner du
plaisir qu'il ne nous couste quelque chose, comme ilz
tiennent, ie trouue que ce vice coute moins a nostre
conscience que les autres, outre ce qu'il n'est point de
difficile queste, et aisé a trouuer[3], qui est vne consideration qui n'est pas a mespriser*.

Les incommoditez de la vieillesse, qui ont besoin de
quelque appuy et refrechissement, elles pourroient me
engendrer auecq raison desir de céte faculté : car c'est
quasi le dernier plaisir naturel que le cours des ans

[1] *Vulg. modifie cette phrase.*
[2] *BC :* « Artaxerxes ».
[3] *Vulg. :* « ny malaysé a trouuer ».

nous derobe. La chaleur naturelle, disent les bons compaignons, elle se prent premierement aux pieds : cele la touche l'enfance ; de la, elle monte a la moyenne region, ou elle se plante long temps, et y produit, selon moy, les seulz vrays plaisirs de la vie corporelle* ; sur la fin, a la mode d'vne vapeur qui va montant et s'exhalant, ell' arriue au gosier, ou elle fait sa derniere pose*.

Mais c'est vne vieille et plaisante question, si l'ame du sage seroit pour se rendre a la force du vin :

Si munitæ adhibet vim sapientiæ.

A combien de vanité nous pousse céte bonne opinion que nous auons de nous ! La plus reiglée ame du monde et la plus parfaicte n'a que trop affaire a se tenir en piedz, et a se garder de ne s'emporter par terre de sa propre foiblesse. De mille, il n'en est pas vne qui soit debout et rassise vn instant de sa vie; et se pourroit mettre en doute si, selon sa naturele condition, elle y peut iamais estre. Mais d'y ioindre la constance, c'est sa derniere perfection ; ie dis quand rien ne la choqueroit, ce que mille accidens peuuent faire. Lucrece, ce grand pœte, a beau philosopher et se bander : le voila rendu insensé par vn breuuage amoureux. Pensent ilz qu'vne apoplexie n'estourdisse aussi bien Socrates qu'vn portefaix. Les vns ont oblié leur nom mesme par la force d'vne maladie, et vne legiere blessure a renuersé le iugement a d'autres. Tant sage qu'il voudra, mais en fin c'est vn homme ; qu'est il plus caduque, plus miserable et plus de neant? La sagesse ne force pas nos conditions naturelles* : il faut qu'il sille les yeux au coup qui le menasse; il faut qu'il fremisse planté au bord d'vn precipice*. Il palit a la peur ;

il rougit a la honte; il gemit a la colique, sinon d'vne voix vaincue du mal, au moins comme estant en vne aspre meslée [1] :

Humani a se nihil alienum putat.

Les poetes* n'osent pas descharger seulement des larmes leurs heros ;

Sic fatur lachrimans, classique immittit habenas.

Luy suffise de brider et moderer ses inclinations; car, de les emporter, il n'est pas en luy. Cetuy mesme nostre Plutarque, si parfait et excellent iuge des actions humaines, a voir Brutus et Torquatus tuer leurs enfans, est entré en doute si la vertu pouuoit donner iusques la, et si ces personnages n'auoient pas esté plus tot agitez par quelque autre passion. Toutes actions hors les bornes ordinaires sont suiettes a sinistre interpretation, d'autant que nostre goust n'aduient non plus a ce qui est au dessus de lui qu'a ce qui est au dessous*.

Quand nous oyons nos martyrs crier au Tiran, au millieu de la flamme : « C'est assez rosti de ce costé la : hache le! mange le! il est cuit; recommance de l'autre! » quant nous oyons, en Iosephe, cet enfant, tout deschiré de tenailles mordantes et persé des aleines d'Antiochus, le deffier encore, criant d'vne voix ferme et asseurée : « Tiran! tu pers temps : me voicy tousiours a mon aise! Ou est céte douleur, ou sont ces tourmens dequoy tu me menassois? N'y sçais tu que cecy? Ma constance te donne plus de peine que ie n'en sens de ta cruauté. O lache belistre! tu te rens, et ie me renforce. Fay moy pleindre, fay moy flechir, fay

---

[1] *Vulg. modifie cette fin de phrase.*

moy rendre, si tu peus! Donne courage a tes satellites
et a tes bourreaux! Les voila defaillis de cœur : ilz
n'en peuuent plus. Arme les! Acharne les! » certes
il faut confesser qu'en ces ames la il y a quelque alteration et quelque fureur, tant sainte soit elle. Quand
nous arriuons a ces saillies Stoiques : I'ayme mieux
estre furieux que voluptueux*, μανείην μάλλον ἤ ἡσθείην[1];
quand Sextius nous dit qu'il ayme mieux estre enferré
de la douleur que de la volupté; quand Epicurus en-
treprend de se faire chatouiller a la goute, et, desdaignant[2] le repos et la santé, que, de gayeté de cœur, il
deffie les maux, et, mesprisant les douleurs moins aspres, dedaignant de les luiter et de les combatre, qu'il
en appelle et desire des fortes et poingnantes*,

> *Spumantemque dari pecora inter inertia votis*
> *Optat aprum, aut fuluum descendere monte leonem:*

qui ne iuge que ce sont boutées d'vne ame eslancée
hors de son giste? Nostre ame ne sçauroit de son siege
atteindre si haut; il faut qu'elle le quite et s'esleue,
et, prenant le frein aus dens, qu'ell' emporte et rauisse
son homme si loing qu'apres il s'estonne luy mesme
de son faict : comme, aux exploitz de la guerre, la chaleur du combat pousse les hommes genereux souuent
a franchir des pas si hazardeus qu'estant reuenus a eux
ils en transissent d'estonnement les premiers; comme
aussi les poetes sont espris souuent d'admiration de
leurs propres ouurages, et ne reconnoissent plus la
trace par ou ilz ont passé vne si belle carriere. C'est ce
qu'on appelle aussi en eus ardeur et manie; et[3] Platon

---

[1] *Nous corrigeons cette citation, défigurée dans ABC.*
[2] *Vulg. :* « refusant ».
[3] *BC :* « et comme ».

dit que pour neant hurte a la porte de la poesie vn
homme rassis; aussi dict Aristote que null' ame excellente n'est exempte de quelque meslange de folie; et a
quelque raison d'appeller fureur tout eslancement,
tant louable soit il, qui surpasse notre propre iugement et discours, d'autant que la sagesse, c'est vn
maniement reglé de nostre ame, et qu'elle conduit auec
mesure et proportion*.

CHAPITRE TROISIESME.

COVSTVME DE L'ISLE DE CEA.

Si philosopher c'est douter, comme ilz disent, a plus
forte raison niaiser et fantastiquer, comme ie fais, doit
estre doubter : car c'est aux apprentifs a enquerir et a
debatre, et au cathedrant de resoudre. Mon cathedrant,
c'est l'authorité de la sacrosainte volonté diuine, qui
nous reigle sans contredit, et qui a son reng au dessus
de ces humaines et vaines contestations.

Philippus, estant entré a main armée au Peloponese,
quelcun disoit a Damidas que les Lacedemoniens auroient beaucoup a souffrir s'ils ne se remettoient en sa
grace : « Et poltron, respondit il, que peuuent souffrir
ceux qui ne craignent point la mort? » On demandoit
aussi a Agis comme vn homme pourroit viure vrayement libre : « Mesprisant, dict il, le mourir. » Ces
propositions, et mille pareilles qui se rencontrent a ce
propos, sonnent euidemment quelque chose au dela
d'attendre patiemment la mort, quand elle nous vient.
Car il y a en la vie plusieurs choses pires a souffrir
que la mort mesme : tesmoing cet enfant Lacedemo-

nien pris par Antigonus et vendu pour serf, lequel,
pressé par son maistre a s'emploier a quelque seruice
abiect : « Tu verras, dit il, que [1] tu as acheté : ce me
seroit honte de seruir ayant la liberté si a main » ; et,
ce disant, se precipita du haut de la maison. Antipater
menassant asprement les Lacedemoniens pour les renger a certaine sienne demande : « Si tu nous menasses
de pis que la mort, respondirent ilz, nous mourrons
plus volontiers* ». C'est ce qu'on dit, que le sage vit
tant qu'il doit, non pas tant qu'il peut, et que le present que nature nous ait faict le plus fauorable, et qui
nous oste tout moien de nous pleindre de nostre condition, c'est de nous auoir laissé la clef des champs :
elle n'a ordonné qu'vne entrée a la vie, et cent mille
yssues*. Pourquoy te plains tu de ce monde? Il ne te
tient pas ; si tu vis en peine, ta lacheté en est cause ;
a mourir, il ne reste que le vouloir :

> Vbique mors est : optime hoc cauit Deus.
> Eripere vitam nemo non homini potest ;
> At nemo mortem : mille ad hanc aditus patent.

Et ce n'est pas la recepte a vne seule maladie : la mort
est la recepte a tous maux. C'est vn port tresasseuré,
qui n'est iamais a craindre, et souuent a rechercher.
Tout reuient a vn : que l'homme se donne sa fin, ou
qu'il la souffre ; qu'il coure au deuant de son iour, ou
qu'il l'attende. D'ou qu'il vienne, c'est tousiours le
sien ; en quelque lieu que le filet se rompe ,il y est tout :
c'est le bout de la fusée. La plus volontaire mort, c'est
la plus belle : la vie depend de la volonté d'autruy ; la
mort, de la nostre. En nulle chose nous deuons [2] tant

[1] Vulg. : « qui ».
[2] BC : « ne deuons ».

nous accommoder a nos humeurs qu'en celle la. La reputation ne touche pas vne telle entreprise : c'est follie d'en auoir respect. Le viure, c'est seruir, si la liberté de mourir en est a dire. Le commun train de la guerison se conduit aus despens de la vie. On nous incise, on nous cauterise, on nous detranche les membres, on nous soustrait l'aliment et le sang : vn pas plus outre, nous voila gueris tout a fait. Pourquoy n'est la veine du gosier autant a nostre commandement que la mediane? Aus plus fortes maladies, les plus forts remedes. Seruius le grammairien, ayant la goute, n'y trouua meilleur remede que de s'appliquer du poison aus iambes, et vescut depuis ayant céte partie du corps morte [1][*]. Dieu nous donne assez de congé, quand il nous met en tel estat que le viure nous est pire que le mourir[*].

Mais cecy ne s'en va pas sans contraste : car, outre l'authorité, qui, en defendant l'homicide, y enueloppe l'homicide de soy mesmes [2], d'autres philosophes tiennent que nous ne pouuons abandonner céte garnison du monde sans le commandement expres de celuy qui nous y a mis, et que c'est a Dieu, qui nous a icy enuoyés, non pour nous seulement, ains pour sa gloire et seruice d'autruy, de nous donner congé quand il luy plaira, non a nous de le prendre[*]; autrement, comme deserteurs de nostre charge, nous sommes punis en l'autre monde :

Proxima deinde tenent mœsti loca qui sibi letum
Insontes peperere manu, lucemque perosi
Proiecere animas.

---

[1] *Vulg. modifie cette phrase.*
[2] *Vulg. supp.* : « outre l'authorité,... de soy mesmes ».

Il y a bien plus de constance a vser la chaine qui nous tient, qu'a la rompre, et plus de fermeté en Regulus qu'en Caton. C'est l'indiscretion et l'impatience qui nous haste le pas; nulz accidens ne font tourner le dos a la viue vertu : elle cherche les maux et la douleur comme son aliment. Les menasses des Tyrans, les gehenes et les bourreaux l'animent et la viuifient :

> *Duris vt ilex tonsa bipennibus*
> *Nigræ feraci frondis in Algido,*
> *Per damna, per cædes, ab ipso*
> *Ducit opes animumque ferro ;*

et comme dict l'autre :

> *Non est, vt putas, virtus, pater,*
> *Timere vitam ; sed malis ingentibus*
> *Obstare, nec se vertere ac retro dare.*

> *Rebus in aduersis facile est contemnere mortem :*
> *Fortius ille facit qui miser esse potest.*

C'est le rolle de la couardise, non de la vertu, de s'aller tapir dans vn creux, soubz vne tumbe massiue, pour euiter les coupz de la fortune. Elle ne rompt son chemin et son train pour orage qu'il face :

> *Si fractus illabatur orbis,*
> *Impauidam ferient ruinæ.·*

Le plus communement, la fuyte d'autres inconueniens nous pousse a cétuy cy. Voire, quelque fois la fuite de la mort faict que nous y courons *, comme ceux qui de peur du [1] precipice s'y lancent eux mesmes :

---

[1] *BC* : « de ».

*Multos in summa pericula misit
Venturi timor ipse mali; fortissimus ille est
Qui promptus metuenda pati, si cominus instent,
Et differre potest.*

*Sæpe vsque adeo, mortis formidine, vitæ
Percipit humanos odium, lucisque videndæ,
Vt sibi consciscant mœrenti pectore lethum,
Obliti fontem curarum hunc esse timorem.*

Et l'opinion qui desdaigne nostre vie, elle est ridicule en nous, car en fin c'est nostre étre, c'est nostre tóut. Les choses qui ont vn estre plus noble et plus riche peuuent desdaigner le nostre; mais c'est contre nature que nous nous mesprisons et mettons nous mesmes a nonchaloir. C'est vne maladie particuliere, et qui ne se voit en nulle autre creature, de se hair et de se combatre. C'est de pareille vanité que nous desirons etre autre chose que ce que nous sommes. Le fruit d'vn tel desir ne nous touche pas, d'autant qu'il se contredit et s'empesche en soi. Celui qui desire d'estre fait d'vn homme ange, il ne faict rien pour luy : car, n'estant plus, il n'aura plus dequoy se resiouir et ressentir de cet amendement [1]*. La securité, l'indolence, l'impassibilité, la priuation des maux de céte vie que nous achetons au pris de la mort, ne nous apporte nulle commodité. Pour neant euite la guerre celuy qui ne peut iouir de la paix, et pour neant fuit la peine qui n'a dequoi sauourer le repos.

Entre ceux du premier aduis, il y a eu grand doute sur ce, quelles occasions sont assez iustes pour faire entrer vn homme en ce party de se tuer : ilz appellent cela εὔλογον ἐξαγωγήν. Car, quoy qu'ilz dient qu'il faut

---

[1] *Vulg. modifie cette phrase.*

souuent mourir pour causes legieres, puis que celles
qui nous tiennent en vie ne sont guiere fortes, si y
faut il quelque mesure. Il y a des humeurs fantastiques
et sans discours qui ont poussé, non des hommes particuliers seulement, mais des peuples a se deffaire :
i'en ay allegué par cy deuant des exemples ; et nous
lisons, en outre, des vierges Milesienes que, par vne
conspiration furieuse, elles se pendoient les vnes apres
les autres, iusques a ce que le magistrat y pourueut,
ordonnant que celles qui se trouueroient ainsi pendues
fussent trainées par le mesme licol toutes nues par la
ville. Quand Threicion presche Cleomenes de se tuer
pour le mauuais estat de ses affaires, et, ayant fuy la
mort plus honorable en la bataille qu'il venoit de perdre, d'accepter céte autre qui luy est seconde en honneur, et ne donner point loisir au victorieux de luy
faire souffrir ou vne mort ou vne vie honteuse, Cleomenes, d'vn courage Lacedemonien et Stoique, refuse
ce conseil comme lache et effœminé : c'est vne recepte,
dit il, qui ne luy [1] peut iamais manquer, et de laquelle
il ne se faut seruir tant qu'il y a vn doigt d'esperance
de reste ; que le viure est quelque fois constance et
vaillance ; qu'il veut que sa mort mesme serue a son
pais, et en veut faire vn acte d'honneur et de vertu.
Threicion se creut des lors, et se tua. Cleomenes en
fit aussi autant despuis ; mais ce fut apres auoir essayé
le dernier point de la fortune. Tous les inconueniens
ne valent pas qu'on veuille mourir pour les euiter ; et
puis, y ayant tant de soudains changemens aux choses
humaines, il est malaisé a iuger a quel point nous
sommes iustement au bout de nostre esperance*.

---

[1] *BC :* « me ».

Toutes choses, disoit vn mot ancien, sont esperables a vn homme pendant qu'il vit. Ouy! mais, respond Seneca, pourquoy auray-ie plustost en la teste cela, que la fortune peut toutes choses pour celuy qui est viuant, que cecy, que fortune ne peut rien sur celuy qui sçait mourir? On voit Iosephe engagé en vn si apparent dangier et si prochain, tout vn peuple s'estant esleué contre luy, que par discours il n'y pouuoit auoir nulle resource; toute fois estant, comme il dit, conseillé sur ce point par vn de ses amis de se déffaire, bien luy seruit de s'opiniatrer encore en l'esperance : car la fortune contourna, outre toute raison humaine, cet accident de tel biaiz qu'il s'en veid deliuré sans aucun inconuenient. Et * Marcus Brutus, au contraire, acheua de perdre les reliques de la Romaine liberté, de laquelle il estoit protecteur, par la precipitation et temerité dequoy il se tua auant le temps et l'occasion *.

Pline dit qu'il n'y a que trois sortes de maladies pour lesquelles euiter on aye accoustumé [1] de se tuer : la plus aspre de toutes, c'est la pierre a la vessie, quand l'vrine en est retenue; la seconde, la doleur d'estomach; la tierce, la doleur de teste [2] *. Pour euiter vne pire mort, il y en a qui sont d'aduis de la prendre a leur poste *. Les fames Iuifues, apres auoir faict circoncir leurs enfans, s'alloient precipiter quand et eux, fuyant la cruauté d'Anthiochus. On m'a conté qu'vn prisonnier de qualité, estant en nos conciergeries, ses parens, aduertis qu'il seroit certainement condamné, pour euiter la honte de telle mort, aposterent vn prestre pour luy dire que le souuerain remede de sa deliurance estoit qu'il se recommandast a tel saint, auec

---

[1] *Vulg.* : « on aye droit ».
[2] *Vulg. supp.* : « la seconde... teste ».

tel et tel veu, et qu'il fut huit iours sans prendre aucun
aliment, quelque defaillance et foiblesse qu'il sentit en
soy. Il l'en creut, et, par ce moyen, se deffit, sans y
penser, de sa vie et du dangier. Scribonia, conseillant
Libo, son nepueu, de se tuer plustost que d'attendre
la main de la iustice, luy disoit que c'estoit proprement
faire l'affaire d'autruy que de conseruer sa vie pour la
remettre entre les mains de ceux qui la viendroient
chercher trois ou quatre iours apres, et que c'estoit
seruir ses ennemis de garder son sang pour leur en faire
curée.

Il se lit dans la Bible que Nicanor, persecuteur de
la loy de Dieu, ayant enuoyé ses satellites pour saisir
le bon vieillard Rasias, surnommé, pour l'honneur de
sa vertu, le pere aux Iuifz, comme ce bon homme n'y
veit plus d'ordre, sa porte bruslée, ses ennemis pres a
le saisir, choisissant de mourir genereusement plustot
que de venir entre les mains des meschans, et de se
laisser mastiner contre l'honneur de son rang, qu'il se
frape ¹ de son espée; mais le coup, pour la haste,
n'ayant pas esté bien assené, il courut se precipiter du
haut d'vn mur au trauers de la troupe, laquelle s'es-
cartant et luy faisant place, il cheut droitement sur la
teste ; ce neantmoins, se sentant encore quelque reste
de vie, il ralluma son courage, et s'eleuant en pieds,
tout ensanglanté et chargé de coups, et fauçant la
presse, donna iusques a certain rocher coupé et preci-
piteux, ou, n'en pouuant plus, il print* a deux mains
ses entrailles, les dechirant et froissant, et les ietta a
trauers les poursuiuàns, appellant* et atestant la ven-
gence diuine.

¹ *BC* : « frapa ».

Des violences qui se font a la conscience, la plus a
euiter, a mon aduis, c'est celle qui se fait a la chasteté
des femmes, d'autant qu'il y a quelque plaisir corporel
naturelement meslé parmy ; et, a cete cause, le dissen-
tement n'y peut estre asses entier, et semble que la
force soit meslée a quelque volonté*. Pelagia et
Sophronia, toutes deux canonisées : celle la se precipita dans la riuiere auec sa mere et ses seurs, pour
euiter la force de quelques soldats ; et cete cy se tua
aussi, pour euiter la force de Maxentius, l'Empereur.

Il nous sera, a l'aduenture, honorable aux siecles
aduenir, qu'vn bien sçauant auteur de ce temps, et notamment Parisien, se met en peine de persuader aux
dames de nostre siecle de prendre plustot tout autre
party que d'entrer en l'horible conseil d'vn tel desespoir. Ie suis marry qu'il n'a sceu, pour mesler a ses
contes, le bon mot que i'apprins a Toulouse, d'vne
femme passée par les mains de quelques soldats. « Dieu
soit louë, disoit elle, qu'au moins vne fois en ma vie ie
m'en suis soulée sans peché ! » A la verité, ces cruautez
ne sont pas dignes de la douceur Françoise. Aussi,
Dieu mercy, nostre air s'en voit infiniment purgé dépuis ce bon aduertissement. Suffit qu'elles dient nenny,
en le faisant, suiuant la reigle du bon Marot.

L'histoire est toute pleine de ceux qui, en mille
façons, ont changé a la mort vne vie peneuse*.

Mais on desire aussi quelque fois la mort pour l'esperance d'vn plus grand bien. Ie desire, dit sainct
Paul, estre dissoult, pour estre auec Iesus Christ ;
et : Qui me desprendra de ces liens ? Cleombrotus,
Ambraciota, ayant leu le Phædon de Platon, entra en
si grand appetit de la vie aduenir que, sans autre occasion, il s'alla precipiter en la mer*. Iacques du Chastel,

Euesque de Soisson, au voyage d'outremer que fit
S. Loys, voyant le Roy et toute l'armée en train de
reuenir en France laissant les affaires de la religion
imparfaites, print resolution de s'en aller plus tot en
paradis, et, ayant dit a Dieu a ses amis, donna seul, a
la veue d'vn chacun, dans l'armée des ennemis, ou il
fut mis en pieces*.

Il y a eu des polices qui se sont meslées de reigler
ce doubte. En nostre Marseille, il se gardoit, au temps
passé, du venin preparé a tout de la cigue, aux despens
publics, pour ceux qui voudroient haster leurs iours,
ayant premierement approuué aux Six Cens, qui
estoient leur Senat, les raisons de leur entreprise; et
n'estoit loisible, autrement que par congé du magistrat
et par occasions legitimes, de mettre la main sur soy.
Céte loy estoit encor'ailleurs.

Sextus Pompeius, allant en Asie, passa par l'isle de
Cea de Negrepont. Il aduint de fortune, pendant qu'il
y estoit, comme nous l'apprend l'vn de ceux de sa
compagnie, qu'vne femme de grande authorité, ayant
rendu compte a ses citoyens pourquoy elle estoit resolue
de finir sa vie, pria Pompeius d'assister a sa mort pour
la rendre plus honnorable, ce qu'il fit; et, ayant long
temps essayé pour neant, a force d'eloquence, qui luy
estoit merueilleusement a main, et de persuasion, de
la destourner de ce dessein, souffrit en fin qu'elle se
contentat. Elle auoit passé quatreuingt dix ans en
tres-heureux estat d'esprit et de corps; mais lors,
couchée sur son lit mieux paré que de coustume, et
appuiée sur le coude : « Les Dieux, dit-elle, o Sextus
Pompeius, et plustost ceux que ie laisse que ceux que
ie vay trouuer, te sçachent gré dequoy tu n'as desdaigné
d'estre et conseiller de ma vie et tesmoing de ma mort.

De ma part, ayant tousiours essayé le fauorable visage
de fortune, de peur que l'enuie de trop viure ne m'en
face voir vn contraire, ie m'en vay d'vne heureuse fin
donner congé aus restes de mon ame, laissant de moy
deux filles et vne legion de nepueus. » Cela faict, ayant
presché et enhorté les siens a l'vnion et a la paix, leur
ayant departy ses biens, et recommandé les Dieux
domestiques a sa fille aisnée, elle print d'vne main
asseurée la coupe ou estoit le venin, et, ayant faict ses
veux a Mercure, et les prieres de la conduire en quelque heureux siege en l'autre monde, auala brusquement
ce mortel breuuage. Or entretint elle la compagnie du
progres de son operation, et comme les parties de son
corps se sentoient saisies de froid l'vn'apres l'autre,
iusques a ce qu'ayant dict en fin qu'il arriuoit au cœur
et aus entrailles, elle appella ses filles pour luy faire le
dernier office et luy clorre les yeux.

Pline recite de certaine nation hyperborée qu'en
icelle, pour la douce temperature de l'air, les vies ne
se finissent communement que par la propre volonté
des habitans; mais qu'estans las et sous de viure, ilz
ont en coustume, au bout d'vn long aage, apres auoir
fait bonne chere, se precipiter en la mer du haut d'vn
certain rochier destiné a ce seruice *.

CHAPITRE QVATRIESME.

A DEMAIN LES AFFAIRES.

Ie donne auec grande raison, ce me semble, la palme
a Iacques Amiot sur tous nos escriuains François, non
seulement pour la naifueté et pureté du langage, en

quoy il surpasse tous autres, ny pour la constance d'vn
si long trauail, ny pour la profondeur de son sçauoir,
ayant peu déuelopper si heureusement vn autheur si
espineux et ferré (car, on m'en dira ce qu'on voudra,
ie n'entens rien au Grec, mais ie voy vn sens si beau [1],
si bien ioint et entretenu partout en sa traduction que
ou il a certainement entendu l'imagination vraie de
l'auteur, ou, ayant par longue conuersation planté
viuement dans son ame vne generale idée de celle de
Plutarque, il ne luy a au moins rien presté qui le
desmente ou qui le desdie), mais sur tout ie luy sçay
bon gré d'auoir sceu trier et choisir vn liure si digne
et si a propos pour en faire present a son pais. Nous
autres ignorans estions perdus, si ce liure ne nous eut
releués du bourbier; sa mercy, nous osons a cet'heure
et parler et escrire; les dames en regentent les maistres
d'escole : c'est nostre breuiaire. Si ce bon homme vit,
ie luy resigne Xenophon pour en faire autant. C'est
vn'occupation plus aisée, et d'autant plus propre a sa
vieillesse; et puis ie ne sçay comment il me semble,
quoy qu'il se desmele bien brusquement et nettement
d'vn mauuais pas, que toutefois son stile est plus ches
soy, quand il n'est pas pressé et qu'il roulle a son
aise.

I'estoys a cet'heure sur ce passage ou Plutarque dict
de soy mesmes que Rusticus, assistant a vne sienne
declamation a Rome, y receut vn paquet de la part de
l'Empereur, et temporisa de l'ouurir iusques a ce que
tout fut faict : en quoy (dict il) toute l'assistance loua
singulierement la grauité de ce personnage. De vray,
estant sur le propos de la curiosité, et de céte passion

---

[1] *Vulg. supp.* : « si beau ».

auide et gourmande de nouuelles qui nous faict, auec
tant d'indiscretion et d'impatience, abandonner toutes
choses pour entretenir vn nouueau venu, et perdre
tout respet et contenance pour crocheter soudain, ou
que nous soions, les lettres qu'on nous apporte, il a eu
raison de louër la grauité de Rusticus, et pouuoit encor
y ioindre la louange de sa ciuilité et courtoisie, de
n'auoir voulu interrompre le cours de sa declamation.
Mais ie fay doute qu'on le peut louër de prudence:
car, receuant a l'improueu lettres, et notamment d'vn
Empereur, il pouuoit bien aduenir que le differer a les
lire eut esté d'vn grand preiudice. Le vice contraire a
la curiosité, c'est la nonchalance*, en laquelle i'ay veu
plusieurs hommes si extremes que, trois ou quatre
iours apres, on retrouuoit encores en leurs pochettes
les lettres toutes closes qu'on leur auoit enuoyées*.

Du temps de nos peres, monsieur de Boutieres
cuida perdre Turin, pour, estant en bonne compagnie
a souper, auoir remis a lire vn aduertissement qu'on
luy donnoit des trahisons qui se dressoient contre céte
ville ou il commandoit; et ce mesme Plutarque m'a
appris que Iulius Cæsar se fut sauué, si, allant au
Senat, le iour qu'il y fut tué par les coniurez, il eut
leu vn memoire qu'on luy presenta, contenant le faict
de l'entreprise.[1] Et faict aussi luy mesmes le conte
d'Archias, Tyran de Thebes, que, le soir auant l'execution de l'entreprise que Pelopidas auoit faicte de le
tuer pour remettre son pais en liberté, il luy fut escrit
par vn autre Archias, Athenien, de point en point ce
qu'on luy preparoit, et que, ce pacquet luy ayant esté
rendu pendant son souper, il remit a l'ouurir, disant

---

[1] *Vulg. supp.* : « contenant... l'entreprise ».

ce mot qui depuis passa en prouerbe en Grece : « A demain les affaires. »

Vn sage homme peut, a mon opinion, pour l'interest d'autruy, comme pour ne rompre indecemment compagnie, ainsi que Rusticus, ou pour ne discontinuer vn autre affaire d'importance, remettre a entendre ce qu'on luy apporte de nouueau. Mais, pour son interest ou plaisir particulier, mesmes s'il est homme aiant charge publique, pour ne rompre son disner, voire ny son sommeil, il est inexcusable de le faire. Et ancienement estoit a Rome la place consulaire, qu'ils appelloient, la plus honnorable a table, pour estre plus a deliure et plus accessible a ceux qui suruiendroient, ou pour porter nouuelles a celui qui seroit [1] assis, ou pour lui donner quelque aduertissement a l'oreille [2] : tesmoignage que, pour être a table, ilz ne se departoient pas de l'entremise d'autres affaires et suruenances. Mais, quand tout est dit, il est malaisé és actions humaines de donner reigle si iuste, par discours de raison, que la fortune n'y maintienne son droict.

CHAPITRE CINQVIESME.

DE LA CONSCIENCE.

Ie passois vn iour pais, pendant nos guerres ciuiles, avec vn honneste gentil'homme, et de bonne façon [3]. Il estoit du parti contraire au mien ; mais ie n'en sçauois rien, car il se contrefaisoit tout autre ; et le pis

---

[1] *BC :* « y seroit ».
[2] *Vulg. supp. :* « ou pour... a l'oreille ».
[3] *Vulg. modifie cette phrase.*

de ces guerres, c'est que les cartes sont si meslées, vostre ennemy n'estant distingué d'auec vous de nulle marque apparente, ni de langage, ny de port, ny de façon, nourry en mesmes loix, mesmes meurs et mesme foyer, qu'il est malaisé d'y euiter confusion et desordre. Cela me faisoit craindre a moy mesmes de r'encontrer nos trouppes en lieu ou ie ne fusse conneu, pour n'etre en peine de decliner mon nom, et de pis a l'aduenture*. Mais cetuy cy en auoit vne frayeur si esperdue, ie [1] le voyois si mort a chasque rencontre d'hommes* et passage de villes qui tenoient pour le Roy, que ie diuinay [2] en fin que c'estoient alarmes que sa conscience luy donnoit. Il sembloit a ce pauure homme qu'au trauers de son masque, et des croix de sa cazaque, on iroit lire iusques dans son cœur ses secretes intentions : tant est merueilleux l'effort de la conscience. Elle nous faict trahir, accuser et combatre nous mesmes, et, a faute de tesmoing estrangier, elle nous produit nous mesmes contre nous,

Occultum quatiens animo tortore flagellum.

Ce conte est en la bouche des enfans : Bessus, Pœonien, reproché d'auoir, de gayeté de cœur, abbatu vn nid de moineaux, et les auoir tués, disoit auoir eu raison, par ce que ces oysillons ne cessoient de l'accuser faucement du meurtre de son pere. Ce paricide iusques lors auoit esté occulte et inconnu; mais les furies vengeresses de la conscience le firent mettre hors a celuy mesmes qui en deuoit porter la penitence. Hesiode corrige le dire de Platon, que la peine suit de bien pres le peché, car il dit qu'elle naist en mesme

[1] *BC :* « et ie ».
[2] *BC :* « deuinay ».

instant et quant et quant le peché. Quiconque attent
la peine, il la souffre, et quiconque l'a meritée, l'at-
tant : la meschanceté d'elle mesme fabrique des tourmens contre soy :

Malum consilium consultori pessimum ;

comme la mouche guespe picque et offence autruy,
mais plus soi mesme, car elle y perd son eguillon et
sa force pour iamais :

Vitasque in vulnere ponunt.

Les cantarides ont en elles quelque partie qui sert
contre leur poison de contrepoison, par vne contrarieté
de nature. Aussi, a mesme qu'on prend le plaisir au
vice, il s'engendre vn desplaisir contraire en la conscience qui nous tourmente de plusieurs imaginations
penibles, veillans et dormans*. Apollodorus songeoit
qu'il se voioit escorcher par les Scythes, et puis bouillir
dedans vne marmite, et que son cœur murmuroit en
disant : « Ie te suis cause de tous ces maux. » Nulle
cachette ne sert aux meschans, disoit Epicurus, par ce
qu'ilz ne se peuuent asseurer d'estre cachez, la conscience les descouurant a eux mesmes :

Prima est hæc vltio, quod se
Judice nemo nocens absoluitur.

Come elle nous remplit de crainte, aussi fait elle
d'asseurance et de confience* :

Conscia mens vt cuique sua est, ita concipit intra
Pectora pro facto spemque metumque suo.

Il y en a mille exemples, il suffira d'en alleguer trois
de mesme personage. Scipion, estant vn iour accusé

deuant le peuple Romain d'vne accusation importante,
au lieu de s'excuser ou de flater ses iuges : « Il vous
siera bien, leur dit il, de vouloir entreprendre de
iúger de la teste de celuy par le moien duquel vous
aués l'authorité de iuger de tout le monde ». Et vn'autresfois, pour toute responce aux imputations que luy
mettoit sus vn Tribun du peuple, au lieu de plaider
sa cause : « Allons, dit il, mes citoiens, allons rendre
graces aus Dieux de la victoire qu'ils me donnarent
contre les Carthaginois en pareil iour que cetui cy »;
et, se mettant a marcher deuant vers le temple, voyla
toute l'assemblé, et son accusateur mesmes, a sa suite.
Et Petilius, aiant esté suscité par Caton pour luy
demander conte de l'argent manié en la prouince
d'Antioche, Scipion, estant venu au Senat pour cet
effet, produisit le liure des raisons qu'il auoit dessoubs sa robbe, et dit que ce liure en contenoit au vray
la recepte et la mise ; mais, come on le luy demanda
pour le mettre au greffe, il le refusa, disant ne se vouloir pas faire cete honte a soy mesme ; et, de ses mains,
en la presence du Senat, le deschira et mit en pieces.
Ie ne croy pas qu'vne ame cauterizée sceut contrefaire
vne telle asseurance*.

C'est vne dangeruse inuention que celle des gehenes, et semble que cĕ soit plustost vn essay de patience
que de verité*. Car pourquoy la douleur me fera elle
plustost confesser ce qui en est, qu'elle ne me forcera
de dire ce qui n'est pas ? Et, au rebours, si celuy qui
n'a pas fait ce dequoy on l'accuse est assez patient
pour supporter ces tourmentz, pourquoi ne le sera [1]
celui qui l'a faict, vn si beau guerdon que de la vie

---

[1] A : « fera », ce qui est une erreur évidente.

luy estant proposé. Ie pense que le fondement de céte inuention vient de la consideration de l'effort de la conscience : car, au coulpable, il semble qu'elle aide a la torture pour luy faire confesser sa faute, et qu'elle l'affoiblisse ; et, de l'autre part, qu'elle fortifie l'innocent contre la torture pour dire vray [1]. C'est vn moyen plein d'incertitude et de danger* ; mais tant y a que c'est le mieux [2] que l'humaine foiblesse aïe peu inuenter*.

CHAPITRE SIXIESME.

DE L'EXERCITATION.

Il est mal aysé que le discours et l'instrution, encore que nostre creance s'y applique volontiers, soint assez puissantes pour nous acheminer iusques a l'action, si, outre cela, nous n'exerçons et formons nostre ame par experience au train auquel nous la voulons renger. Autrement, quand elle sera au propre des effetz, elle s'y trouuera sans doute empeschée, quelques bonnes opinions qu'elle ayt [3]. Voyla pourquoy, parmy les philosophes, ceus qui ont voulu ateindre a quelque plus grande excellence ne se sont pas contentés d'atendre a couuert et en repos les rigueurs de la fortune, de peur qu'elle ne les surprint inexperimentez et nouueaus au combat ; ains ilz luy sont alez au deuant, et se sont iettez a escient a la preuue des difficultez : les vns en ont abandonné les richesses pour s'exercer a vne paureté volontaire ; les autres ont recerché le labeur, et

---

[1] *Vulg. ponctue :* « torture. Pour dire vray, c'est ».
[2] *Vulg. :* « c'est, dit on, le moins mal ».
[3] *Vulg. supp. :* « quelques... qu'elle ayt ».

vne austerité de vie penible pour se durcir au mal et
au trauail; d'autres se sont priuez des parties du corps
les plus cheres, comme de la veüe et des membres propres a la generation, de peur que leur seruice trop
plaisant et trop mol ne relaschat et n'atendrit la fermeté de leur ame.

Mais, a mourir, qui est la plus grande besoigne que
nous aïons a faire, l'exercitation ne nous y peut de
rien ayder. On se peut, par vsage et par experience,
fortifier contre les douleurs, la honte, l'indigence, et
tels autres accidents; mais, quand a la mort, nous ne la
pouuons essayer qu'vne fois : nous y sommes tous
aprentifs quand nous y venons.

Il s'est trouué anciennement des homes si excellens
mesnagers du temps, qui ont essayé en la mort mesme
de la gouster et sauourer, et ont tendu et bandé leur
esprit pour voir que c'estoit de ce passage; mais ils ne
sont pas reuenus nous en dire des nouuelles :

> *Nemo expergitus extat*
> *Frigida quem semel est vitaï pausa sequuta.*

Canius Iulius, noble home Romain, de vertu et fermeté singuliere, ayant esté condamné a la mort par ce
monstre de Caligula, outre plusieurs merueilleuses
preuues qu'il donna de sa resolution, comme il estoit
sur le point de soufrir la main du boureau, vn philosophe, son amy, luy demanda : « Et bien, Canius, en
quelle demarche est a cete heure vostre ame? Que fait
elle? En quels pensemens estes vous? » « Ie pensois,
luy respondit il, a me tenir prest et bandé de toute ma
force, pour voir si, en cet instant de la mor, si court et
si brief, ie pourray apperceuoir quelque deslogement
de l'ame, et si elle ara quelque ressentimant de son

yssue; pour, si i'en aprens quelque chose, en reuenir donner apres, si ie puis, aduertissemens a mes amis. » - Celuy cy philosophe non seulement iusqu'a la mort, mais en la mort mesme. Quelle asseurance estoit ce et quelle fierté de courage, de vouloir que sa mort luy seruit de leçon, et auoir loysir de penser ailleurs en vn si grand affere!*

Il me semble, toutesfois, qu'il y a quelque façon de nous apriuoiser a elle, et de l'essayer aucunement. Nous en pouuons auoir experience, sinon entiere et parfecte, aumoins telle qu'elle ne soit pas inutile, et qui nous rende plus fortifiés et asseurés. Si nous ne la pouuons ioindre, nous la pouuons aprocher, nous la pouuons reconoitre; et, si nous ne donnons iusques a son fort, aumoins verrons nous et en pratiquerons les auenues. Ce n'est pas sans raison qu'on nous fait regarder a nostre sommeil mesme, pour la ressemblance qu'il a de la mort*. Mais ceus qui sont tombez par quelque violent accident en defaillance de cœur, et qui y ont perdu tous sentimens, ceus la, a mon aduis, ont esté bien pres de voir son vray et naturel visage : car, quant a l'instant et au point du passage, il n'est pas à craindre qu'il porte auec soy nul trauail ou desplaisir, dautant que nous ne pouuons auoir ny goust ni sentiment sans loisir. Nos actions et operations ont besoin de temps, qui est si court et si precipité en la mort, qu'il faut necessairement qu'elle soit insensible [1]. Ce sont les aproches que nous auons a craindre, et celles la peuuent tomber en experience.

Plusieurs choses nous semblent plus grandes par imagination que par effect. I'ay passé la plus grande [2]

---

[1] *Vulg. modifie le commencement de cette phrase.*
[2] *Vulg. : « vne bonne ».*

partie de mon aage en vne parfaicte et entiere santé :
ie dy non seulement entiere, mais encore allegre et
bouillante. Cet estat plein de verdeur et de feste me
faisoit trouuer si horrible la consideration des maladies, que, quand ie suis venu depuis a les essayer, i'ay
trouué leurs pointures molles et laches au pris de ma
crainte*. Cela seul d'estre tousiours enfermé dans vne
chambre me sembloit insupportable. Ie fus incontinent
dressé a y estre vne semaine, et vn mois, plein d'emotion, d'alteration et de foiblesse, et ay trouué que, lors
de ma santé, ie plaignois les malades beaucoup plus
que ie ne me trouue a plaindre moy mesme quand i'en
suis, et que la force de mon apprehention encherissoit
pres de moitié l'essence et verité de la chose. I'espere
qu'il m'en aduiendra de mesme de la mort, et qu'elle
ne vaut pas la peine que ie prens a tant d'apretz que
ie dresse, et tant de secours que i'appelle et assemble
pour en soustenir l'effort. Mais, a toutes auantures,
nous ne pouuons nous donner trop d'aduantage.

Pendant noz troisiesmes troubles, ou deusiesmes (il
ne me souuient pas bien de cela), m'estant alé vn iour
promener a vne lieüe de chez moi, qui suis assis dans
le moiau de tout le trouble des guerres ciuiles de
France, estimant estre en toute seurté, et si voisin
de ma retraicte que ie n'auoy nul besoin de meilleur
equipage, i'auoy pris vn cheual bien aisé, mais non
guiere ferme. A mon retour, vne occasion soudaine
s'estant presentée de m'aider de ce cheual a vn seruice
qui n'estoit pas bien de son vsage, vn de mes gens,
grand et fort, monté sur vn puissant roussin, qui auoit
vne bouche desesperée, frais au demeurant et vigou-
reus, pour faire le hardy et deuancer ses compaignons,
vint a le pousser a toute bride droit dans ma route, et

fondre, comme vn colosse, sur le petit homme et petit
cheual, et le foudroier de sa roideur et de sa pesanteur,
nous enuoyant l'vn et l'autre les piedz contremont : si
que voila le cheual abatu et couché tout étourdi ; moy,
dis ou douze pas au dela, mort [1], estendu a la ren-
uerse, le visage tout meurtry et tout escorché ; mon
espée que i'auoy a la main, a plus de dis pas au dela ;
ma ceinture en pieces ; n'ayant ny mouuement ny sentiment, non plus qu'vne souche. C'est le seul esua-
nouissement que i'aye senti iusques a céte heure. Ceus
qui estoint auec moy, apres auoir essayé, par tous
les moiens qu'ils peurent, de me faire reuenir, me
tenans pour mort, me prindrent entre leurs bras, et
m'enportoint auec beaucoup de difficulté en ma maison, qui estoit loin de la enuiron vne demy lieue
Françoise. Sur le chemin, et apres auoir esté plus de
deux grosses heures tenu pour trespassé, ie commençay
a me mouuoir et respirer : car il estoit tombé si grande
abondance de sang dans mon estomac, que, pour l'en
descharger, nature eust besoin de resusciter ses forces.
On me mit sur mes pieds, ou ie rendy vn plein seau
de bouillons de sang pur, et plusieurs fois depuis, par
le chemin, il m'en falut faire de mesme. Par la, ie
commençay a reprendre vn peu de vie ; mais ce fut par
les menus, et par vn si long trait de temps que mes
premiers sentimens estoint beaucoup plus aprochans
de la mort que de la vie*. Céte recordation que i'en
ay fort empreinte en mon ame, me representant son
visage et son idée si prez du naturel, me concilie
aucunement a elle. Quand ie commençay a y voir, ce
fut d'vne veue si trouble, si foible et si morte que ie

---

[1] *Vulg. supp.* : « mort ».

ne discernois encores rien que la lumiere [1]. Quand
aus functions de l'ame, elles naissoint auec mesme
progrez que celles du corps. Ie me vy tout sanglant;
car mon pourpoint estoit taché par tout du sang que
i'auoy rendu. La premiere pensée qui me vint, ce fut
que i'auoi vne harquebusade en la teste; et de vrai, en
mesme temps, il s'en tiroit plusieurs autour de nous.
Il me sembloit que ma vie ne me tenoit plus qu'au
bout des leures. Ie fermois les yeux pour ayder, ce me
sembloit, a la pousser hors, et prenois plaisir a m'a-
languir et a me laisser aller. C'estoit vne imagination
qui ne faisoit que nager superficielement en mon ame,
aussi tendre et aussi foyble que tout le reste; mais, a
la verité, non seulement exempte de desplaisir, ains
meslée a céte douceur que sentent ceux qui se laissent
emporter au sommeil.

Ie croy certainement que c'est ce mesme estat ou se
trouuent ceux qu'on void defaillans de foiblesse et de
longue maladie [2] en l'agonie de la mort; et croi que
nous les pleignons sans cause, estimans qu'ils sont
agitez de grieues douleurs, ou auoir l'ame pressée de
cogitations penibles. Ce a esté tousiours mon aduis,
contre l'opinion de plusieurs, et mesme d'Estienne de
La Boitie, que ceux que nous voyons ainsi renuersés et
assoupis aux aproches de leur fin, ou acablez de la
longueur du mal, ou par l'accident d'vne apoplexie ou
mal caduc*, ou blessez en la teste, que nous oions
rommeller et rendre par fois des souspirs trenchans,
quoy que nous en tirons aucuns signes par ou il semble qu'il leur reste encore de la cognoissance, et quel-

---

[1] *BC aj. :*   « *Come quei ch'or apre, or chiude*
    Gli occhi, mezzo tra 'l sonno e l'esser desto ».
[2] *Vulg. supp. :* « et... maladie ».

ques mouuemens que nous leur voyons faire du corps : i'ay tousiours pensé, dis ie, qu'ilz auoient et l'ame et le corps enseueli et endormi *, et ne pouuois croire que, a vn si grand estonnement de [1] membres et si grande defaillance des sens, l'ame peut maintenir aucune force au dedans pour se recognoitre, et que, par ainsi, ilz n'auoint nul discours qui les tourmentast, qui [2] leur peut faire iuger et sentir la misere de leur condition, et que, par consequent, ilz n'estoint pas fort a plaindre.

*Les poëtes ont feint quelques Dieus fauorables a la deliurance de ceus qui trainoient ainsi vne mort languissante :

> Hunc ego Diti
> Sacrum iussa fero, teque isto corpore soluo.

Et les vois et responses courtes et descousues qu'on leur arrache quelque fois, a force de crier autour de leurs oreilles et de les tampeter, ou des mouuemens qui semblent auoir quelque consentement a ce qu'on leur demande, ce ne sont pas tesmoignages qu'ilz viuent portant au moins vne vie entiere [3]. Il nous aduient ainsi, sur le beguayement du sommeil, auant qu'il nous ait du tout saisis, de sentir comme en songe ce qui se fait autour de nous, et suiure les vois, d'vne oye [4] trouble et incertaine, qui semble ne donner qu'aus bords de l'ame, et faisons des responses a la suite des dernieres paroles qu'on nous a dictes, qui ont plus de fortune que de sens.

---

[1] *C : « des ».*
[2] *BC : « et qui ».*
[3] *BC : « qu'ils viuent pourtant, au moins vne vie entiere ».*
[4] *BC : « ouïe ».*

Or, a present que ie l'ay essayé par effect, ie ne fay nul doute que ie n'en aye bien iugé iusques a céte heure. Car, premierement, estant tout esuanouy, ie me trauaillois d'entrouurir mon pourpoint a belles ongles (car i'etoy desarmé), et si sçay que ie ne sentoi en l'imagination rien qui me blessat; car il y a plusieurs mouuemens en nous qui ne partent pas de nostre discours* : ceus qui tombent, ilz eslancent ainsi les bras au deuant de leur cheute, par vne naturelle impulsion, qui fait que nos membres se prestent des offices*. I'auoy mon estomac pressé de ce sang caillé; mes mains y couroient d'elles mesmes, comme elles font souuent ou il nous demange, contre l'ordonnance de nostre volonté. Il y a plusieurs animaus, et des hommes mesmes, apres qu'ilz sont trespassez, ausquels on void resserrer et remuer des muscles. Chacun sçait, par experience, qu'il a des parties qui se branlent et esmeuuent souuent sans son congé [1]. Or, ces passions qui ne nous touchent que* l'escorce ne se peuuent dire nostres. Pour les faire nostres, il faut que l'homme y soit engagé tout entier, et les douleurs que le pied ou la main sentent pendant que nous dormons ne sont pas a nous.

Comme i'aprochay de chez moy, ou l'alarme de ma cheute auoit des-ia couru, et que ceus de ma famille m'eurent rencontré auec les cris accoustumés en telles choses, non seulement ie respondois quelque mot a ce qu'on me demandoit, mais encore ils disent que ie m'auisay de commander qu'on donnast vn cheual a ma femme, que ie voioy s'empestrer et se tracasser dans le chemin, qui est montueus et malaisé. Il semble que

---

[1] *Vulg. modifie cette phrase.*

céte consideration deut partir d'vne ame esueillée ; si
est ce que ie n'y estois aucunement : c'estoint des
pensemens vains, en nue, qui estoint esmeus par les
sens dés yeus et des oreilles ; ils ne venoint pas de chés
moy. Ie ne sçauoy pourtant, ny d'ou ie venoi, ny ou
i'aloy, ny ne pouuois poiser et considerer ce que on
me demandoit. Ce sont des legiers effects que les sens
produisoint d'eus mesmes, comme d'vn vsage. Ce que
l'ame y prestoit, c'estoit en songe, touchée bien legie-
rement, et comme lechée seulement* par la molle
impression des sens. Cependant mon assiete estoit, a la
verité, tresdouce et paisible : ie n'auoy nulle affliction,
ny pour autruy, ny pour moy ; c'estoit vne langueur
et vne extreme foyblesse, sans aucune douleur. Ie vy
ma maison sans la recognoitre. Quand on m'eust couché, ie senty vne infinie douceur a ce repos ; car
i'auoy esté vilainement tirassé par ces pouures gens qui
auoint pris la peine de me porter entre leurs bras par
vn long et tresmauuais chemain, et s'y estoint lassés
deux ou trois fois, les vns apres les autres. On me presenta force remedes, dequoy ie n'en receus aucun,
tenant pour certain que i'estoy blessé a mort par la
teste. C'eust esté, sans mentir, vne mort bien heureuse : car la foyblesse de mon discours me gardoit
d'en rien iuger, et la foiblesse du corps d'en rien
sentir. Ie me laissoy couler si doucement, et d'vne
façon si molle et si aisée, que ie ne sens guiere nulle
action si plaisante que celle la estoit. Quand ie vins a
reuiure et a reprendre mes forces*, qui fut deux ou
trois heures ápres, ie me senty tout d'vn train renga-
ger aus douleurs, ayant les membres tous moulus et
froissés de ma cheute, et en fus si mal, deux ou trois
nuits apres, que i'en cuiday remourir encore vn coup,

mais d'vne mort plus vifue ; et me sens encore, quatre
ans apres [1], de la secousse de cete froissure. Ie ne veus
pas oublier ceci, que la derniere chose enquoy ie me
peuz remetre, ce fut en la souuenance de cet accident,
et me fis redire plusieurs fois ou i'aloy, d'ou ie venoy,
a quelle heure cela m'estoit aduenu, auant que de le
pouuoir conceuoir. Quand a la façon de ma cheute,
on me la cachoit en faueur de celuy qui en auoit esté
cause, et m'en forgeoit on d'autres. Mais, long temps
apres et le lendemein, quand ma memoire vint a
s'entr'ouurir, et me representer l'estat ou ie m'etoy
trouué en l'instant que i'auoy aperceu ce cheual fon-
dant sur moy (car ie l'auoy veu a mes talons, et me
tins pour mort ; mais ce pensement auoit esté si soudain que la peur n'eut pas loysir de s'y engendrer), il
me sembla que c'estoit vn esclair qui me frapoit l'ame
de secousse, et que ie reuenoy de l'autre monde.

Ce conte d'vn euenement si leger est assez vain,
n'estoit l'instruction que i'en ay tirée pour moy ; car,
a la verité, pour s'apriuoiser a la mort, ie trouue qu'il
n'y a que de s'en auoisiner. Or, comme dit Pline,
chacun est a soy mesme vne tres-bonne discipline,
pourueu qu'il ayt la suffisance de s'espier de pres. Ce
n'est pas icy ma doctrine, c'est mon estude, et n'est pas
la leçon d'autruy, c'est la mienne*.

---

[1] *Vulg. supp. :* « quatre ans apres ».

CHAPITRE SEPTIEME.

DES RECOMPENSES D'HONNEVR.

Ceus qui escriuent la vie d'Auguste Cæsar, ils remarquent ceci, en sa discipline militaire, que, des presens et dons, il estoit merueilleusement liberal enuers ceus qui le meritoint, mais que, des pures recompenses d'honneur, il en estoit bien autant espargnant. Si est ce qu'il auoit esté luy mesme gratifié par son oncle de toutes les recompenses militaires auant qu'il eust iamais esté a la guerre. C'a esté vne belle inuention, et receüe en la plus part des polices du monde, d'establir certaines merques vaines et sans pris, pour en honnorer et recompenser la vertu, comme sont les couronnes de laurier, de chesne, de meurte, la forme de certain vestement, le priuilege d'aler en coche par vile, ou de nuyt auecques flambeau, quelque assiete particuliere aus assemblées publiques, la prerogatiue d'aucuns surnoms et titres, certaines merques aus armoiries, et choses semblables dequoy l'vsage a esté diuersement receu selon l'opinion des nations, et dure encores iusques a nous.

Nous auons, pour nostre part, et plusieurs de nos voisins, les ordres de cheualerie, qui ne sont establis qu'a cete fin. C'est, a la verité, vne bien bonne et profitable coustume de trouuer moyen de recognoistre la valeur des hommes rares et excellens, et de les contenter et satisfaire par des recompenses qui ne chargent aucunement le publiq, et qui ne coustent rien a vn Prince. Et ce qui a esté tousiours conneu par expe-

rience antienne, et que nous auons autresfois aussi
peu voir entre nous, que les gens d'honneur auoint
plus de ialousie de telles recompenses que de celles ou
il y auoit du guein et du profit, cela n'est pas sans
raison et grande apperence [1] : si, au pris qui doit estre
simplement d'honneur, on y mesle d'autres commoditez et de la richesse, ce meslange, au lieu d'augmenter l'estimation, il la rauale et en retranche.
L'ordre sainct Michel, qui a esté si long temps en
honneur parmy nous, n'auoit point de plus grande
commodité que celle la, de n'auoir communication de
nulle autre commodité. Cela faisoit que, autre-fois, il
n'y auoit ne charge, ny estat, quel qu'il fut, auquel la
noblesse pretendit auec tant de desir et d'affection
qu'elle faisoit a l'ordre, ny nulle qualité qui apportat
plus de respect et de grandeur : la vertu embrassant et
aspirant plus volontiers a vne recompense purement
sienne qu'a nulle autre [2]. Car, a la verité, les autres
dons et presens n'ont pas leur vsage si noble, dautant
qu'on les emploie a toute autre sorte d'occasions : c'est
vne monnoie a toute espece de marchandise [3]. Par des
richesses, on paye le seruice d'vn valet, la diligence
d'vn courrier, le dancer, le voltiger, le parler, et les
plus viles offices qu'on reçoiue ; voire et le vice mesme
s'en paye : la flaterie, le maquerelage, la trahison, et
autres que nous emploions a nostre vsage par l'entremise d'autruy [4]. Ce n'est pas merueille si la vertu
reçoit et desire moins volontiers céte sorte de monnoie*
que celle qui luy est propre et particuliere, toute noble

---

[1] *BC :* « apparence ».
[2] *Vulg. modifie cette fin.*
[3] *Vulg. supp. :* « c'est vne... marchandise ».
[4] *Vulg. supp. :* « et autres... d'autruy ».

et genereuse. Mais Auguste auoit raison d'estre beaucoup plus mesnagier et espargnant de céte cy que de l'autre, d'autant que l'honneur, c'est vn priuilege qui tire sa principale essence de la rarité, et la vertu mesme :

Cui malus est nemo, quis bonus esse potest?

On ne remarque pas, pour la recommandation d'vn homme, qu'il ait soin de la nourriture de ses enfans, d'autant que c'est vne action commune, quelque iuste qu'elle soit*. Ie ne pense pas que nul citoyen de Sparte se glorifiat de sa vaillance, car c'estoit vne vertu populaire et vulgaire [1] en leur nation; et aussi peu de la frugalité [2] et mespris des richesses. Il n'eschoit pas de recompense a vne vertu, pour grande qu'elle soit, qui est passée en coustume, et ne sçay auec si nous l'apelerions iamais grande, estant commune.

Puis donc que ces loyers d'honneur n'ont autre pris et estimation que cete la, que peu de gens en iouissent, il n'est, pour les aneantir, que d'en faire largesse. Quand il se trouueroit plus de gens qu'au temps passé qui meritassent nostre ordre, il n'en faloit pas pourtant corompre l'estimation. Et peut ayseement aduenir que plus de gens le meritent : car il n'est nulle des vertus qui s'espende si aysement que la vaillance militaire. Il y en a vne autre vraye, et [3] perfecte, et philosophique, dequoy ie ne parle point, et me sers de ce mot selon nostre vsage, bien plus grande que cete cy et plus pleine, qui est vne force et asseurance de l'ame, mesprisant egalement toute sorte d'accidens, equable,

[1] *Vulg. supp.* : « et vulgaire ».
[2] *BC* : « fidelité ».
[3] *BC sup.* : « et ».

vniforme et constante, de laquelle la nostre n'est qu'vn
bien petit rayon. L'vsage, l'institution, l'exemple et la
coustume peuuent tout ce qu'elles veulent en l'esta-
blissement de celle dequoy ie parle, et la rendent
aysement vulguaire, commune et populaire[1], comme il
est tresaysé a voir par l'experience que nous en donnent nos guerres ciuiles*. Il est vray qu'a la verité la
recompense de l'ordre ne touchoit pas, au temps passé,
seulement cete consideration; elle regardoit plus loin.
Ce n'a iamais esté le payement d'vn valeureus soldat,
mais d'vn Capitaine fameus et noble[2] : la science
d'obeir ne meritoit pas vn loyer si honorable. On y
requeroit anciennement vne suffisance militaire plus
vniuerselle, et qui embrassat la plus part et plus
grandes parties d'vn bon homme de guerre*, qui fut
encore, outre cela, de condition accommodable a vne
telle dignité. Mais ie dy, quand plus de gens en seroint
dignes qu'il ne s'en trouuoit autres-fois, qu'il ne falloit
pas pourtant s'en rendre plus liberal, et eut mieus
vallu faillir a n'en estrener pas tous ceus a qui il estoit
deu, que de perdre pour iamais, comme nous venons
de faire, l'vsage d'vne inuention si propre et[3] si vtile.
Nul homme de cœur ne daigne s'auantager de ce qu'il
a de commun auec plusieurs; et ceus d'auiourd'huy
qui ont moins merité céte recompense font plus de
contenance de la desdaigner, pour se loger par la au
reng de ceus a qui on a faict tort d'espandre indigne-
ment et auilir cet honneur qui leur estoit particulierement deu.

Or, de s'atendre, en effaçant et abolissant céte cy,

---

[1] *Vulg. supp.* : « commune et populaire ».
[2] *Vulg. supp.* : « et noble ».
[3] *Vulg. supp.* : « si propre et ».

de pouuoir soudain remetre en credit et renouueler
vne semblable coustume, ce n'est pas entreprinse propre a vne saison si licencieuse et malade qu'est celle
ou nous nous trouuons a present; et en auiendra que
la derniere encourra, des sa naissance, les incommodités qui viennent de ruiner l'autre. Les regles de la
dispensation de ce nouuel ordre auroint besoin d'estre
extrèmement tendues et contreintes, pour luy donner
authorité; et céte saison tumultuere n'est pas capable
d'vne bride courte et reglée, outre ce qu'auant qu'on
luy puisse donner credit, il est besoin qu'on ayt perdu
la memoire du premier et du mespris auquel il est
cheu.

Ce lieu pourroit receuoir quelque discours sur la
consideration de la vaillance et de la difference de céte
vertu aus autres; mais, Plutarque estant souuant re-
tombé sur ce propos, et nous estant si familier par l'air
François qu'on luy a donné si perfect et si plaisant [1],
ie me meslerois pour neant de raporter icy ce qu'il
en dit. Mais cecy est digne d'estre remerqué, que
nostre nation donne a la vaillance le premier degré
des vertus, comme son nom mesme monstre, qui vient
de valeur, et que, a nostre vsage, quand nous disons
vn homme qui vaut beaucoup, ou vn homme de bien,
au stile de nostre court et de nostre noblesse, ce n'est
a dire autre chose qu'vn vaillant homme, d'vne façon
pareille a la Romaine : car la generale appellation de
vertu prend chés eus ethymologie de la force. La forme
propre, et seule, et essencielle, de la noblesse en France,
c'est la vacation militaire. Il est vray semblable que
la premiere vertu qui se soit faite paroistre entre les

---

[1] *Vulg. supp.* : « et nous... si plaisant ».

hommes, et qui a donné auantage aus vns sur les
autres, ça esté céte cy, par laquelle les plus forts et
courageus se sont rendus maistres des plus foibles, et
ont aquis reng et reputation particuliere : d'ou luy est
demeuré cet honneur et dignité de langage; ou bien
que ces nations, estant tres-belliqueuses, ont donné le
pris a celle des vertus qui leur estoit la plus familiere,
et le plus digne tiltre. Tout ainsi que nostre passion
et céte fieureuse sollicitude que nous auons de la
chasteté des femmes fait aussi qu'vne bonne femme,
vne femme de bien, et femme d'honneur et de vertu,
ce ne soit, a la verité, a dire autre chose pour nous
qu'vne femme chaste; comme si, pour les obliger a ce
deuoir, nous mettions a nonchaloir tous les autres, et
leur lâchions la bride a toute autre faute, pour entrer
en composition de leur faire quiter céte cy.

CHAPITRE HVITIESME.

DE L'AFFECTION DES PERES AVS ENFANS,
A MADAME D'ESTISSAC.

Madame, si l'estrangeté ne me sauue, et la nouue-
leté, qui ont accoustumé de donner pris aus choses, ie
ne sors iamais a mon honneur de céte sote entreprinse :
mais elle est si fantastique, et a vn visage si esloigné
de l'vsage commun que cela luy pourra donner passage. C'est vne humeur melancolique, et vne humeur
par consequent tres-ennemie de ma complexion naturelle, produicte par le chagrein de la solitude, en
laquelle il y a quelques années que ie m'estoy ietté,
qui m'a mis premierement en teste céte resuerie de me

mesler d'escrire. Et puis, me trouuant entierement des-
garny et vuyde de toute autre matiere, ie me suis presenté moy mesmes a moy, pour argument et pour
subiect *. C'est vn dessein farouche et monstreus [1]. Il
n'y a rien aussi en céte besoingne digne d'estre remerqué que cete bizarrerie : car, a vn subiect si vain et si
vile, le meilleur ouurier du monde n'eust sceu donner
forme et façon qui merite qu'on en face conte. Or,
Madame, ayant a m'y pourtraire au vif, i'en eusse
oublié vn traict d'inportance, si ie n'y eusse repre-
senté l'honneur et reuerence singuliere que i'ay tousiours porté a vos merites et a vos vertus [2]; et l'ay
voulu dire notamment a la teste de ce chapitre : d'autant que, parmy vos autres grandes qualitez, celles de
l'amitié que vous auez monstrée a vos enfans tient l'vn
des premiers rengs. Qui sçaura l'aage auquel monsieur
d'Estissac* vous laissa vefue, les grands et honnorables
partis qui vous ont esté offertz, autant qu'a dame de
France de vostre condition, la constance et fermeté
dequoy vous auez soustenu tant d'années, et au trauers de tant d'espineuses difficultez, la charge et conduite de leurs affaires, qui vous ont agitée par tous les
coins de France, et vous tiennent encores assiegée,
l'heureus acheminement que vous y auez donné par
vostre seule prudence ou bonne fortune : il dira aisément auec moy que nous n'auons nul exemple d'affection maternelle, en nostre temps, plus expres que le
vostre. Ie louë Dieu, Madame, qu'elle est si bien em-
ploiée : car les bonnes esperances que donne de soy
monsieur d'Estissac* assurent assés que, quand il sera
en aage, vous en retirerez l'obeissance et reconnois-

---

[1] *Vulg. modifie cette phrase.*
[2] *Vulg. supp.:* « et reuerance singuliere » *et* « et a vos vertus ».

sance d'vn tresbon fils. Mais, d'autant qu'a cause de
son enfance, il n'a peu remerquer les extremes offices
qu'il a receu de vous en si grand nombre, ie veus, si
ces escris viennent vn iour a luy tomber entre mains,
lors que ie n'auray plus ny bouche ni parole qui le
puisse dire, qu'il reçoiue de moy ce tesmoignage en
toute verité, qui luy sera encore plus vifuement tes-
moigné par les bons effaits dequoy, si Dieu plaict, il
se ressentira, qu'il n'est gentil'homme en France qui
doiue plus a sa mere qu'il fait, et qu'il ne peut donner
a l'aduenir plus certaine preuue de sa valeur et de sa
vertu qu'en vous reconnoissant pour telle.

S'il y a quelque loy vrayement naturelle, c'est a dire
quelque instinct qui se voie vniuerselement et perpe-
tuelement empreint aus bestes et en nous (ce qui n'est
pas sans controuerse), ie puis dire, a mon auis, qu'a-
pres le soing que chasque animal a de sa conseruation
et de fuyr ce qui nuit, l'affection que l'engendrant
porte a son engeance tient le second lieu en ce reng.
Et, par ce que nature semble nous l'auoir recomman-
dée, regardant a estandre et faire aller auant les pieces
successiues de céte sienne machine, ce n'est pas de
merueille si, a reculons des enfans aux peres, elle n'est
pas si grande*.

Puis qu'il a pleu a Dieu nous estrener de quelque
capacité de discours, affin que, comme les bestes, nous
ne fussions pas seruilement assuiectis aus lois communes, ains que nous nous y apliquissions par iugement
et liberté volontaire : nous deuons bien prester vn peu
a la simple authorité de nature, mais non pas nous
laisser tyranniquement emporter a elle; la seule raison
doit auoir la conduite de nos inclinations. I'ay, de ma
part, le goust estrangement mousse a ces propensions,

qui sont produites en nous sans l'ordonnance et entremise de nostre iugement ; comme, sur ce suiect dequoy
ie parle, ie ne puis gouster céte passion dequoy on
embrasse les enfans a peine encore nais, n'ayant ny
mouuement en l'ame, ny forme reconnoissable au
corps, par ou ils se puissent rendre aimables*. Vne
vraye affection et bien reglée deuroit naistre et s'augmenter auec la connoissance qu'ils nous donnent
d'eux ; et lors, s'ils le valent, l'inclination naturelle
marchant quant et quant la raison, les cherir d'vne
amitié vrayement paternelle, et en iuger de mesme,
s'ils sont autres, nous rendans tousiours a la raison,
nonobstant la force naturelle. Il en va fort souuent ou
rebours, et le plus communement nous nous sentons
plus esmeus des trepillemens, ieus et mignardises
pueriles de nos enfans que nous ne faisons apres de
leurs actions toutes formées : comme si nous les
auions aymés pour le plaisir que nous en receuions,
non pour eux mesmes [1] ; et tel fournit bien liberale-
ment de iouets a leur enfance, qui se trouue resserré
a la moindre depence qu'il leur faut estant homes.
Voire, il semble que la ialousie que nous auons de les
voir paroitre et iouir du monde, quand nous sommes a
mesme de le quiter, nous rend plus espargnans et re-
trains enuers eux : il nous semble qu'ils nous marchent
sur les talons* ; et, si nous auions a craindre cela, puis
que l'ordre naturel porte qu'ils ne peuuent, a dire verité, estre ny viure qu'aus despens de nostre substance,
nous ne deuions pas estre peres [2].

Quant a moy, ie treuue que c'est cruauté et iniustice de ne les receuoir au partage et societé de nos

[1] *Vulg. modifie la fin de cette phrase.*
[2] *Vulg. modifie cette phrase.*

biens, et compaignons en l'intelligence de nos affaires
domestiques, quand ils sont en aage[1], et de ne retran-
cher et reserrer nos commodités pour pouruoir aus
leurs, puis que nous les auons engendrés a cet effect.
C'est iniustice de voir qu'vn pere vieil, cassé, radoté[2],
demi-mort, iouisse seul, a vn coin de fouier, des biens
qui suffiroint a l'auancement et entretien de plusieurs
enfans, et qu'il les laisse cependant, par faute de moien,
perdre leurs meilleures années, sans se pousser au
seruice public et connoissance des hommes. On les
iette au desespoir de chercher par quelque voie, pour
iniuste qu'elle soit, a pouruoir a leur besoin. Comme
i'ai veu, de mon temps, plusieurs ieunes hommes de
bonne maison si adonnés au larcin que nulle institution ne les en pouuoit detorner. I'en connoi vn tres-
bien aparenté, a qui, par la priere d'vn sien frere tres-
honneste et braue gentil'homme, ie parlay vne fois pour
cet effect. Il me repondit et confessa tout rondement
qu'il auoit esté acheminé a cet' ordure par la rigueur et
auarice de son pere, mais qu'a present il y estoit si
accoustumé qu'il ne s'en pouuoit garder. Et lors il
venoit d'estre surpris en larcin des bagues d'vne dame,
au leuer de laquelle il s'estoit trouué auec beaucoup
d'autres. Il me fit souuenir du conte que i'auois ouy
faire d'vn autre gentilhomme, si fait et façonné a ce
beau mestier du temps de sa ieunesse que, venant
apres a estre maistre de ses biens, deliberé d'abandonner ce trafique, il ne se pouuoit garder pourtant, s'il
passoit pres d'vne boutique ou il y eut chose dequoy
il eut besoin, de la derober, en peine de l'enuoier paier
apres. Et en ay veu plusieurs si accoustumés et rom-

---

[1] *Vulg. modifie ce passage.*
[2] *Vulg. supp.* : « radoté ».

pus a cela que, parmi leurs compaignons mesmes, ils
déroboient ordinairement des choses qu'ils vouloient
rendre*. Ce quartier de Gascogne est, a la verité, vn
peu plus descrié de ce vice que les autres de nostre
nation. Si est ce que nous auons veu de nostre temps,
a diuerses fois, entre les mains de la iustice, des hommes de maison d'autres contrées de la France [1] conuain-
cus de plusieurs horribles voleries. Ie crains que, de
céte débauche, il s'en faille aucunement prendre a ce
vice des peres.

Et si on me respond ce que fit vn iour vn seigneur de
bon entendement, qu'il faisoit espargne des richesses,
non pour en tirer autre fruict et vsage que pour se faire
honnorer et rechercher aus siens, et que, l'aage luy
ayant osté toutes autres forces, c'estoit le seul remede
qui luy restoit pour se maintenir en authorité en sa
famille, et pour euiter qu'il ne vint a mespris et desdain a tout le monde* : cela est quelque chose; mais
c'est la medecine a vn mal duquel on deuoit euiter la
naissance. Vn pere est bien miserable qui ne tient l'affection de ses enfans que par le besoin qu'ils ont de
son secours, si cela se doit nommer affection; il faut
se rendre respectable par sa vertu et par sa suffisance,
et aymable par sa bonté et douceur de ses meurs. Les
cendres mesmes d'vne riche matiere, elles ont leur pris,
et les os et reliques des personnes d'honneur, nous
auons accoustumé de les auoir en respect et reuerence.
Nulle vieillesse ne peut estre si caduque et si rance
a vn personnage qui a passé en honneur son aage,
qu'elle ne soit venerable, et notamment a ses enfans;
desquels il faut auoir reglé l'ame a leur deuoir par

[1] *Vulg. supp. :* « de la France ».

raison, non par necessité et par le besoin, ny par rudesse et par force.

> *Et errat longe, mea quidem sententia,*
> *Qui imperium credat esse grauius aut stabilius*
> *Vi quod fit, quam illud quod amicitia adiungitur.*

*Voulons nous estre aimés de nos enfans, leur vou-
lons nous oster l'occasion de souhaiter nostre mort
(combien qu'a la verité nulle occasion d'vn si horrible
souhait ne peut etre ni iuste ni excusable*)? accommo-
dons leur vie raisonnablement de ce qui est en nostre
puissance. Pour cela, il ne nous faudroit pas marier si
ieunes que nostre aage vienne quasi a se confondre
auec le leur : car cet inconuenient nous iette a plusieurs grandes difficultez; ie dy specialement a la noblesse, qui est d'vne condition oysiue, et qui ne vit,
comme on dit, que de ses rentes : car ailleurs, ou la
vie est questuere, la pluralité et compagnie des enfans,
c'est vn agencement de mesnage, ce sont autant de
nouueaus vtils et instrumens a s'enrichir.

*Les anciens Gaulois estimoint a extreme reproche
d'auoir eu acointance de femme auant l'aage de vint
ans, et recommandoient singulierement aus hommes
qui se vouloient dresser pour le seruice de la guerre
de conseruer bien auant en l'aage leur pucellage [1].
Vn gentil'homme qui a trante cinq ans, il n'est pas
temps qu'il face place a son fils qui en a vint. Il est
luy mesme au train de paroitre, et aus voyages des

---

[1] *BC aj.* : « d'autant que les courages s'en amollissent et di-
uertissent* :

> *Ma hor congiunto a giouinetta sposa,.*
> *[E] lieto homai de' figli, era inutilito*
> *Ne gli affetti di padre e di marito*. »

guerres, et en la court de son Prince. Il a besoin de ses pieces : il en [1] doit certainement faire part; mais telle part qu'il ne s'oublie pas pour autruy. Et a celuy la peut seruir iustement céte responce que les peres ont ordinairement en la bouche : « Ie ne me veux pas despouiller deuant que de me aller coucher. »

Mais vn pere aterré d'années et de maux, priué, par sa foiblesse et faute de santé, de la commune societé des hommes, il se faict tort, et a autrui [2], de couuer inutilement vn grand tas de richesses. Il est assés en estat, s'il est sage, pour auoir desir de se depouiller pour se coucher, non pas iusques a la chemise, mais iusques a vne robe de nuit bien chaude. Le reste des pompes et de ses riches atours [3], dequoi il n'a plus que faire, il doit en étrener volontiers ceus a qui, par ordonnance naturelle, cela doit apartenir : c'est raison qu'il leur en laisse l'vsage, puis que nature l'en priue; autrement, sans doute, il y a de la malice et de l'enuie. La plus belle des actions de l'Empereur Charles cinquiesme, ce fut celle la*, d'auoir sceu reconnoitre que la raison nous commande assés de nous depouiller quand nos robes nous chargent et empeschent, et de nous coucher quand les iambes nous faillent. Il resigna ses moiens, grandeur et puissance a son fils, lors qu'il sentit defaillir en soy la fermeté et la force pour conduire les affaires auec la gloire qu'il y auoit aquise.

> *Solue senescentem mature sanus equum, ne*
> *Peccet ad extremum ridendus, et ilia ducat.*

Céte faute, de ne se sçauoir reconnoistre de bonne

---

[1] *BC :* « lui en ».
[2] *Vulg. :* « et aux siens ».
[3] *Vulg. supp. :* « et de... atours ».

heure et sentir l'impuissance et extreme alteration
que l'aage apporte naturelement et au corps et a l'ame,
qui, a mon opinion, est esgale (si l'ame n'en a plus de
la moitié), a perdu la reputation de la plus part des
grands hommes du monde. I'ay veu de mon temps et
conneu familierement des personnages de grande authorité qu'il estoit bien aysé a voir estre merueilleusement descheus de cette ancienne suffisance que ie
connoissois par la reputation qu'ils en auoient aquise
en leurs meilleurs ans. Ie les eusse, pour leur honneur,
volontiers souhaités retirez en leur maison, a leur ayse,
et déchargés des occupations publiques et guerrieres
qui n'estoint plus pour leurs espaules. I'ay autrefois
esté priué en la maison d'vn gentilhomme vefue et fort
vieil, d'vne vieillesse toutefois assez verte. Cetuy cy
auoit plusieurs filles a marier, et vn fils desia en aage
de paroitre : cela luy chargeoit sa maison de plusieurs
despences et visites estrangieres, a quoy il ne prenoit
nul goust, non seulement pour le soin de l'espargne,
mais encores plus pour auoir, a cause de l'aage, pris
vne forme de vie fort esloignée de la nostre. Ie luy dy
vn iour vn peu hardiment, comme i'ay accoustumé de
produire librement ce qui me vient en la bouche [1],
qu'il lui sieroit mieux de nous faire place et de laisser
a son fils sa maison principale (car il n'auoit que celle
la de bien logée et accommodée), et se retirer en vne
sienne terre, qu'il auoit fort [2] voisine, ou nul n'apporteroit incommodité a son repos, puis qu'il ne pouuoit
autrement euiter nostre importunité, veu la condition
de ses enfans. Il m'en creut depuis, et s'en trouua fort
bien.

[1] *Vulg. supp.* : « de produire... bouche ».
[2] *Vulg. supp.* : « qu'il auoit fort ».

Ce n'est pas a dire qu'on leur donne par telle voie
d'obligation [1] de laquelle on ne se puisse plus desdire :
ie leur lairrois, moy qui suis tantost [2] a mesme de
iouer ce rolle, la iouissance de ma maison et de mes
biens, mais auec liberté de m'en repentir, s'ils m'en
donnoient occasion; ie leur en lerrois l'vsage, par ce
qu'il ne me seroit plus commode, et, de l'authorité des
affaires en gros, ie m'en reseruerois autant qu'il me
plairoit : ayant tousiours iugé que ce doit estre vn grand
contentement a vn pere vieux de mettre luy mesme
ses enfans en train du gouuernement de ses affaires, et
de pouuoir, pendant sa vie, controller leurs deporte-
mens, leur fournissant d'instruction et d'auis, suiuant
l'experience qu'il en a, et d'acheminer luy mesme l'ancien honneur et ordre de sa maison en la main de ses
enfans, et se respondre par la des esperances qu'il peut
prendre de la conduite a venir. Et, pour cet effect, ie
ne voudrois pas fuir leur compagnie : ie voudroy les
esclairer de pres, et iouir moi mesme, selon le gout de
mon aage, de leur allegresse et de leurs festes. Si ie ne
viuoy parmy eus (come ie ne pourroy sans offencer
leur assemblée par le chagrin de mon aage et l'importunité de mes maladies, et sans contraindre aussi et
forcer les reigles et façons de viure que i'aurois lors),
ie voudroy au moins viure pres d'eux, a vn quartier
de ma maison, non pas le plus pompeus, mais commode. Non comme ie vy, il y a quelques années, vn
Doyen de saint Hylaire de Poitiers, rendu a vne telle
solitude, par l'incommodité de sa santé [3], que, lors que
i'entray en sa chambre, il y auoit vint deus ans qu'il

[1] *BC :* « voie obligation ».
[2] *Vulg. supp. :* « tantost ».
[3] *Vulg. :* « melancholie ».

n'en estoit sorty vn seul pas, et si auoit toutes ses actions libres et aysées, sauf vn reume qui luy tomboit
sur l'estomac. A peine vne fois la sepmaine vouloit
il permettre que nul entrat pour le voir ; il se tenoit
tousiours enfermé par le dedans de sa chambre, seul,
sauf qu'vn valet luy apportoit vne fois le iour a manger, qui ne faisoit qu'antrer et sortir. Son occupation
estoit se promener et lire quelque liure (car il connoissoit aucunement les lettres), obstiné au demourant de
mourir en cette demarche, comme il fit bien tot apres.
l'essayeroy, par vne douce conuersation, de nourrir
en mes enfans vne viue amitié et bienueillance non
fainte en mon endroit ; ce qu'on gaigne ayséement en
vne nature bien née : car, si ce sont bestes furieuses*,
il les faut euiter [1] et fuir pour telles.

Ie hay cette coustume* de priuer les enfans qui sont
en aage, du commerce et intelligence priuée et familiere des peres, et de vouloir maintenir en leur endroit
vne morgue seuere et estrangiere, pleine de rancune
et de desdain, esperant par la les tenir en crainte et
obeissance : car c'est vne farce tresinutile, qui rend
les peres enuieus [2] aus enfans, et, qui pis est, ridicules :
ils ont la ieunesse et les forces en la main, et par consequent le vent et la faueur du monde, et reçoiuent
auecques mocquerie ces mines fieres et coleres d'vn
homme qui n'a plus de sang, ny au cœur, ny aus veines [3]*. Quand ie pourroy me faire craindre, i'aymeroy
encore mieux me faire aymer*.

Feu monsieur le Mareschal de Monluc, ayant perdu
celuy de ses enfans qui mourut en l'isle de Maderes,

---

[1] *Vulg.* : « haïr ».
[2] *BC* : « ennuïeux ».
[3] *Vulg. modifie légèrement quelques détails de ce passage.*

braue gentilhomme, a la verité, et de grande esperance, me faisoit fort valoir, entre ses autres regrets,
le desplaisir et creue-cœur qu'il sentoit de ne s'estre
ıamais communiqué a luy, et, sur cette humeur d'vne
grauité et grimace paternelle, auoir perdu la commodité de gouster et bien connoistre son fils, et aussi de
luy declarer l'extreme amitié qu'il luy portoit et le
digne iugement qu'il faisoit de sa vertu. « Et ce pauure
garson, disoit il, n'a rien veu de moy qu'vne conte-
nançe refroignée et pleine de mespris, et a emporté
céte creance que ie n'ay sceu ny l'aimer, ni l'estimer
selon son merite. A qui gardoi-ie a decouurir céte singuliere affection que ie luy portoy dans mon ame?
Estoit ce pas luy qui en deuoit auoir tout le plaisir et
toute l'obligation? Ie me suis contraint et geiné pour
maintenir ce vain masque, et y ay perdu le plaisir de
sa conuersation, et sa volonté quant et quant, qu'il ne
me peut auoir portée autre que bien froide, n'ayant
iamais receu de moy que rudesse, ny senti qu'vne
façon tyrannique. » Ie trouue que céte plainte estoit
bien prise et raisonnable : car, comme ie sçay par vne
trop certaine experience, il n'est nulle si douce consolation en la perte de nos amis que celle que nous aporte
la souuenance de n'auoir rien oublié a leur dire, et
d'auoir eu auec eus vne parfaite et entiere communication*.

Entre autres coustumes particulieres qu'auoient nos
anciens Gaulois, a ce que dit Cæsar, céte ci en estoit,
que les enfans ne se presentoint aus peres, ny s'osoint
trouuer en public en leur compaignie, que lorsqu'ils
commençoint a porter les armes : comme s'ils vouloint
dire que lors il estoit aussi temps que les peres les
receussent en leur familiarité et accointance.

I'ay veu encore vn' autre sorte d'indiscretion en aucuns peres de mon temps, qui ne se contentent pas d'auoir priué, pendant leur longue vie, leurs enfans de la part qu'ils deuoient auoir naturellement en leurs fortunes, mais laissent encore apres eus a leurs femmes céte mesme authorité sur tous leurs biens, et loy d'en disposer a leur fantasie. Et ay conneu tel seigneur des premiers Officiers'de nostre Couronne, aiant, par esperance de droit a venir, plus de cinquante mille escus de rente, qui est mort necessiteux et accablé de debtes, âgé de plus de cinquante ans, sa mere, en son extreme decrepitude, iouissant encore de tous ses biens par l'ordonnance du pere, qui auoit, de sa part, vécu pres de quatre vints ans. Cela ne me semble aucunement raisonnable*.

C'est raison de laisser l'administration des affaires aus meres pendant que les enfans ne sont pas en aage pour en manier la charge selon les lois [1]; mais le pere les a bien mal nourris s'il ne peut esperer qu'en cet aage la ils auront plus de sagesse et de suffisance que sa femme, veu l'ordinaire foiblesse du sexe. Bien seroit il toutefois, a la verité, plus contre nature de faire dépendre les meres de la discretion de leurs enfans. On leur doit donner largement dequoy maintenir leur estat, selon la condition de leur maison et de leur aage : d'autant que la necessité et l'indigence est beaucoup plus mal seante et malaisée a supporter a elles qu'aus masles ; il faut plus tost en charger les enfans que la mere*.

Mais, au demeurant, il me semble, ie ne sçay comment, qu'en toutes façons la maistrise n'est aucunement

---

[1] *BC :* « en aage, selon les loix, pour en manier la charge ».

deüe aus femmes sur les [1] hommes [2], sauf la maternelle
et naturelle, si ce n'est pour le châtiment de ceus qui,
par quelque humeur fieureuse, se sont volontairement
soubmis a elles : mais cela ne touche point les vieilles,
dequoy nous parlons icy. C'est l'apparence de céte consideration qui nous a faict forger et donner pied si
volontiers a céte loy que nul ne veid onques, qui
priue les femmes de la succession de céte Couronne,
et n'est guiere seigneurie au monde ou elle ne s'allegue, comme icy, par vne vray-semblance de raison
qui l'authorise; mais la fortune luy a donné plus de
credit en certains lieux qu'aus autres. Il est aussi dangereux de laisser a leur iugement la dispensation et
distribution de nostre succession, selon le chois qu'elles
feront des enfans, qui est a tous les coups inique et
fantastique : car, cet appetit desreglé et goust malade
qu'elles ont au temps de leurs groisses, elles l'ont
en l'ame en tout temps. Communement on les void
s'adonner aux plus foibles et malotrus, ou a ceux, si
elles en ont, qui leur pendent encores au col : car,
n'ayant point asses de force de discours pour choisir
et embrasser ce qui le vaut, elles se laissent plus volontiers aller ou les impressions de nature sont plus
seules et plus apparentes : comme les animaux, qui
n'ont cognoissance de leurs petitz, ny goust de la
parenté [3], que pendant qu'ilz leur pendent a la ma-
melle. Et si il est aisé a voir par experience que cete
affection naturelle, a qui nous donnons tant d'authorité, a les racines bien foybles. Pour vn fort legier

[1] *BC* :•« des ».

[2] *Vulg. modifie ce commencement de phrase.*

[3] *Vulg. supp.* : « et plus apparentes » *et* « ny goust de la
parenté ».

profit, nous arrachons tous les iours leurs propres
enfans d'entre les bras des meres, et leur faisons prendre les nostres en charge; nous leur faisons abandonner
les leurs a quelque chetiue nourrisse, a qui nous ne
voulons pas commettre les nostres, ou a quelque che-
ure; leur defandant, non seulement de les alaitter,
quelque dangier qu'ils en puissent encourir, mais
encore d'en auoir aucun soin, pour s'employer du tout
au seruice des nostres. Et voyt on a la plus part
d'entre elles s'engendrer bien tost, par accoustumance,
vn' affection bastarde, plus vehemente que la naturelle,
et plus grande sollicitude, sans comparaison[1], de la conseruation des enfans empruntez que des leurs propres.
Et ce que i'ay parlé des cheures, c'est d'autant qu'il
est ordinaire, chez moy, de voir les femmes de vilage,
lors qu'elles ne peuuent nourrir les enfans de leurs
mammelles, appeller des cheures a leur secours; et i'ay,
a céte heure, deus laquays chez moy qui ne tetterent
iamais que huict iours laict de femme. Ces cheures
sont incontinant duytes a venir alaitter ces petits enfans, reconoissent leur voix, quand ils crient, et y
acourent. Si on leur en presente vn autre que leur
nourrisson, elles le refusent; et l'enfant en faict de
mesmes d'vne autre chieure. I'en vis vn, l'autre iour,
a qui on osta la sienne, par ce que son pere ne l'auoit
qu'empruntée d'vn sien voysin; il ne peut iamais
s'adonner a l'autre qu'on luy presenta, et mourut sans
doute de faim. Les bestes alterent et abastardissent
aussi aiséement que nous cete affection naturelle*.

Or, a considerer cette simple occasion d'aymer nos
enfans pour les auoir engendrés, pour laquelle nous

---

[1] *Vulg. supp.* : « sans comparaison ».

les appellons chair de nostre chair et os de nos os [1], il
semble qu'il y ait bien vne autre production venant de
nous qui ne soit pas de moindre recommandation. Car
ce que nous engendrons par l'ame, les enfantemans de
nostre esprit* et de nostre suffisance, sont produicts
par vne plus noble partie que la corporelle, et sont
plus nostres : nous sommes pere et mere ensemble en
cete generation ; ceux cy nous coustent bien plus cher,
et nous apportent plus d'honeur, s'ils ont quelque
chose de bon. Car la valeur de nos autres enfans est
beaucoup plus leur que nostre : la part que nous y
auons est bien legiere ; mais de ceus cy toute la beauté,
toute la grace et excellence est nostre. Par ainsi, ils
nous representent et nous rapportent bien plus viuement que les autres*. A cete cause, les histoires estant
plaines d'exemples de cete amitié commune des peres
enuers les enfans, il ne m'a pas semblé hors de propos d'en trier aussi quelcun de cete cy*. Il y eut vn
Labienus a Rome, personage de grande valeur et
authorité, et, entre autres qualités, excellent en toute
sorte .de literature, qui estoit, ce croy-ie, fils de ce
grand Labienus, le premier des Capitaines qui furent
soubs Cæsar en la guerre des Gaules, et qui dépuis,
s'estant ietté au party du grand Pompeius, s'y maintint
si valeureusement iusques a ce que Cæsar le deffit en
Espaigne. Ce Labienus dequoy ie parle eut plusieurs
enuieux de sa vertu, et, comme il est vray semblable,
les courtisans et fauoris des Empereurs de son temps
pour ennemis de sa franchise et des humeurs pater-
nelles qu'il retenoit encore contre la tyrannie, desquelles il est croyable qu'il auoit teint ses escrits et ses

---

[1] *Vulg. modifie cette phrase.*

liures. Ses aduersaires poursuiuirent deuant le magistrat a Rome, et obtindrent de faire condamner plusieurs
siens ouurages, qu'il auoit mis en lumiere, a estre
bruslés. Ce fut par luy que commença ce nouuel
exemple de peine, qui depuis fut continué a Rome a
plusieurs autres, de punir de mort les escrits mesmes
et les estudes. Il n'y auoit point asses de moyen et
matiere de cruauté, si nous n'y meslions des choses
mesmes que nature a exemptées de tout sentiment et
de toute souffrance, comme la reputation et les inuentions de nostre esprit, et si nous n'alions communiquer les maus corporels aus disciplines et monumens
des Muses. Or Labienus ne peut souffrir cete perte,
ny de suruiure a cete sienne si chere geniture; il se fit
porter et enfermer tout vif dans le monument de ses
ancestres, la ou il pourueut tout d'vn train a se tuer
et a s'enterrer ensemble. Il est malaisé de monstrer
nulle autre plus vehemente affection paternelle que
celle la. Cassius Seuerus, homme tres-eloquent, et son
familier, voyant brusler ses liures, crioit que, par
mesme sentence, on le deuoit quant et quant condamner a estre bruslé tout vif, car il portoit et conseruoit
en sa memoire tout le contenu en iceus*. Le bon Lu-
canus, estant condamné a mort par ce vilain[1] de Neron,
sur les derniers traits de sa vie, comme la plus part du
sang fut desia escoulé par les veines des bras qu'il
s'estoit faictes tailler a son medecin pour mourir, et
que la froideur eut saisy les extremitez de ses membres et commençat[2] a approcher des parties vitales, la
derniere chose qu'il eut en sa memoire ce furent aucuns des vers de son liure de la guerre de Farsale,

[1] *Vulg.* : « iugé par ce coquin ».
[2] *BC* : « commençant ».

qu'il recitoit, et mourut ayant céte derniere voïx en
la bouche. Cela, qu'estoit ce qu'vn tendre et paternel
congé qu'il prenoit de ses enfans, representant les a-
dieus et les estroits embrassemens que nous donnons
aus nostres en mourant, et vn effet de céte naturelle
inclination qui rappelle èn nostre souuenance, en céte
extremité, les choses que nous auons heu les plus
cherres pendant nostre vie?

Pensons nous qu'Epicurus, qui, en mourant tor-
menté, comme il dict, des extremes douleurs de la
colique, auoit toute sa consolation en la beauté de sa
doctrine, qu'il laissoit au monde, eut receu autant de
contentement d'vn nombre d'enfans bien nais et bien
esleués, s'il en eut eu, comme il faisoit de la production de ses riches escrits; et que, s'il eut esté au chois
de laisser apres luy vn enfant contrefaict et mal nay,
ou vn liure sot et inepte, qu'il ne choisit plus tost, et
non luy seulement, mais tout homme de pareille suffisance, d'encourir le premier mal'heur que l'autre? Ce
seroit, a l'aduenture, impieté en sainct Augustin (pour
exemple), si d'vn coté on luy proposoit d'enterrer ses
escrits, dequoy nostre religion reçoit vn si grand
fruit, ou d'enterrer ses enfans, au cas qu'il en eut, s'il
n'aimoit mieux enterrer ses enfans*. Il est peu d'hommes amoureuz de la poësie qui ne se gratifiassent
plus d'estre peres de l'Eneide que du plus beau garson
de France [1], et qui ne souffrisent plus aiséement
l'vne perte que l'autre*. Il est malaisé a croire qu'Epaminondas, qui se vantoit de laisser pour toute posterité
des filles qui feroient vn iour honneur a leur pere
(c'estoient les deux nobles victoires qu'il auoit gaigné

---

[1] *Vulg. :* « de Rome ».

sur les Lacedemoniens), eut volontiers consenty a
échanger celes la aus mieux nées et mieux coiffées [1] de
toute la Grece; ou que Alexandre et Cæsar ayent
iamais souhaité d'estre priués de la grandeur de leurs
glorieus faicts de guerre, pour la commodité [2] d'auoir
des enfans et heritiers, quelques parfaicts et accomplis
qu'ils peussent [3] étre; voire ie fay grand doubte que
Phidias, ou autre excellent statuere, aimat autant la
conseruation et la durée de ses enfans naturels comme
il feroit d'vne image excellente qu'auec long trauail et
estude il auroit parfaicte selon l'art. Et quant a ces
passions vitieuses et furieuses qui ont eschauffé quelque fois les peres a l'amour de leurs filles, ou les meres
enuers leurs fils, encore s'en trouue il de pareilles en
céte autre sorte de parenté : tesmoing ce que les poëtes
recitent de Pygmalion, qu'ayant basty vne statue de
femme de beauté singuliere, il deuint si éperdument
espris de l'amour forcené de ce sien ouurage qu'il
falut qu'en faueur de sa rage [4] les Dieus la luy viui-
fiassent :

Tentatum mollescit ebur, positoque rigore
Subsedit digitis.

---

[1] *Vulg.* : « celles la aux plus gorgiases ».
[2] *BC* : « l'incommodité », *mais Vulg. rétablit* « commodité ».
[3] *C* : « puissent ».
[4] *BC* : « race ».

CHAPITRE NEVFIESME.

DES ARMES DES PARTHES.

C'est vne façon vitieuse de la noblesse de nostre temps, et pleine de mollesse, de ne prendre les armes que sur le point d'vne extreme necessité, et s'en descharger aussi tost qu'il y a tant soit peu d'apparance que le danger soit esloigné; d'ou il suruient plusieurs desordres : car, chacun criant et courant a ses armes sur le point de la charge, les vns sont a lasser encore leur cuirasse, que leurs compaignons sont des-ia rompus. Nos peres donnoint leur salade, leur lance et leurs ganteletz a porter, et n'abandonoint le reste de leur equipage tant que la couruée duroit. Nos troupes sont a céte heure toutes troublées et difformés [1] par la confusion du bagage et des valets, qui ne peuuent esloigner leurs maistres a cause de leurs armes*. Plusieurs nations vont encore et alloint anciennement a la guerre sans armes*, et ceux d'entre nous qui les mesprisent n'empirent pour cela de guiere leur marché. S'il se voit quelqu'vn tué par le defaut d'vn harnois, il n'en est guiere moindre nombre que l'empeschement des armes a fait perdre, engagés soubs leur pesanteur, ou froissez et rompus, ou par vn contre-coup [2] : car il semble, a la verité, à voir la charge des nostres et leur espesseur, que nous ne cerchons qu'a nous deffendre

---

[1] *Sic. — BC* : « difformes », *et Vulg.* « difformées », *bien que les éditions de 1588 et 1595 donnent la leçon de BC.*

[2] *BC aj.* : « ou autrement ».

et mettre a couuert [1]. Nous auons assez a faire a en
soustenir le fais, sans nous empescher a autre chose,
entrauez et contraints, sans mouuement et sans disposition, comme si nous n'auions a combatre que du
choq de la pesanteur [2] de nos armes [3]. Et a presant que
nos mosquetaires sont en credit, ie croy que l'on trouuera quelque inuention de nous emmurer pour nous
en garentir, et nous faire trainer a la guerre enfermez
dans des bastions, comme ceus que les Romains faisoient porter a leurs elephans.

Céte humeur est bien esloignée de celle de Scipion
surnommé Æmilianus, lequel accusa aigrement ses
soldats de ce qu'ils auoint semé des chausse-trapes
soubs l'eau, a l'endroit du fossé par ou ceus d'vne
ville qu'il assiegeoit pouuoint faire des sorties sur luy :
disant que ceus qui assailloient deuoient penser a entreprendre, non pas a craindre*.

Or, il n'est que la coustume qui nous rende insupportable la charge de nos armes.

> *L'husbergo in dosso haueano, e l'elmo in testa,*
> *Dui di quelli guerrier, dei quali io canto;*
> *Nè notte o dì, doppo ch'entraro in questa*
> *Stanza, gli haueano mai messi da canto;*
> *Che facile à portar come la vesta*
> *Era lor, perchè in vso l'auean tanto.*

*Les gens de pied Romains portoient, non seulement
le morrion, l'espée et l'escu (car, quant aus armes, dit

---

[1] *Vulg. modifie cette fin de phrase.*

[2] *Vulg. supp. :* « sans nous empescher a autre chose », « sans
mouuement et sans disposition » *et* « de la pesanteur ».

[3] *BC aj. :* « et comme si nous n'auions pas pareille obligation
a deffendre nos armes, comme elles ont a nous deffendre* ».

Cicero, ils estoient si acoustumés a les porter qu'elles ne les empeschoient non plus que leurs membres*), mais quant et quant encore ce qu'il leur falloit de mengaille pour quinze iours, et certaine quantité de paus, pour faire leurs rempars*. Leur discipline militaire estoit beaucoup plus rude et plus austere [1] que la nostre : aussi produisoit elle de bien autres effects*. Ce trait est merueilleus a ce propos, qu'il fut reproché a vn soldat Lacedemonien qu'estant a l'expedition d'vne guerre on l'auoit veu soubs le couuert d'vne maison. Ils estoint si durcis a la peine que c'estoit honte d'estre veu soubs autre toict que celuy du ciel, quelque temps qu'il fit. Nous ne menerions guiere loin nos gens a ce pris la.

Au demeurant, Marcellinus, homme nourry aus guerres Romaines, remerque curieusement la façon que les Parthes auoint de s'armer, et la remerque d'autant qu'elle estoit esloignée de la Romaine. Or, par ce qu'elle me semble bien fort aprochante de la nostre, i'ay voulu retirer ce passage de son autheur, ayant pris autresfois la peine de dire bien amplement ce que ie sauoys sur la comparaison de nos armes aus armes Romaines. Mais ce lopin de mes brouillarts m'ayant esté derobé, auec plusieurs autres, par vn homme qui me seruoit, ie ne le priueray point du profit qu'il en espere faire : aussi me seroit il bien malaysé de remascher deux fois vne mesme viande [2]. Ils auoint, dit il, des armes tissues en maniere de petites plumes, qui n'empeschoint pas le mouuement de leur corps, et si estoint si fortes que noz dards reia-

[1] *Vulg. supp.* : « et plus austere ».
[2] *Vulg. supp. tout ce passage, depuis* « Or, par ce qu'elle... » *jusqu'à* « vne mesme viande ».

lissoint venant a les hurter (ce sont les [1] escailles dequoy noz ancestres auoint fort acoustumé de se seruir);
et a [2] vn autre lieu : Ilz auoint, dit-il, leurs cheuaux
forts et roydes, couuertz de groz cuir, et eux estoint
armez, de cap a pied, de grosses lames de fer rengées
de tel artifice qu'a l'endroit des iointures des membres
elles prestoint au mouuement; on eust dit que c'estoint des hommes de fer : car ilz auoint des acoutremens de teste si proprement assis, et representans au
naturel la forme et parties du visage, qu'il n'y auoit
moyen de les assener que par des petitz trous rondz
qui respondoint a leurs yeus, leur donnant vn peu de
lumiere, et par des fentes qui estoint a l'endroit des
naseaus, par ou ils prenoint assez malaisément ha-
laine*. Voila vne description qui retire bien fort a
l'equipage d'vn homme d'armes François a tout ses
bardes. Ie veus dire encore ce mot pour la fin [3] : Plutarque dit que Demetrius fit faire, pour luy et pour
Alcinus, le premier homme de guerre qui fut au pres
de luy, a chacun vn harnois complet du poids de six
vingts liures, la ou les communs harnois n'en pesoint
que soixante.

CHAPITRE DIXIESME.

DES LIVRES.

Ie ne fay point de doute qu'il ne m'aduienne souuent de parler de choses qui sont ailleurs plus riche-

---

[1] *C* : « ces ».
[2] *BC* : « en ».
[3] *Vulg. supp.* : « Ie veus... la fin ».

ment traitées chés les maistres du mestier, et plus veritablement. C'est icy purement l'essai de mes facultés naturelles, et nullement des acquises, et, qui me surprendra d'ignorance, il ne fera rien contre moy : car a peine respondroy ie a autruy de mes discours, qui ne m'en respons point a moy mesme, ny n'en suis satisfaict. Qui sera en cerche de science, si la cerche ou elle se loge. Il n'est rien dequoy ie face moins de profession : ce sont icy mes fantasies, par lesquelles ie ne tasche point a donner a cognoistre les choses, mais moy. Elles me seront a l'aduenture connues vn iour, ou l'ont autres-fois esté, selon que la fortune m'a peu porter sur les lieus ou elles estoint esclaircies ; mais i'ay vne memoire qui n'a point dequoy conseruer trois iours la munition que ie luy auray donné en garde [1]. Ainsi ie ne pleuuy nulle certitude, si ce n'est de faire connoistre ce que ie pense, et iusques a quel point monte, pour céte heure, la connoissance que i'ay de ce dequoy ie traicte. Qu'on ne s'atende point aus choses dequoy ie parle, mais a ma façon d'en parler et a la creance que i'en ay. Ce que ie desrobe d'autruy, ce n'est pas pour le faire mien : ie ne pretens icy nulle part que celle de raisonner et de iuger ; le demeurant n'est pas de mon rolle. Ie n'y demande rien, sinon qu'on voie si i'ay sceu choisir ce qui ioignoit iustement a mon propos. Et ce que ie cache par fois le nom de l'autheur, a escient, és choses que i'emprunte, c'est pour tenir en bride la legiereté de ceus qui s'entremettent de iuger de tout ce qui se presente, et, n'ayans pas le nez capable de gouter les choses par elles mesmes, s'arrestent au nom de l'ouurier et a son credit.

[1] *Vulg. modifie cette phrase, et remanie tout ce qui suit, jusqu'à* « Ciceron ou Aristote en moy ».

Ie veus qu'ils s'eschaudent a condamner Ciceron ou
Aristote en moy*. De cecy suis ie tenu de respondre,
si ie m'empesche moi mesme, s'il y a de la vanité et
vice en mes discours, que ie ne sente point, ou que ie
ne soye capable de sentir en me le representant. Car
il eschape souuent des fautes a nos yeus; mais la maladie du iugement consiste a ne les pouuoir aperceuoir
lors qu'on les offre a sa veüe. La science et la verité
peuueut loger chez nous sans iugement, et le iugement y peut aussi estre sans elles : voire la reconnoissance de l'ignorance est vn des plus beaux et plus
seurs tesmoignages de iugement que ie trouue. Ie n'ay
point d'autre sergent de bande a ranger mes pieces que
la fortune; a mesme que mes resueries se presentent,
ie les entasse : tantost elles se pressent en foule; tantost elles se trainent a la file. Ie veus qu'on voye mon
pas naturel et ordinaire ainsi detraqué qu'il est. Ie
me laisse aler comme ie me trouue : aussi ne sont ce
pas icy articles de foy [1], qu'il ne soit pas permis d'i-
gnorer, et d'en parler casuellement et temerairement.
Ie souhaiterois bien auoir plus parfaite intelligence
des choses; mais ie ne la veus pas acheter si cher
qu'elle couste. Mon dessein est de passer doucement,
non laborieusement, ce qui me reste de vie. Il n'est
rien pourquoy ie me vueille rompre la teste, non pas
pour la science mesme, de quelque grand pris qu'elle
soit.

Ie ne cherche aux liures qu'a my donner du plaisir
par vn honneste amusement; ou, si i'estudie, ie n'y
cerche que la science qui traicte de la connoissance
de moy mesmes, et qui m'instruise a bien mourir et a

---

[1] *BC* : « mes articles de foy », *et Vulg.* : « matieres ».

bien viure*. Les difficultez, si i'en rencontre en lisant, ie n'en ronge pas mes ongles : ie les laisse la, apres leur auoir faict vne charge ou deux*. Si ce liure me fasche, i'en prens vn autre, et ne m'y adonne qu'aus heures ou l'ennuy de rien faire commence a me saisir. Ie ne me prens guiere aus nouueaus, pour ce que les anciens me semblent plus tendus et plus roides, ny aus Grecs, par ce que mon iugement ne se satisfait pas d'vne moyenne intelligence [1].

Entre les liures simplement plaisans, ie trouue, des modernes, le Decameron de Boccace, Rabelays et les Baisers de Iean Second, s'il les faut loger sous ce tiltre, et, des siecles vn peu au dessus du nostré, l'Histoire Æthiopique [2], dignes qu'on s'y amuse. Quant aus Amadis et telle sorte d'escrits, ils n'ont pas eu le credit d'arrester seulement mon enfance. Ie diray encore cecy, ou hardiment ou temerairement, que céte vieille ame poisante ne se laisse plus chatouiller, non seulement a l'Arioste, mais encores au bon Ouide : sa facilité et ses inuentions, qui m'ont rauy autres-fois, a peine m'entretiennent elles a céte heure. Ie dy librement mon auis de toutes choses, voire et de celles qui surpassent a l'aduenture ma suffisance, et que ie ne tiens nullement estre de ma iurisdiction. Ce que i'en opine, ce n'est pas aussi pour establir la grandeur et mesure des choses, mais pour faire cognoistre la mesure et force de ma veüe. Quand ie me trouue degouté de l'Axioche de Platon, comme d'vn ouurage sans nerfs et [3] sans force, eu esgard a vn tel autheur, mon iugement ne s'en croid pas. Il n'est pas si vain

---

[1] *Vulg. modifie cette fin de phrase.*
[2] *Vulg. supp. :* « et, des siecles... Æthiopique ».
[3] *Vulg. supp. :* « sans nerfs et ».

de s'opposer a l'authorité de tant d'autres meilleurs
iugemens*, ni ne se donne temerairement la loy de les
pouuoir accuser [1] : il s'en prend a soy mesmes, et se
condamne, ou de s'arrester a l'escorce, ne pouuant penetrer iusques au fons, ou de regarder la chose par
quelque faus lustre; il se contente de se garentir seulement du trouble et du desreiglement. Quant a sa
foiblesse, il la reconnoit volontiers. Il pense donner
iuste interpretation aus aparences que son aprehen-
sion luy presente, mais elles sont imbecilles et imparfaites. La plus part des fables d'Esope ont plusieurs
sens et intelligences; ceus qui les mythologisent en
choisissent quelque visage qui quadre bien a la fable :
mais* c'est le premier visage et superficiel; il y en a
d'autres plus vifs, plus essentiels et internes, ausquels
ilz n'ont sceu penetrer. Voila comme i'en fay.

Mais, pour suyure ma route, il m'a tousiours semblé
qu'en la poësie Vergile, Lucrece, Catulle et Horace
tiennent de bien loing le premier reng; et notamment
Vergile en ses Georgiques, que i'estime le plus plein
et parfaict ouurage de la poësie; a la comparaison
duquel on peut reconnoistre ayseement qu'il y a des
endroits en l'Æneide ausquels l'autheur eut donné
encore quelque tour de peigne, s'il en eut eu loisir*.
I'ayme aussi Lucain et le pratique volontiers, non
tant pour son stile (car il se laisse trop aller a céte
affectation de pointes et subtilités de son temps [2]),
mais pour sa valeur propre, et verité de ses opinions
et iugemens. Quant au bon Terence, la mignardise
et les graces du langage Latin, ie le trouue admirable
a representer au vif les mouuemens de l'ame et condi-

---

[1] *Vulg. supp.* : « ni ne se... accuser ».
[2] *Vulg. supp. toute cette parenthèse.*

tion de nos meurs*; ie ne le puis lire si souuent que ie n'y trouue quelque beauté et grace nouuelle. Ceus des temps voisins a Virgile se pleignent [1] dequoy aucuns lui comparoient Lucrece. Ie suis d'opinion que c'est, a la verité, vne comparaison inegale ; mais i'ay bien a faire a me r'asseurer en céte creance quand ie me treuue attaché a quelque beau lieu de ceus de Lucrece. S'ils se piquoient de ceste comparaison, que diroint ils de la bestise et stupidité barbaresque de ceus qui lui comparent a cet' heure Arioste, et qu'en diroit Arioste lui mesme ? [2] I'estime que les anciens auroient [3] encore plus a se pleindre de ceux qui comparoient Plaute a Terence* que de la comparaison de Lucrece a Vergile. Pour l'estimation* de Terence*, il m'est souuent tombé en fantasie comme, en nostre temps, ceux qui se melent de faire des comedies (comme les Italiens qui y sont assez heureux) employent trois ou quatre argumens de celles de Terence ou de Plaute pour en faire vne des leurs. Ils entassent, en vne seule comedie, cinq ou six contes de Boccace. Ce qui les faict ainsi se charger de matiere, c'est la deffiance qu'ils ont de se pouuoir soutenir de leurs propres graces : il faut qu'ils trouuent vn corps ou s'appuier; et, n'ayant pas du leur assez dequoy nous arrester, ils veulent que le conte nous amuse. Il en va de mon autheur tout au contraire. Les perfections et beautés de sa façon de dire nous font perdre le goust de son subiect. Sa gentillesse et sa mignardise nous arrestent par tout. Il est partout si plaisant,

---

[1] *BC* : « pleignoient ».
[2] *BC aj.* :
   « *O seclum insipiens et infacetum.* »
[3] *BC* : « auoient ».

Liquidus puroque simillimus amni,

et nous remplit tant l'ame de ses graces que nous
fuions la fin de son histoire [1]. Cete mesme consideration me tire plus auant : ie voy que les bons et anciens
poetes ont euité l'affectation et la recherche, non seulement des fantastiques eleuations Espaignoles et Petrarchistes, mais des pointes mesmes, plus douces et
plus retenues, qui sont l'ornement de tous les ouurages
poetiques des siecles suiuans. Si n'y à il homme au
monde [2] qui les trouue a dire en ces anciens, et qui
n'admire plus, sans comparaison, l'equale polissure
et cette perpetuelle douceur et beauté fleurissante des
Epigrammes de Catulle, que tous les esguillons dequoi
Martial esguise la queüe des siens. C'est céte mesme
raison que ie disoy tantost, comme dit Martial mesme
de soy : *Minus illi ingenio laborandum fuit, in cuius
locum materia successerat.* Ces premiers la, sans
s'esmouuoir et sans se picquer, se font assez sentir. Ils
ont dequoy rire par tout; il ne faut pas qu'ils se chatouillent : ceus cy ont besoing de secours estrangier.
A mesure qu'ils ont moins d'esprit, il leur faut plus
de corps*. Tout ainsi qu'en la dance; et en nos bals,
i'ay remarqué que ces hommes de vile condition qui
en tiennent escole, pour ne pouuoir representer le
port et la decence de nostre noblesse, en recompense
de céte grace qu'ils ne peuuent imiter [3], cherchent a
se recommander par des sauts perilleux et autres mou-

---

[1] *Vulg. modifie cette fin de phrase.*

[2] *Vulg. modifie ce commencement de phrase.*

[3] *Vulg. supp. :* « en la danse et », « i'ay remarqué que », *et*
« en recompense.... imiter », *et modifie toute la suite de la
phrase.*

uemens etranges et bateleresques*; et comme i'ay veu aussi les badins excellens, ioüant leur rolle vetus a leur ordinaire ¹ et d'vne contenance commune, nous donner tout le plaisir qui se peut tirer de gens de leur metier : les aprentifs et qui ne sont de si haute leçon, il faut qu'ils s'enfarinent le visage, il leur faut trouuer des vestemens ridicules, des mouuemens et des grimaces pour nous apréter a rire. Céte mienne conception se reconnoit mieus qu'en toute autre lieu en la comparaison de l'Æneide et du Furieus. Celui la, on le voit aller a tire d'aisle, d'vn vol haut et ferme, suiuant tousiours sa pointe; cetuy cy, voleter et sauteler de conte en conte, comme de branche en branche, ne se fiant a ses aisles que pour vne bien courte trauerse, et prendre pied a chasque bout de champ, de peur que l'haleine et la force luy faille :

Excursusque breues tentat.

Voila donc, quant a céte sorte de suiets, les autheurs qui me plaisent le plus.

Quant a mon autre leçon, qui mesle vn peu plus de fruit au plaisir, par ou i'apprens a renger mes humeurs et mes conditions, les liures qui m'y seruent plus ordinairement ², c'est Plutarque, depuis qu'il est François, et Seneque. Ils ont tous deux céte notable commodité pour mon humeur, que la science que i'y cherche, elle y est traictée a pieces decousues, qui ne demandent pas l'obligation d'vn long trauail, dequoy ie suis incapable : comme sont les Opuscules de Plutarque et les Epistres de Seneque, qui est la plus belle partie de ses escrits, et la plus profitable. Il ne faut pas grande

---

¹ *Vulg.* : « vestus en leur a touts les iours ».
² *Vulg. supp.* : « plus ordinairement ».

entreprinse pour m'y mettre, et les quite ou il me
plait : car elles n'ont point de suite* des vnes aus
autres. Ces autheurs ont beaucoup de similitude d'o-
pinions [1], comme aussi leur fortune les fit naistre
enuiron mesme siecle, tous deux precepteurs de deux
Empereurs Romains, tous deus venus de pais estrangier, tous deux riches et puissans. Leurs creances sont
des meilleures de toute la philosophie, et traitées d'vne
simple façon, et pertinente [2]. Plutarque est plus vniforme et constant; Seneque, plus ondoyant et diuers.
Cetuy-cy se peine, se roidit et se tend pour armer la
vertu contre la foiblesse, la crainte et les vitieus appetits; l'autre semble n'estimer pas tant leur effort, et
desdaigner d'en haster son pas et se mettre sur sa
targue. Plutarque a les opinions Platoniques, douces
et accommodables a la societé ciuile; l'autre les a Stoï-
ques et Epicurienes, plus esloignées de l'vsage commun, mais plus commodes et plus fermes. Il paroit en
Seneque qu'il preste vn peu a la tirannie des Empereurs
de son temps : car ie tiens pour certain que c'est d'vn
iugement forcé qu'il condamne la cause de ces gene-
reus meurtriers de Cæsar; Plutarque est libre par tout.
Seneque est plein de pointes et saillies; Plutarque, de
choses. Celuy la vous eschauffe plus et vous esmeut;
cetuy cy vous contente dauantage et vous paie mieux*.

Quant a Ciçero, les ouurages qui me peuuent seruir
chez luy a mon dessein, ce sont ceux qui traitent de
nos meurs et regles de nostre vie [3]. Mais, a confesser
hardiment la verité (car, puis qu'on a franchi les barrieres de l'impudence, il n'y a plus de bride), sa façon

---

[1] *Vulg. modifie ce commencement de phrase.*
[2] *Vulg. modifie cette phrase.*
[3] *Vulg. modifie la fin de cette phrase.*

d'escrire me semble lasche et [1] ennuyeuse, et toute
autre pareille façon : car ses prefaces, digressions, de-
finitions, partitions, etymologies consument la plus
part de son ouurage; ce qu'il y a de vif et de mouelle
est estouffé par la longueur de ses apprets. Si i'ay
employé vne heure a le lire, qui est beaucoup pour
moy, et que ie r'amentoiue ce que i'en ay tiré de suc
et de substance, la plus part du temps, ie n'y treuue
que du vent : car il n'est pas encor venu aus argumens
qui seruent a son propos et aus raisons qui touchent
proprement le neud que ie cherche. Pour moy, qui ne
demande que a deuenir plus sage, non plus sçauant *,
ces ordonnances logiciennes et Aristoteliques ne sont
pas a propos. Ie veux qu'on vienne soudain au point :
i'entens asses que c'est que mort et volupté, qu'on ne
s'amuse pas a les anatomizer; ie cherche des raisons
bonnes et fermes d'arriuée, qui m'instruisent a en soutenir l'effort; ny les subtilités grammairienes, ni l'in-
genieuse contexture de parolles et d'argumentations
n'i seruent. Ie veus des discours qui donnent la premiere charge dans le plus fort du doubte; les siens
languissent autour du pot : ils sont bons pour l'escole,
pour le barreau et pour le sermon, ou nous auons
loisir de sommeiller, et sommes encore vn quart
d'heure apres asses a temps pour rencontrer le fil du
propos. Il est besoing de parler ainsi aus iuges qu'on
veut gaigner a tort ou a droit, aus enfans et au vulgaire*. Ie ne veux pas qu'on emploie le temps a me
rendre atantif, et qu'on me crie cinquante fois : « Or
oyés! » a la mode de nos Heraus. Les Romains disoient
en leur religion : *Hoc age;* ce que nous disons :

[1] *Vulg. supp.* : « lasche et ».

Sursum corda, a la nostre [1] : ce sont autant de parolles
perdues pour moy : i'y viens tout preparé des le logis.
Il ne me faut point d'alechement, ny de sause; ie
menge bien la viande toute crue; et, au lieu de m'e-
guiser l'apetit par ces preparatoires et auant ieus, on
me le lasse et affadit*. Les deux premiers, et Pline, et
leurs semblables, ils n'ont point de *hoc age;* ils veulent auoir a faire a gens qui s'en soient auertis eux
mesmes; ou, s'ils en ont, c'est vn *hoc age* substantiel
et qui a son corps a part. Ie voy aussi voulontiers ses
Epitres, et notamment celles [2] *ad Atticum,* non seulement par ce qu'elles contienent vne tresample instruction de l'histoire et affaires de son temps, mais beaucoup plus pour y découurir ses humeurs priuées. Car
i'ay vne singuliere curiosité, comme i'ay dit ailleurs,
de connoistre l'ame et les internes iugemens de mes
autheurs. Il faut bien iuger leur suffisance, mais non
pas leurs meurs, ny leurs opinions naifues [3], par cette
monstre de leurs escrits qu'ils etalent au theatre du
monde. I'ay mille fois regretté que nous ayons perdu
le liure que Brutus auoit escrit de la vertu : car il fait
beau apprendre la theorique de ceux qui sçauent bien
la practique. Mais, d'autant que c'est autre chose le
presche que le prescheur, i'ayme bien autant voir
Brutus ches Plutarque que ches luy mesme. Ie choi-
siroy plustost de sçauoir au vray les deuis que Brutus
tenoit en sa tente a quelqu'vn de ses priués amis, la
veille d'vne bataille, que les propos qu'il tint le lendemain a son armée, et ce qu'il faisoit en son cabinet et
en sa chambre, que ce qu'il faisoit emmy la place et

---

[1] *BC supp. :* « ce que... nostre », *mais Vulg. le rétablit.*
[2] *Vulg. supp. :* « et notamment celles ».
[3] *Vulg. modific ce commencement de phrase.*

au Senat. Quant a Cicero, ie suis du iugement commun que, hors la science, il n'y auoit pas beaucoup
d'excellence en luy : il estoit bon citoien, d'vne nature
debonnaire, comme sont volontiers les hommes gras
et gosseurs, comme il estoit, mais de lâcheté [1] et de
vanité*, il en auoit, sans mentir, beaucoup. Et si ne
sçay comment l'excuser d'auoir estimé sa poësie digne
d'estre mise en lumiere : ce n'est pas grande imperfection que de mal faire des vers, mais c'est a luy faute
de iugement de n'auoir pas senti combien ils estoient
indignes de la gloire de son nom. Quant a son eloquence, elle est du tout hors de comparaison : ie croy
que iamais homme ne l'egalera. Si est ce qu'il n'a pas
en cela franchi si net son aduantage comme Vergile a
fait en la poësie : car, bien tost apres luy, il s'en est
trouué qui l'ont pensé égaler et surmonter, quoy que
ce fut a bien fauces enseignes; mais a Vergile, nul
encore depuis lui n'a osé se comparer ; et, a ce propos,
i'en veux icy adiouter vne histoire [2]. Le ieune Cicero,
qui n'a ressemblé son pere que de nom, commandant
en Asie, il se trouua vn iour en sa table plusieurs
estrangiers, et entre autres Cæstius, assis au bas bout,
comme on se met souuent aux tables ouuertes des
grans. Cicero s'informa qui il estoit a l'vn de ses
gens, qui luy dit son nom. Mais, comme celuy qui
songeoit ailleurs et qui oblioit ce qu'on luy respondoit,
il le luy redemenda encore depuis deux ou trois fois.
Le seruiteur, pour n'estre plus en peine de luy redire
si souuent mesme chose, et pour le luy faire connoistre
par quelque circonstance : « C'est, dict il, ce Cæstius
de qui on vous a dit qu'il ne faict pas grand estat de

---

[1] *Vulg.* : « mollesse ».
[2] *Vulg. supp.* : « Si est ce... vne histoire ».

l'eloquence de vostre pere au pris de la sienne. » Cicero,
s'estant soudain picqué de cela, commanda qu'on em-
poignat ce pauure Cæstius, et le fit tres-bien foeter en
sa presence. Voila vn mal courtois hoste! Entre ceus
mesmes qui ont estimé, toutes choses contées, céte
sienne eloquence incomparable, il y en a eu qui n'ont
pas laissé d'y remarquer des fautes : comme ce grand
Brutus, son amy, il [1] disoit que c'estoit vne eloquence
cassée et esrenée : *fractam et elumbem*. Les orateurs
voisins de son siecle reprenoient aussi en luy ce curieux
soing de certaine longue cadance au bout de ses clauses, et remerquoient ces mots : *esse videatur*, qu'il y
emploie si souuent. Pour moy, i'aime mieux vne
cadance qui tombe plus court, coupée en iambes. Si
méle il par fois bien rudement ses nombres, mais bien
rarement; i'en ay remerqué ce lieu a mes aureilles :
*Ego vero me minus diu senem esse mallem, quam esse
senem antequam essem.*

Les historiens sont le vray gibier de mon estude [2] :
car ils sont plaisans et aysés, et, quant et quant, la
consideration des natures et conditions de diuers hommes, les coutumes des nations differentes, c'est le vray
suiect de la science morale [3]. Or ceux qui escriuent les
vies, d'autant qu'ils s'amusent plus aus conseils qu'aus
euenemens, plus a ce qui part du dedans qu'a ce qui
arriue au dehors, ceus la me sont plus propres : voyla
pourquoy, en toutes sortes, c'est mon homme que
Plutarque. Ie recerche bien curieusement, non seulement les opinions et les raisons diuerses des philosophes anciens sur le suiect de mon entreprinse, et de

---

[1] *Vulg. supp. :* « il ».
[2] *Vulg. :* « sont ma droicte balle ».
[3] *Vulg. modifie et développe cette phrase.*

toutes sectes : mais aussi leurs meurs, leurs fortunes et
leur vie [1]. Ie suis bien marry que nous n'ayons vne
douzaine de Laertius, ou qu'il ne se soit plus estandu*.
En ce genre d'estude des histoires, il faut feuilleter,
sans dictinction, toutes sortes d'autheurs, et viels et
nouueaus, et barragouins et François, pour y apprendre les choses dequoy diuersement ils traitent. Mais
Cæsar seul me semble meriter qu'on l'estudie, non
pour la science de l'histoire seulement, mais pour luy
mesme, tant il a de perfection et d'excellence par
dessus tous les autres, quoy que Saluste soit du nombre. Certes ie lis cet autheur auec vn peu plus de
reuerence et de respect qu'on ne lit les humains ouurages, tantost le considerant lui mesme par ses actions, et le miracle de sa grandeur, tantost la pureté
et inimitable polissure de son langage, qui a surpassé,
non seulement tous les historiens, comme dit Cicero,
mais, a mon aduis, Cicero mesme et toute la parlerie
qui fut onques [2] : auec tant de syncerité en ses iugemens, parlant de ses ennemis mesmes, et tant de
verité, que, sauf les fauces couleurs dequoy il veut
couurir sa mauuaise cause et l'ordure de sa pestilente
ambition, ie pense qu'en cela seul on y puisse trouuer
a redire qu'il a esté trop espargnant a parler de soy :
car tant de grandes choses ne peuuent pas auoir esté
executées par luy qu'il n'y soit alé beaucoup plus du
sien qu'il n'y en mect.

I'aime les historiens, ou fort simples, ou excellens :
les simples, qui n'ont point dequoy y mesler rien du
leur, et qui n'y apportent que le soin et la diligence
de ramasser tout ce qui vient a leur notice, et d'enre-

---

[1] *Vulg. supp. cette phrase.*
[2] *Vulg. supp. :* « et toute... onques ».

gistrer en [1] bonne foy toutes choses, sans chois et sans
triage, nous laissant le iugement tout entier pour la
cognoissance de la verité. Tel est, entre autres, pour
exemple, le bon Froissard, qui a marché en son entreprise d'vne si franche naifueté qu'ayant faict vne faute
il ne craint nullement de la reconnoistre et corriger
en l'endroit ou il en a esté aduerty, et qui nous represente la diuersité mesme des bruitz qui couroint, et
les differens rapportz qu'on luy faisoit. C'est la matiere
de l'histoire nue et informe : chacun en peut faire son
profit autant qu'il a d'entendement. Les bien excellens
ont la suffisance de choisir ce qui est digne d'estre
sceu ; sçauent trier, de deus raportz, celui qui est plus
vray semblable; de la condition des Princes et de leurs
humeurs, ilz en deuinent les conseilz, et leur attribuent les paroles de mesme [2]. Ilz ont raison de prendre
l'authorité de regler nostre creance a la leur ; mais certes
cela n'appartient a guieres de gens. Ceus d'entredeux
(qui est la plus commune façon), ceus la nous gastent
tout : ils veulent nous mascher les morceaux; ils se
donnent loy de iuger, et, par consequent, d'incliner
l'histoire a leur fantasie : car, depuis que le iugement
pend d'vn costé, on ne se peut garder de contourner
et de tordre la narration mesme a ce biais. Ils entre-
prenent de choisir les choses dignes d'estre sçeues, et
nous cachent souuent telle parolle, telle action priuée,
qui nous instruiroit autant [3] que le reste; obmetent,
pour choses incroiables, celles qu'ilz n'entendent pas,
et, a l'auanture, encore telle chose pour ne la sçauoir
dire en bon Latin ou François. Qu'ilz etalent hardi-

---

[1] *BC* : « a la ».
[2] *Vulg.* : « les paroles conuenables ».
[3] *Vulg.* : « mieux ».

·I   23

ment leur eloquence et leur discours, qu'ils iugent a leur poste; mais qu'ils nous laissent aussi dequoy iuger apres eux, et qu'ils n'alterent ny dispensent, par leurs racourcimens et par leurs chois, rien sur le corps de la matiere, ains qu'il nous la r'enuoyent pure et entiere en toutes ses dimentions.

Ceux la sont aussi bien plus recommandables historiens qui connoissent les choses dequoy ils escriuent, ou pour auoir esté de la partie a les faire, ou priués auec ceus qui les ont conduites [1] : car, le plus souuent, on trie pour céte charge, et notamment en ces siecles icy, des personnes d'entre le vulgaire, pour céte seule consideration de sçauoir bien parler, comme si nous cherchions d'y apprendre la grammaire, et eus ont raison, n'ayans esté gagés que pour cela, et n'aians mis en vente que le babil, de ne se soucier aussi principalement que de céte partie. Ainsi, a force beaus mots, ils nous vont patissant vne belle contexture des bruits qu'ils ramassent es carrefours des villes. Voyla pourquoy les seules certaines histoires sont celles qui ont esté escrites par ceux mesmes qui commandoient aus affaires, ou qui estoient participans a les conduire*: comme sont quasi toutes les Grecques et Romaines. Car, plusieurs tesmoings oculaires ayant escrit de mesme suiect, (comme il auenoit en ce temps la que la grandeur de la fortune estoit tousiours accompagnée du sçauoir [2]), s'il y a de la faute, elle doit estre merueilleusement legiere sur vn d'accident [3] fort doubteux. S'ils n'escriuoient de ce qu'ils auoient veu, ils auoient au moins cela que l'experience au manimant

[1] *Vulg. supp. le commencement de ce paragraphe.*
[2] *Vulg. modifie ce passage.*
[3] *BC : « et sur vn accident ».*

de pareils affaires leur rendoit le iugement plus sain [1] :
car que peut on esperer d'vn medecin escriuant de la
guerre, ou d'vn escolier traictant les desseins des
Princes? Si nous voulons remerquer la religion que
les Romains auoient en cela, il n'en faut que cet
exemple : Asinius Pollio trouuoit és histoires mesme
de Cæsar quelque mesconte, en quoy il estoit tombé
pour n'auoir peu auoir les yeus en tous les endroits de
son armée, et en auoir creu les particuliers qui lui
raportoient souuant des choses non assés verifiées, ou
bien pour n'auoir esté assés curieusement auerty par
ses lieutenans des choses qu'ils auoient conduites en
son absence. On peut voir par cet exemple si céte
recherche de la verité est delicate, qu'on ne se puisse
pas fier d'vn combat a la science de celuy qui y a
commandé, ny aus soldatz de ce qui s'est passé pres
d'eus, si, a la mode d'vne information iudiciaire, on
ne confronte les tesmoins et reçoit les obiects sur la
preuue des pontilles de chaque accident. Vraiement la
connoissance que nous auons de nos affaires est bien
plus lâche. Mais cecy a esté suffisamment traicté par
Bodin, et selon ma conception.

Pour subuenir vn peu a la trahison de ma memoire
et a son deffaut si extreme qu'il m'est aduenu plus
d'vne fois de reprendre en main des [2] liures, comme
nouueaus du tout et a moy inconus, que i'auoy leu
curieusement quelques années au parauant et bar-
bouillé de mes notes, i'ay pris en coustume, depuis
quelque temps, d'adiouter au bout de chasque liure
(ie dis de ceux desquelz ie ne me veux seruir qu'vne

---

[1] *Vulg. supp.* : « s'ils n'escriuoient... plus sain ».
[2] *C :* « les ».

fois), le temps auquel i'ay acheué de les [1] lire, et le iugement que i'en ay retiré en gros, affin que cela me represente au moins l'air et l'idée [2] generale que i'auois conceu de l'autheur en le lisant. Ie veux icy transcrire aucunes de ces annotations.

Voy-ci ce que ie mis, il y a enuiron dix ans, en mon Guichardin (car, quelque langue que parlent mes liures, ie leur parle en la mienne) : — Il est historiographe diligent, et duquel, a mon auis, autant exactement que de nul autre, peut on [3] apprendre la verité des affaires de son temps. Aussi, en la plus part, en a il esté acteur luy mesme, et en reng honnorable. Il n'y a nulle apparence que, par haine, faueur ou vanité, il ait deguisé les choses, dequoy font foy les libres iugemens qu'il donne des grands, et notamment de ceus par lesquels il auoit esté auancé et emploié aus charges, comme du Pape Clement septiesme. Quant a la partie dequoy il semble se vouloir preualoir le plus, qui sont ses digressions et discours, il y en a de bons et enrichis de beaus traitz, mais il s'y est trop pleu : car, pour ne vouloir rien laisser a dire, ayant vn suiect si plain et ample, et a peu pres infini, il en deuient lasche et enuieus [4], et sentant vn peu au caquet scolastique. I'ay aussi remarqué cecy, que, de tant d'ames et effectz qu'il iuge, de tant de mouuemens et conseilz, il n'en rapporte iamais vn seul a la vertu, religion et conscience, comme si ces parties la estoient du tout estaintes au monde ; et, de toutes les actions, pour belles par apparence qu'elles soient

---

[1] *BC :* « le ».
[2] *BC :* « et idée ».
[3] *BC :* « on peut ».
[4] *BC :* « ennuieux », *mot que Vulg. supprime.*

d'elles mesmes, il en reiete la cause a quelque occasiòn
vitieuse, ou a quelque profit. Il est impossible d'imaginer que, parmi cest infini nombre d'actions dequoy
il iuge, il n'y en ait eu quelqu'vne produite par la
voie de la raison : nulle corruption ne peut auoir saisi
les hommes si vniuersellement que quelcun n'escappe
de la contagion. Cela me faict craindre qu'il y aye vn
peu du vice de son goust, et que cela soit auenu de ce
qu'il ayt estimé d'autruy selon soy.

En mon Philippe de Comines, il y a ceci : — Vous y
trouerrés le langage doux et agreable, d'vne naïfue
simplicité ; la narration pure, et en laquele la bonne
foy de l'autheur reluit euidemment exempte de vanité,
parlant de soy, et d'affection et d'enuie, parlant d'autruy ; ses discours et enhortemens accompagnez plus
de bon zele et de verité que d'aucune exquise suffisance, et tout par tout de l'authorité et grauité representant son homme de bon lieu et eleué aus grands
affaires.

Sur les Memoires de monsieur du Bellay : — C'est
tousiours plaisir de voir les choses escrites par ceus
qui ont essayé comme il les faut conduire. Mais il ne
se peut nier qu'il ne se découure euidemment en ces
deux seigneurs icy vn grand dechet de la franchise et
liberté d'escrire qui reluit és anciens de leur sorte :
comme au sire de Iouinuile, domestique de sainct
Loys, Eginard, Chancelier de Charlemaigne, et, de
plus fresche memoire, en Philippe de Comines. C'est
ici plus tost vn plaide [1] pour le Roy François contre
l'Empereur Charles V [2], qu'vne histoire. Ie ne veus
pas croire qu'ils ayent rien changé quant au gros du

[1] *BC* : « plaidé ».
[2] *C* : « cinquiesme ».

faict; mais de contourner le iugement des euenemens, souuent contre raison, a nostre auantage, et d'obmettre tout ce qu'il y a de chatouilleux en la vie de leur maistre, ils en font métier, tesmoing les recullemens de messieurs de Montmorency et de Brion [1], qui y sont oubliés; voire le seul nom de madame d'Estampes ne s'y trouue point. On peut couurir les actions secretes; mais de taire ce que tout le monde sçait, et choses qui ont tiré des effects publiques et de telle consequence, c'est vn defaut inexcusable. Somme, pour auoir l'entiere connoissance du Roy François et des choses auenues de son temps, qu'on s'adresse ailleurs, si on m'en croit. Ce qu'on peut faire icy de profit, c'est par la deduction particuliere des batailles et exploits de guerre ou ces gentilshommes se sont trouués, quelques paroles et actions priuées d'aucuns Princes de leur temps, et les pratiques et negociations conduites par le seigneur de Langeay, ou il y a tout plein de choses dignes d'estre sceües et des discours non vulgaires.

[1] *Vulg.* : « Biron », bien que les éditions de *1588 et 1595* *portent* : « Brion ».

TABLE DES MATIÈRES

DU PREMIER VOLUME.

LIVRE SECOND.

FIN DU PREMIER VOLUME.

Bordeaux. — Imp. G. GOUNOUILHOU, rue Guiraude, 11.

www.ingramcontent.com/pod-product-compliance
Lightning Source LLC
Chambersburg PA
CBHW050316030726
47505CB00003B/728